생각과 착각

생각과 착각

세상을 꿰뚫는 50가지 이론 5

강준만 지음

왜 우리는 남들이
나를 주의 깊게 볼 거라고 착각하는가?

"그렇게 입고 가면 어떡해?"

"여보, 남들은 내게 그렇게까지 신경 안 써."

좀 차려입고 나가야 할 일이 있을 때마다 아내와 나 사이에서 주고받는 대화의 전형이다. 아내는 옷의 색이 안 맞는다는 등 이모저모 신경을 써주려고 애쓰지만, 대충 입고 가려는 나의 한결같은 주장은 내가 그렇게 대단한 사람이 아니라는 것이다.

과연 누가 옳은지는 모르겠지만, 이런 상황과 관련해 심리학엔 '조명 효과spotlight effect'라는 게 있다. 1999년에 이 말을 만든 미국 코넬대학 심리학자 토머스 길로비치Thomas Gilovich는 여론조사 결과 학생들이 연예인 얼굴이 크게 인쇄된 티셔츠를 입고 다니는 것을 굉장히 창피해한다는 사실을 알고 1998년 '가장 볼품없어 보이는 연예인' 1위를 차지한 가수 배리 매닐로Barry Manilow의 얼굴이 새겨진 티셔츠를 입은 학생들을 강의실로 들여보냈다.

티셔츠를 입은 학생들은 부끄러워했지만, 그런 몰취향의 티셔츠를 눈여겨본 학생은 별로 없다는 사실이 드러났다. 티셔츠를 입은 학생들은 자신의 티셔츠에 그려진 사람을 알아보는 사람이 46퍼센트일 거라고 예측했지만, 실제로 해당 집단에서 그 수치는 21퍼센트에 불과했다. 인기 없는 인물이나 이미 사망한 사람의 사진이 찍힌 티셔츠를 입었던 경우에는 그것을 기억하는 비율이 8퍼센트로 아주 낮았다.[1]

이와 관련, 토드 부크홀츠Todd G. Buchholz는 "우리 머릿속에는 편집증의 흔적이 떠다니고 있다. 이를테면 신발 밑창에 휴지가 달라붙어 있는 것을 뒤늦게 알고서는 그동안 사람들이 그것 때문에 자신을 주시했다고 생각한다"며 다음과 같이 말한다.

"마틴 루서 킹 주니어나 밥 말리 혹은 제리 사인펠드의 얼굴이 새겨진 티셔츠를 입었단 한들, 자세히 눈여겨보는 사람은 드물다. 만약 사람들이 자신을 주시하고 있다는 생각이 든다면, 그것은 자신을 주시한 것이 아니라 그 사람이 고개를 이리저리 돌리다 우연히 자신 쪽을 바라보게 된 것일 가능성이 높다."[2]

요컨대, 조명 효과는 연극 무대 위에서 조명을 받는 배우처럼 자신이 다른 사람들의 관심을 집중적으로 받고 있다고 생각하는 현상을 말한다. 실제로는 전혀 그렇지 않은데, 다른 사람이 자신의 외모와 행동을 주시하고 있어 사소한 변화도 다른 사람들이 알아차릴 것이라고 생각하는 것이다.[3] 최인철은 "가끔 '이런 옷을 입고 어떻게 그런 자리에 가지?'라거나 '이 신발과 이 옷은 잘 어울리지 않아'라고 걱정을 하는데, 그러한 걱정들은 대부분 과장된 것이다"며 다음과 같이 말한다.

"우리는 다른 사람들이 나를 주시하고 있다고 생각하지만 정작 우리를 보고 있는 것은 남이 아닌 바로 자기 자신이다. 마음속에

CCTV를 설치해놓고 자신을 감시하고 있으면서도 다른 사람들이 자신을 주목하고 있다고 착각한다. 이제 그 CCTV 스위치를 꺼버려야 한다. 세상의 중심에서 자신을 조용히 내려놓는다면 사소한 것에 목숨을 거는 어리석은 일은 지금보다 훨씬 줄어들 것이다."[4]

조명 효과는 자기중심주의에서 비롯된다. 폴커 키츠Volker Kitz와 마누엘 투쉬Manuel Tusch는 "우리는 자신이 하는 모든 일을 중요하게 생각한다. 그래서 다른 사람들 역시 나를 주의 깊게 관찰하고 있다고 여긴다. 그러나 사실은 다르다. 단 1초만이라도 다른 사람의 입장이 되어 보면 나에게 별 관심이 없다는 것을 분명히 알 수 있다"며 다음과 같이 말한다.

"기분 좋은 일이 생겼을 때도 다른 사람들이 다 나를 쳐다볼 거라고 생각한다. 토론에서 똑똑한 말을 했다거나, 회사가 추진하는 프로젝트에 공을 세울 때 크게 주목받을 것이라고 생각하는 것이다. 그래서 주목받기는커녕 아무도 관심이 없는 것처럼 보이면 우리는 크게 실망한다. 분노를 터뜨리며 좌절하는 경우도 있다. '아무도 내가 하는 일을 알아주지 않아!' 다른 사람이 내가 하는 일에 별 관심이 없다는 사실은 분명 쓰라린 일이다. 그러나 동시에 해방감도 준다."[5]

칩 히스Chip Heath와 댄 히스Dan Heath는 조명 효과를 "눈에 보이는 것을 전부라고 믿는 속성"으로 정의한다. "무대를 비추는 스포트라이트가 어떻게 사람들의 주의를 집중시키는지 생각해보라. 스포트라이트를 받는 부분이 얼마나 부각되는지를……스포트라이트가 비추는 부분만 보고 바람직한 결정을 내릴 수 있는 경우는 거의 없다. 그러나 우리는 스포트라이트를 움직여볼 생각조차 하지 않는 경우가 많다.

사실 때로는 스포트라이트 자체를 잊는다. 작고 동그란 불빛 안에 너무 오래 머물다가 그 바깥에 더 많은 부분이 있다는 것을 망각하는 것이다."[6]

그러나 조명 효과는 영영 극복하기 어려운 것인지도 모른다. 토머스 길로비치는 조명 효과가 인간 진화의 산물이라고 주장하지 않는가 말이다. 인간의 진화 과정을 보면, 다른 사람들이 자신을 어떻게 생각하는지를 알아내는 것이 생사生死를 결정하던 시대가 있었는데, 시대가 바뀌었음에도 인간에게는 과거의 그 버릇이 아직도 남아 있기 때문에 다른 사람과 다른 사람의 생각을 지나치게 의식한다는 것이다.[7]

그럼에도 행복해지기 위해선 애를 써야지 어떡하겠는가. 미국 신화학자 조지프 캠벨Joseph Campbell, 1904-1987은 "우리가 더없는 행복을 느끼기 위해서는 다른 사람이 나를 어떻게 생각할까 하는 생각을 내려놓아야 한다"고 말한다.[8] 일본 철학자 기시미 이치로岸見一郎와 작가 고가 후미타케古賀史健가 오스트리아 심리학자 알프레트 아들러Alfred Adler, 1870-1937의 심리학을 대화 형식으로 풀어낸 책 『미움받을 용기』에 한국 사회가 뜨겁게 반응한 것도 바로 그런 이유 때문이 아닐까? 이 책엔 이런 이야기가 나온다.

"내가 아는 젊은 친구는 소년 시절에 거울 앞에서 오랫동안 머리를 빗는 습관이 있었다는군. 그러자 할머니께서 그 친구에게 이렇게 말씀하셨다고 하네. '네 얼굴을 주의 깊게 보는 사람은 너뿐이란다.' 그날 이후로 그는 삶이 조금 편해졌다고 하더군."[9]

그런 말 한마디로 조명 효과를 포기할 10대는 많지 않을 것 같다. 어쩌면 10대를 비롯한 젊은이들은 남보다 자기만족을 위해 별 관계도 없는 남을 끌어들이면서 자기 용모에 신경을 쓰는 건 아닐까? 남들이 보는 공공장소에서 당당하게 화장을 하는 사람들이 늘고 있는 것도 그런 이유 때문일까? 얼마 전 서울 지하철에서 서 있는 많은 사람의 시선을 한 몸에 받으면서 열심히 화장을 하는 어느 젊은 여성을 보면서 해본 생각이다.

이상은 '생각과 착각'의 한 샘플로 쓴 것이다. 모두 50가지의 그런 이야기를 담고 있는 이 책은 『감정 독재: 세상을 꿰뚫는 50가지 이론 1』(2013), 『우리는 왜 이렇게 사는 걸까?: 세상을 꿰뚫는 50가지 이론 2』(2014), 『생각의 문법: 세상을 꿰뚫는 50가지 이론 3』(2015), 『독선 사회: 세상을 꿰뚫는 50가지 이론 4』(2015)에 이어 '세상을 꿰뚫는 50가지 이론' 시리즈로 5번째다.

이 책은 '생각과 착각'과 관련된 50개의 "왜?"라는 질문을 다양하게 던지고 여러 분야의 수많은 학자에 의해 논의된 이론들을 끌어들여 답을 하려는 시도를 해보았다. 독자들께서 이 책을 통해 자신이 갖고 있는 '생각과 착각'에 대해 성찰하거나 다시 한 번 생각해보는 기회를 가지면서 소통에 충실한 삶을 살게 되길 바라마지 않는다.

2016년 9월
강준만

차례

제1장

인지적 한계
와
함정

왜 우리 인간은
'인지적 구두쇠'인가?

한정적 합리성

1978년 노벨경제학상은 미국 경제학자이자 심리학자인 허버트 사이먼Herbert A. Simon, 1916-2001에게 돌아갔다. 인간의 합리성을 전제로 하여 성립한 신고전파 경제학에 일격을 가한 공로 덕분이었다. 사이먼은, 인간이 무제한적인 정보처리 능력 혹은 신과 같은 합리성을 가졌다고 가정한 신고전주의 학파를 비판하면서 그런 가정을 '올림포스적 이성'이라고 불렀다.[1]

사이먼은 모든 의사 결정이 의사 결정 행위자의 정보 수집·처리 능력의 한계, 시간적 한계, 향후의 불확실성 등 다양한 제약하에서만 이루어지기 때문에 그 행위자의 목표에 비추어 완전하게 합리적인 것은 될 수 없다고 했다. 그는 1957년에 출간한 『인간 모델Models of Man』

에서 그런 한계를 가리켜 'bounded rationality'라고 했는데, 우리는 '한정적 합리성' 또는 '제한된 합리성'으로 번역해 쓰고 있다.

사이먼은 1950년대와 1960년대에 카네기멜런대학Carnegie Mellon University에서 제임스 마치James G. March, 1928-, 리처드 사이어트Richard M. Cyert, 1921-1998 등과 함께 '한정적 합리성' 개념에 근거해 기업 조직의 행동이나 경영 원리를 분석했는데, 이들을 가리켜 종종 '카네기 학파'라고 한다.[2]

그렇지만 대부분의 표준 경제학 교과서는 여전히 '한정적 합리성'에 대해 언급조차 하지 않고 있다. 에릭 바인하커Eric D. Beinhocker는 "이런 무시의 한 이유는, 수년간에 걸친 다양한 시도에도 불구하고 연구자들이 사이먼의 아이디어를 수학적 모델로 바꾸는 데 성공을 거두지 못했다는 점에서 찾을 수 있다"고 말한다.[3]

그래서 주류 경제학자들은 여전히 "사람들이 모든 정보를 손에 쥐고 기대 효용 이론에 따라 합리적 결정을 내린다"고 주장한다. '차별의 경제학'이라는 이색적인 시도를 인정받아 노벨경제학상(1992년)을 받은 경제학자 게리 베커Gary S. Becker, 1930-조차 "시장에서 나타나는 인간의 모든 행동은, 시장 참여자들이 최적의 정보를 수집하고 효용을 극대화하려는 노력을 일환으로 볼 수 있다"고 말했다.[4]

문제는 그런 합리적 의사 결정 모형은 꽤 그럴듯하긴 한데 현실 세계에서 의사 결정 과정과는 거리가 멀다는 데에 있다. 이런 문제의식에서 출발한 '한정적 합리성'은 행동경제학의 핵심 개념인 '휴리스틱heuristic'의 모태가 된 개념이다. 미국 행동경제학자인 대니얼 카너먼Daniel Kahneman, 1934-은 엄연히 객관적 사실fact이 존재하는데도 사람들이 단순히 자신의 고정관념이나 관습 등을 통해 내리는 불완전하고 비합리적인 판단을 가리켜 휴리스틱이라고 했다. 휴리스틱은 인간이 스스로 생각하는 것보다 훨씬 비합리적인 존재임을 증명해주는 근거다.[5]

사이먼은 제한된 합리성의 원인으로 지식, 능력, 시간이란 3대 제약 변수를 제시했다. 그는 누구에게나 의사 결정에서 나름의 제약이 주어지게 된다는 사실을 밝힘으로써 이러한 제약 조건을 점차적으로 개선해나가는 것이 경영자의 역할이라고 밝히고 의사 결정에서 계량적 분석 활동의 한계를 지적하고자 했다.[6]

사이먼은 "인간의 제한된 합리성이야말로 시장의 기능을 불완전하게 만드는 핵심 요인이다. 즉, 완전한 정보를 갖고 합리적으로 행동해야 할 시장 거래 참가자들이 실제로는 제한된 합리성만을 지니고 있어 시장 기능에 비효율이 생겨나는 것이다"며 다음과 같이 말했다.

"제한된 합리성은 환경적 불확실성 및 복잡성과 결합할 때 더욱 심각한 시장 기능의 실패를 가져온다. 불확실하고 복잡한 환경 속에서 거래가 이뤄진다면 인간의 제한된 합리성으로 인해 가능한 모든 경우의 수를 도출하는 게 불가능하거나 많은 비용이 소요되기 때문에 비합리적인 의사 결정이 이뤄질 가능성이 그만큼 커지는 것이다."[7]

사이먼은 만족satisfy과 희생sacrifice을 합해 satisfice란 말을 만들었는데, 이는 인간이 주어진 조건의 제약에서 적당히 희생할 것은 희생하고 취할 것은 취하는 것을 뜻한다. 인간은 신고전주의 학파의 주장처럼 최선의 선택이 아니라 '최소한의 필요를 충족시키는 선택satisfice', 즉 '그만하면 괜찮은good enough' 선택을 하게 된다는 게 사이먼의 주장이다.[8]

이렇듯 최소한의 합리성을 추구하는 경향과 관련, 심리학자 수전 피스크Susan T. Fiske, 1952-와 셸리 테일러Shelley E. Taylor, 1946-는 1991년 '인지적 구두쇠cognitive miser'라는 말을 만들어냈다. 이는 인간이 인지적으로 많은 자원을 소비하면서 어떤 생각을 깊게 하는 것 자체를 싫어하는 경향이 있음을 뜻한다. 고정관념stereotypes이야말로 인지적 구두쇠 행위cognitive miserliness의 대표적인 예다.⁹

제한된 합리성은 규제 문제를 다룰 때에도 유용한 개념이다. 자유 시장 경제학자들은 정부가 규제 대상인 피규제자(기업)보다 관련 상황을 잘 알 수는 없다는 근거를 들어 정부 규제에 반대한다. 이에 장하준은 "맞다. 정부가 기업이나 개인의 상황을 어떻게 당사자보다 더 잘 알 수 있겠는가"라면서 다음과 같이 말한다.

"그러나 사이먼의 이론을 가지고 설명하면 현실에서 정부 규제가 유용한 이유는, 정부가 피규제자보다 관련 상황을 더 잘 알고 있기 때문이 아니다. 오히려 규제의 효용성은 행위의 복잡성을 제한해서 피규제자들이 보다 나은 의사 결정을 내릴 수 있도록 한다는 데에 있다."

이어 장하준은 "이는 2008년의 세계 금융위기에서 선명하게 입증되었다. 2008년 금융위기 직전에 우리는 이른바 금융 혁신을 통해 모든 것을 너무 복잡하게 만들었고, 그 때문에 우리의 의사 결정 능력은 이런 복잡성에 압도당해버렸다"며 다음과 같이 말한다.

"앞으로 유사한 금융위기를 겪지 않으려면 금융시장에서는 행위의 자유를 엄격히 제한할 필요가 있다. 금융 상품의 경우 우리가 해당 상품의 내용과 다른 금융 부문 및 경제 전반에 미칠 영향을 충분히 알 수 없을 정도로 복잡하다면 발행할 수 없도록 해야 한다. 그 복잡성으로 인해 심지어 전문가로 불리는 사람들마저 그 내용과 영향을 알지 못하는 상당수의 파생 금융 상품은 폐기되어 마땅하다는 이야기이다.……규제의 필요성을 받아들이는 것은 우리의 제한된 정신적 능력에 대한 겸허한 인정인 것이다."[10]

재미있지 않은가? 규제 반대론과 규제 찬성론이 모두 비슷한 논거에 근거하고 있다는 게 말이다. 모든 걸 다 알 수 없기 때문에 규제해선 안 된다는 주장과 바로 그렇기 때문에 규제가 필요하다는 주장 사이엔 서로 좁혀지기 어려운 세계관의 차이가 존재하지만, 더 파고들어가면 결국 돈의 문제이기도 하다. 2015년 5~6월 한국 사회를 강타한 메르스 사태는 규제를 혐오하는 '기업 지배 체제corporatocracy'의 명백한 한계를 드러내 보여준 건 아니었을까?

왜 4달러 커피를 마시면서
팁으로 2달러를 내는 사람이 많은가?

디폴트 규칙

PC를 작동시킬 때 모든 명령어를 입력해야 한다면 사용상 큰 불편을 겪게 된다. 그래서 PC 구동 시에는 명령어가 사전적으로 정의되어 있는데, 이를 디폴트 옵션default option(기본 선택)이라고 한다. 디폴트 옵션은 어떤 의미에서 사전적으로 의사 결정 과정을 정해놓은 것이기도 하다.[11]

디폴트 옵션으로 인해 나타나는 결과를 '디폴트 효과default effect' 또는 '초깃값 효과'라고 한다. 최초로 얻은 조건이나 상태를 그대로 수용하는 경향을 가리킨다. 휴대전화나 컴퓨터를 처음 구입했을 때 기본 설정을 그대로 사용하는 사람이 많은데, 이 또한 초깃값 효과의 일종이다.[12]

행동경제학은 사람들의 '현상 유지 편향status quo bias'을 활용하기 위해 디폴트 옵션에 큰 관심을 갖는다. 현상 유지 편향은 사람들이 현재의 상태에 그대로 머물고자 하는 강한 바람을 갖고 있다는 것을 말한다. 미국 컬럼비아 경영대학원 교수 마이클 모부신Michael J. Mauboussin, 1964-은 기업들이 현상 유지 편향을 잘 활용하려면 '기본 선택default option'을 잘 만들어야 한다고 강조한다.

예컨대, 지리적으로 인접한 독일과 오스트리아 국민들이 장기 기증에 동의한 비율은 각각 12퍼센트와 거의 100퍼센트로 큰 차이가 난다. 이 차이는 국민성과는 아무런 관련이 없다. 독일에선 장기 기증을 원하는 사람들은 동의서를 작성하도록 해 기본 선택이 장기 기증을 안 하는 것으로 되어 있는 반면, 오스트리아는 장기 기증에 동의하는 것을 기본 선택으로 삼고, 원하지 않는 국민은 누구나 전화 한 통화로 거부 의사를 밝히도록 하고 있다. 바로 이런 기본 선택의 차이가 그런 결과를 낳은 것이다.[13]

현상 유지 편향을 속칭 '귀차니즘'이라고 하는 이유도 여기에 있다. 이 사례에서 독일 방식을 '선택 가입 방식' 또는 '옵트인opt-in 방식', 오스트리아 방식을 '선택 탈퇴 방식' 또는 '옵트아웃opt-out 방식'이라고 하는데, 사람들은 단지 귀찮다는 이유만으로 별 생각 없이 '선택 가입'과 '선택 탈퇴'를 모두 거부하기 때문에 애초에 '선택 탈퇴 방식'으로 설계를 하는 것이 장기 기증을 받는 데엔 절대적으로 유리한 것이다.

이는 불특정 다수인에게 무작위로 보내지는 스팸메일을 규제하는 방식으로, 이메일을 비롯해 전화나 팩스를 이용한 광고성 정보 전

송 등에서도 적용되기도 한다. 여기서 '옵트인'이란 수신자의 사전 동
의를 얻어야 이메일을 발송할 수 있도록 하는 방식을 말한다. 반대로
수신자가 발송자에게 수신 거부 의사를 밝혀야만 이메일 발송이 안
되는 방식은 '옵트아웃'이다. 한국은 2005년 3월 31일부터 휴대전화
등 전화와 팩스를 통해 상품과 서비스 등을 소개할 경우엔 옵트인, 이
메일의 경우는 옵트아웃을 쓰고 있다.[14]

옵트인 · 옵트아웃 방식의 차이에서 나타나는 현상 유지 편향을
가리켜 '디폴트 편향default bias'이라고 한다. 미리 정해놓았다는 의미에
서 '기정 편향'으로 번역해 쓰기도 한다. 공공정책과 관련해 이런 문
제를 다루는 것을 '선택 설계choice architecture'라고 하며, 선택 설계를 중
심으로 한 사회 개혁 방식을 '부드러운 간섭주의soft paternalism' 또는
'넛지nudge'라고 한다.[15]

이와 관련, 서강대학교 경영대학 교수 민재형은 "인간의 귀차니
즘 행태를 역으로 잘 활용하면 큰 효과를 볼 수도 있다"며 "기업이나
정책 입안자나, 중요한 전략을 구상할 때 떠들썩하게 모여 앉아 구호
성 캠페인을 벌이는 것보다 사람들의 자연스러운 심리 행태를 고려하
는 것이 훨씬 효과적이다"고 말한다.[16]

이처럼 디폴트로서 취할 수 있는 값을 어떤 일정한 규칙에 따라
정하는 것을 '디폴트 규칙default rule'이라고 한다. 일반적으로 가장 사
용 빈도가 높은 것, 혹은 가장 사용 효율이 높은 것이 디폴트 규칙으로
선정되지만, 넛지를 시도하는 이들은 이 규칙 제정에 개입하려고 애
를 쓴다.

'넛지 전도사'인 캐스 선스타인Cass R. Sunstein은 『심플러: 간결한 넛

지의 힘Simpler: The Future of Government』(2013)에서 "'디폴트 규칙'은 만약 사람들이 어떤 것을 승낙하는 선택을 전혀 하지 않는다면 무슨 일이 일어날지 결정하는 규칙이다.……그런 규칙의 중요성은 타성의 힘을 입증하는 것이다. 사람들이 은퇴 계획에 대한 선택적 동의를 원하는지 물어보면 선택적 거부를 원하는지 물어볼 때보다도 참여 수준이 훨씬 더 낮다. 자동 가입은 참여도를 극적으로 높여준다"며 다음과 같이 말한다.

"장기 기증에 대해서도 비슷한 이야기를 할 수 있다. 만약 필요한 사람들이 기증받을 수 있는 장기의 수를 늘리기를 원하면 그를 위한 하나의 효과적인 방법이 있다. 사람들이 사망 시점에 기증에 동의한다고 추정하되 그들이 원할 때는 선택적 거부를 허용하는 것이다. 나는 이것이 올바른 정책이라고 주장하고 있는 것은 아니다. 나는 그저 만약 필요한 사람들이 더 많은 장기를 기증받길 원한다면 디폴트 규칙이 참으로 중요하다는 것을 알아야 한다고 주장할 뿐이다."[17]

디폴트 규칙을 이용해 장기 기증을 많이 받는 것은 비윤리적인가? 이에 대한 논란이 있다. 유리 그니지Uri Gneezy와 존 리스트John A. List는 『무엇이 행동하게 하는가: 마음을 움직이는 경제학The Why Axis: Hidden Motives and the Undiscovered Economics of Everyday Life』(2013)에서 다음과 같이 말한다.

"옵트아웃 제도가 다양한 환경에서 매우 효과적으로 작용하기는 하지만 문제는 이러한 방식으로 장기 기증자를 등록시키는 방법이 부정직할 수 있다는 것이다. 이 제도에 반대하는 사람들은 치명적인 사고를 당해 자신의 귀중한 신장을 내어줄 사람에게는, 적어도 무언의 약속이 아니라 분명한 약속을 해달라고 요청할 만큼은 정중해야 한다고 생각한다."[18]

기업들이 디폴트 옵션을 최대한 활용하려고 애쓰는 것에 대해서도 불편한 시선을 보내는 사람이 많지만, 기업들이 그런 유혹을 외면하긴 어려운 일이다. 이와 관련, 심리학자 로버트 치알디니Robert B. Cialdini는 다음과 같이 말한다.

"디폴트 상황은 관성으로 가려는 경향에 '반하기'보다 '함께하는' 특징이 있다. 그래서 다른 사람의 결정과 행동에 영향을 주려고 할 때 유용하고 효율적인 도구가 될 수 있다. 상대가 알아차리지 못하게 상황에 약간의 변화를 주는 것이 가능한데, 무엇 때문에 변화를 만들어내기 위해 고생을 무릅써야 하는가?"[19]

IT 기업들은 대부분의 사용자가 기기나 서비스의 구입 또는 설치 당시의 '디폴트 세팅default setting(초기 설정)'대로 사용한다는 점을 알고, 이를 자사의 이익을 위해 최대한 활용, 아니 악용하는 경향이 있다. 이와 관련, 구본권은 "디폴트 세팅 경쟁은 스마트폰 등장 이후 PC에서 모바일 환경으로 옮겨갔다. 스마트폰은 화면이 작아 PC에 비해 사용자가 수시로 설정을 바꾸기가 쉽지 않다"며 다음과 같이 경고한다.

"업체 위주의 디폴트 세팅은 공정한 경쟁을 방해하고 결국 사용자 편의를 저해한다.……디폴트 세팅은 사용자인 당신이 스스로를 위해 맞춤형으로 설정한 것이 아니다. 사업자의 이익을 위해 개발되었거나 설정된 경우가 대부분이다.……기술의 구조를 모르거나 이해하지 못할 경우, 또 알더라도 게을러서 수정하지 않는 경우 사용자들은 사업자들이 만들어놓은 디폴트 세팅의 덫에 걸려든 먹잇감이 될 수

있다." [20]

심지어 커피 전문점, 택시, 미용실까지 그런 '디폴트 상술'에 뛰어들고 있다. 미국 뉴욕의 커피 전문점 '카페 그럼피Cafe Grumpy'에서 커피를 주문하면 마지막에 커피 값은 4달러인데 팁을 1, 2, 3달러 중 얼마나 주겠느냐고 강요당한다. 물론 '노 팁'과 '직접 기재'도 적혀 있기는 하지만, 커다란 아이패드 모니터에 터치스크린 방식으로 누르게 되어 있어 점원과 뒷사람이 다 지켜보고 있다. 그런 시선 때문에 가운데 있는 2달러를 누르는 사람이 많은데, 4달러 커피에 2달러면, 팁이 무려 50퍼센트다. 뉴욕에서 택시를 타도 신용카드로 결제하면 팁을 20퍼센트, 25퍼센트, 30퍼센트 중 얼마 줄 거냐고 묻는 창이 결제 화면에 뜬다. 미용실에서도 주고 싶은 만큼이 아니라 '강요된 비율(%)' 중 하나를 택하게 한다.

『뉴욕타임스』는 "모바일 장치와 기술이 발전하면서 덩달아 팁까지 올라가고 있다"고 꼬집었고, 『포브스』는 팁이 커지는 이유를 '초기 설정값default' 때문이라고 분석했다. 종이 영수증과 달리, 모니터상에 어떤 화면을 어떤 크기로, 어떤 위치에 띄울지 각각의 상황마다 쉽게 프로그램을 바꿀 수 있기 때문에 가게에 유리하게 할 수 있다는 것이다. 『포브스』는 "디지털 기술이 팁을 계산하거나 직접 기재하는 불편함을 덜어주는 대신 더 많은 팁을 내게 한다"며 "요구하는 대로 따라 하기보다는 창피함을 무릅쓰고라도 본인의 의지대로 팁을 주는 게 현명한 소비자"라고 말했다. [21]

장기 기증 문제와 기업들의 이용에 대해선 논란이 있을망정, 학생들의 학자금 지원이라든가 사회적 약자의 신청 서식을 매우 복잡하게 만들어 그들에게 돌아가야 할 혜택이 돌아가지 않게끔 하는 건 다시 생각해볼 일이다. 이와 관련, 선스타인은 다음과 같이 말한다.

"가장 일반적인 교훈은 민간 기관과 공공 기관 모두 흔히 일을 어렵게 만들기 때문에 실패한다는 점이다. 때때로 그들은 단순하고 의미 있는 디폴트 규칙을 선택하지 않기 때문에 일을 어렵게 만든다. 또한 광범위한 옵션들을 나열하기만 하고 구조화하지 않기 때문에 무심코 문제들을 일으킨다. 사람들이 아예 아무것도 하지 않으면 그냥 괜찮도록 일을 자동적으로 만드는 것이 가장 좋은 접근 방식인 경우가 많다."[22]

'디폴트 옵션' 개념을 정치에 적용해보는 건 어떨까? 로버트 W. 맥체스니Robert W. McChesney는 『디지털 디스커넥트: 자본주의는 어떻게 인터넷을 민주주의의 적으로 만들고 있는가Digital Disconnect: How Capitalism is Turning the Internet Against Democracy』(2014)에서 "파시즘은 현재의 사회관계를 유지하고 재생산하는 데 필요한 다른 선택지가 없을 경우 자동 채택하는 디폴트 옵션 같은 게 될 수 있다"고 경고한다.[23]

파시즘까진 아니더라도, 대중이 다른 선택지가 없기 때문에 갖게 되는 정치적 행태가 사회 진보에 역행하는 결과를 낳는 건 자주 일어나는 일이다. 이를 잘 표현해주는 슬로건이 바로 "그놈이 그놈이다"는 말이다. 우리가 전 사회적 차원의 디폴트 옵션에 충분한 관심을 기울여야 할 이유라 하겠다.

디폴트 규칙

왜 문제를 안고 잠이 들었다가
답을 안고 깰 수 있는가?

디폴트 네트워크

"지난해 10월 서울 시청광장에서 '멍 때리기 대회'가 열렸다. 3시간 동안 아무것도 하지 않고 가장 멍하니 있는 사람을 가리는 대회에서 초등학교 2학년생이 우승을 차지했다. 그런데 얼마 전 한 방송에서 이 어린이의 사연이 알려졌다. 9살 어린이가 하루 6곳씩 학원을 다녀야 하니 매일 쌓이는 피로와 압박을 멍 때리는 것으로 풀어왔다는 것이다. 올해는 중국 광둥성에서도 '멍 때리기 대회'가 열렸다. 이 대회에서도 수상자들은 죄다 어린이들인 것을 보면 우리나라 어린이들만 멍 때리기를 잘하는 것은 아닌 듯하다."[24]

이 기사가 말해주듯, 최근 '멍 때리기'가 유행하고 있다. 이 기사를 쓴 남은주는 "스웨덴의 인지신경과학 전공 교수인 토르켈 클링베

리는 사람의 뇌가 한꺼번에 일곱 가지 이상의 정보를 저장하려 하면 멍한 상태가 된다고 했다. 과잉 정보, 역할 과부하 상태에 시달리는 우리들은 멍해지기 쉬운 조건 속에서 산다. 뇌의 전전두엽 부분을 활성화한다며 멍 때리기를 예찬하는 과학자도 있지만 앞뒤가 바뀌었다"며 다음과 같이 말한다.

"멍 때리기는 정보를 처리하려고 애쓰는 상태다. 우리가 감당해야 할 일들의 가짓수와 책임감 같은 노동 밀도가 지나치게 높으니까 큰 탈이 나지 않도록 뇌가 조절 기능을 발휘하고 있는 것이라고 보아야 한다.……요즘 학부모들 사이에선 멍 때리기가 뇌 이완을 유도하고 창의력을 높인다는 말이 퍼지면서 자녀의 멍 때리기를 따뜻한 시선으로 보자고 하지만 터무니없는 소리다. 푹 자고 싶다고 했더니 잠깐 졸아도 된다고 대답하는 것과 다름없다."[25]

옳은 말씀이다. 그런데 '멍 때리기 대회'에서 우승을 차지한 초등학교 2학년생의 멍 때리기가 진정한 의미의 멍 때리기냐에 대해선 이견이 있을 것 같다. 살인적인 피곤에 찌든 나머지 나오는 멍 때리기라면 그건 일반적인 의미, 즉 아무 생각 없이 멍한 상태를 의미하는 멍 때리기와는 좀 다르다고 보아야 하지 않을까?

물론 일반적인 의미의 멍 때리기도 좋은 말을 듣지는 못한다. 하지만 1998년 미국 신경과학자 마커스 라이클Marcus Raichle이 자기공명영상MRI을 연구하다가 발견한 한 가지 놀라운 사실은 일반적인 의미의 멍 때리기에 대해 다시 한 번 생각해볼 것을 요청하는 건 아닐까?

라이클의 연구에 따르면, 실험 참가자가 테스트 문제에 집중하면서 생각에 골몰하기 시작하자 두뇌 특정 영역들의 활동이 늘어나는 게 아니라 줄어들었으며, 테스트가 끝나자 이 영역의 활동은 비약적으로 늘어났다. 예상과 달리 두뇌는 정신적으로 아무것도 하지 않을 때 그 활동을 더욱 강화한다는 사실에 충격을 받은 라이클은 이 같은 신경 활동의 기묘한 특성을 '디폴트 네트워크default network'라고 불렀다. 디폴트 네트워크는 default mode network, default state network, resting-state network, task-negative network, 또는 줄여서 DN이라고도 한다.[26]

왜 이런 디폴트 네트워크가 존재하는 걸까? 데이비드 디살보David DiSalvo는 『나는 결심하지만 뇌는 비웃는다What Makes Your Brain Happy and Why You Should Do the Opposite』(2012)에서 디폴트 네트워크가 우리의 자아의식에 필수 불가결하다는 이론이 가장 설득력 있다고 주장한다. 그는 "당신이 온통 바깥세상에만 관심을 쏟는다고 상상해보라"며 다음과 같이 말한다.

"그러면 당신은 생각을 효과적으로 표현하는 데는 익숙하겠지만 자신의 내면을 들여다볼 기회는 얻지 못할 것이고, 결국 '자기' 안에 있는 '진짜 자신'을 절대 만날 수 없게 될 것이다. 또한 제대로 직시하지 못한 정보는 처리할 수 없게 될 것이다. 디폴트 네트워크는 우리가 멍한 상태에 빠져 있을 때, 혹은 우리가 잠을 자는 동안에도 정보를 소화하고 이해할 수 있게 해준다. '문제를 안고 잠이 들었다가 답을 안고 깬다'라는 속담이 아주 근거 없는 말은 아니다."[27]

앤드루 스마트Andrew Smart는 『뇌의 배신Autopilot: The Art and Science of Doing Nothing』(2013)에서 "버트런드 러셀, 라이너 마리아 릴케, 오스카 와일드 같은 사상가들은 현재 신경과학자들이 밝혀내고 있는 사실들을 이미 의식하고 있었는지 모른다" 며 다음과 같이 말한다.

"이들은 인간이 여가를 통해서만 본인의 잠재력을 모두 발휘할 수 있다고 주장했다. 그런데 이는 매우 역설적으로 들린다. 미국인들은 어릴 적부터 대부분 '손이 한가하면 나쁜 짓을 한다Devil finds work for idle hands'는 식의 얘기를 들으며 자랐기 때문이다. 하지만 현대 신경과학이 두뇌를 바라보는 관점을 생각해보면, 미국인의 근로시간이 증가함에 따라 미국인의 정서적 안락과 신체 건강이 쇠락한 것이 우연이 아님을 알 수 있다."[28]

대니얼 J. 레비틴Daniel J. Levitin은 『정리하는 뇌The Organized Mind』(2014)에서 디폴트 네트워크를 '백일몽 네트워크daydreaming network' 혹은 '몽상 네트워크mind-wandering network'로 부르면서 이렇게 말한다. "이것은 우리가 백일몽을 꾸거나 마음의 방랑을 한 이후 상쾌한 기분을 느끼는 이유, 휴가와 낮잠이 원기 회복에 도움이 되는 이유를 설명해준다."[29]

그러나 디폴트 네트워크라고 해서 에너지 소모가 없는 건 아니다. 하버드 의대 교수 에드워드 할로웰Edward Hallowell은 "문제를 해결하려고 애쓰거나 어떤 일에 집중할 때 뇌에서 더 많은 에너지를 소비한다고 생각할지도 모르지만 실은 그렇지 않다" 며 다음과 같이 말한다.

"마음이 정처 없이 방황할 때에도 DN은 집중 모드에 깊이 빠져 있을 때와 동일한 수준, 혹은 그보다 더 많은 에너지를 소모한다. 흥미로운 점은 정신이 표류하거나 DN 모드일 때 주로 다른 사람이나 자기 자신, 그리고 타인과 자신의 관계를 생각한다는 것이다. 한마디로 '사회적 인지'에 빠져든다. 자연은 우리가 한가하게 정지해 있는 동안

사교적인 문제를 생각하도록 만들어놓았다." [30]

에너지 소모 문제는 전문가들끼리 따져볼 일이겠고, 우리가 중요하게 생각해야 할 점은 '사회적 인지'가 아닌가 싶다. 멍 때리기, 장려할 일은 아니겠지만 가끔 한 번 해보는 것도 좋을 것 같다. 영 품위가 없게 느껴진다면 '느슨한 성찰'이라고 바꿔 부르는 건 어떤가. 입으론 누구나 다 성찰이 필요하다고 말하면서도 정작 그걸 하는 사람은 드문 세상이다. 멍 때리다가 우연히 타인과의 관계에 대한 성찰도 해본다면 일석이조一石二鳥가 아닌가 말이다.

왜 일체형 제품을 선호하는 사람은
보수적인가?

인지적 종결

스위스 군인용 칼과 뷔페식당의 공통점은 한번에 많은 것을 할 수 있는 다목적성을 충족시킬 수 있다는 점이다. 이런 일체형 제품이나 업소를 선호하는 사람들은 이른바 '인지적 종결cognitive closure'에 대한 욕구가 강한 사람들이다. 인지적 종결 욕구need for cognitive closure란 인지 과정에 영향을 미치는 일종의 동기화된 경향성으로, 어떤 질문에 대해 모호함을 피하고 어떠한 답이든 확고한 답을 원하는 욕구를 말한다.

최인철은 "인지적 종결 욕구가 강한 사람은 어떤 문제든지 분명한 '답'을 원한다. 그 답이 꼭 정답일 필요는 없다.……불확실한 상황보다는 질서를 선호하고, 자유와 개성보다는 규칙을 좋아하며, 복잡한 것보다는 단순한 것을 좋아한다. 그래서 가능하면 한 가지로 여러 가지를 해결할 수 있는 일체형 물건이나 장소를 선호한다. 기능이 다른 물건을 사서 일일이 정리하기보다는 한꺼번에 모든 걸 해결할 수 있는 단순한 라이프스타일을 선호한다" 며 다음과 같이 말한다.

"뭐든지 답을 빨리 찾고자 하는 사람들은 흥미롭게도 보수적인 성향이 강한 사람들이다. 보수적인 가치의 핵심은 새로운 변화로 인한 불확실성보다는 기존의 질서와 가치를 통해 느낄 수 있는 단순함, 안전함, 질서정연함을 선호하는 데 있다. 따라서 보수적인 성향이 짙은 사람들이 인지적 종결 욕구가 강하다는 점도 그리 이상할 게 없다. 인지적 종결 욕구가 강한 보수적인 사람들은 헤어스타일을 자주 바꾸지 않는다. 새로운 변화를 시도하지 않고 늘 해오던 머리 모양을 고집한다. 보수적인 사람들은 추상화보다 정물화와 같은 구체적인 그림을 더 선호한다." [31]

1993년 '인지적 종결' 개념을 제시한 미국 사회심리학자 에어리 쿠르굴란스키Arie W. Kruglanski, 1939-는 이른바 '일상인의 인식론lay epistemics'이라는 이론으로 사람들이 일상적 삶에서 판단을 내릴 때에 동기가 미치는 영향을 탐구했다. epistemics는 1969년 영국 에든버러대학Edinburgh University에서 철학의 인식론epistemology과 구별해 지식의 과학적 탐구에 무게를 둔다는 취지에서 처음 만들어진 개념이다. [32] 쿠르굴란스키는 인지적 종결 욕구가 다음과 같은 5가지의 차원으로 구성되어 있다고 주장했다.

① 삶이 질서정연하고 구조화되기를 바라는 질서에 대한 선호preference for order, ② 일관되고 변하지 않는 지식을 선호하는 예측가능성에 대한 선호preference for predictability, ③ 신속하게 종결에 도달하고자

인지적 종결

하는 판단의 명확성decisiveness, ④ 모호한 상황을 싫어하는 모호함에 대한 불편감discomfort for ambiguity, ⑤ 자신의 판단과 일치하지 않는 증거나 의견을 고려하지 않으려고 하는 폐쇄적 사고closed-mindedness.

이러한 종결 욕구는 어떤 불확실한 상황에서 얻은 답이 불확실성을 줄여주는 것으로 보인다면 그 답이 정답이 아니더라도 더는 정보를 탐색하지 않고 그것을 답으로 결정하는 '포착seizing' 성향과 이후 이러한 결정을 변경하지 않고 지속하려는 '보존freezing' 성향을 일으킨다. 이와 관련, 주미정·이재식은 "개인이 갖고 있는 종결 욕구의 특성에 따라 개인은 특징적인 행동을 보이는 경향이 있다"며 다음과 같이 말한다.

"예를 들어, 종결 욕구가 높은 사람은 인지적 판단을 할 때, 일반적으로 초두효과初頭效果, primacy effect에 좌우되는 경향이 있으며, 종결 욕구 수준이 높은 사람들은 종결 욕구 수준이 낮은 사람들에 비해 휴리스틱heuristics과 고정관념을 더욱 선호한다.……종결 욕구 수준이 높은 사람들은 종결 욕구 수준이 낮은 사람들에 비해 문화 특유의 성향을 더욱 현저하게 표현한다. 즉, 종결 욕구 수준이 높은 경우 개인주의 문화 성향에 속하는 사람들은 개인주의 특유의 행위를 더욱 강력하게 표현하는 반면, 집단주의 문화 성향에 속하는 사람들은 집단주의 특유의 행위를 더욱 강력하게 표현한다."[33] ('초두효과'란 먼저 제시된 정보가 나중에 들어온 정보보다 전반적인 인상 형성에 더욱 강력한 영향을 미치는 것을 말한다.)[34]

김남희·천성용·이은재는 "인지 종결 욕구는 여러 선행 연구에 의해, 검색 노력search effort, 제품 평가, 구매 의도 등 다양한 소비자 행동에 영향을 미치는 것으로 밝혀져왔다. 인지 종결 욕구가 높은 소비자는 의사 결정을 내릴 때, 모호함과 불확실성을 회피하고자 하는 강력한 필요에 의해 예측 가능하고 빠른 결론을 선호하고, 인지 종결 욕구가 낮은 소비자는 모호함과 불확실성을 불편하게 여기지 않기 때문에 예측 불가능하고 미해결된 상황을 포용한다"며 다음과 같이 말한다.

"또한 인지 종결 욕구가 높은 사람은 분명하고 예측 가능한 상황을 선호하며, 자신의 결정에 대해 확신하는 정도가 높으며, 상황에 대한 불안감을 떨쳐내고자 자신이 결정한 사항에 대해 주위 사람들의 의견을 잘 받아들이려 하지 않는 성향을 보인다. 따라서 인지 종결 욕구가 높은 사람들은 불확실하거나 모호한 상황을 경험하는 것을 회피하기 위해 명확하고 뚜렷한 지식을 추구한다. 또한 인지 종결 욕구가 높은 사람들은 그들이 당면한 문제 상황에 대한 심리적 불안으로 인해 안정을 찾기 위해 상황에 대한 종결을 추구하게 되며, 이는 개인의 의사 결정 방식에도 영향을 미치게 된다. 그러므로 종결에 대한 욕구가 높은 사람들은 다소 불이익을 고려하더라도 확실한 결론을 유지하기 위해 다른 불확정적인 정보를 그대로 받아들이는 경향을 갖기도 한다." [35]

인지적 종결 욕구는 네덜란드 사회심리학자 기어트 홉스테드Geert Hofstede가 제시한 '불확실성 회피uncertainty avoidance' 성향과 비슷한 면이 있다. '불확실성 회피'란 한 문화의 구성원들이 불확실한 상황이나 미지의 상황으로 인해 위협을 느끼는 정도를 의미한다. "다른 것은 무엇이든 위험하다"는 정서는 외국인 공포증xenophobia으로까지 나아갈 수 있는데, 이는 불확실성 회피 경향을 강하게 띠는 정서다. 불확실성 회피 문화가 강한 문화에서는 어떤 것이 더럽고 위험한지에 관한 분류가 엄격하고 절대적이기 때문이다.

홉스테드의 연구에 따르면, 불확실성 회피 경향이 약한 나라일수록 시민의 힘 지수가 더 높았다. 또한 불확실성 회피 경향이 강한 나라의 시민은 자기들이 권력자의 결정에 영향을 줄 수 있는 가능성에 대해 회의적인 생각을 품고 있음이 밝혀졌다. 불확실성 회피 경향이 강한 나라에서는 공무원이 정치와 정치가에 대해 부정적인 감정을 품고 있는 경향이 있었으며, 불확실성 회피 경향이 약한 나라에서는 긍정적인 감정을 지니고 있었다.

불확실성 회피 경향이 강한 나라의 시민들은 권위 있는 어떤 인물이 요구할 때는 언제든지 합법적으로 신분을 확인해 보일 수 있도록 신분증 휴대가 의무화되어 있다. 불확실성 회피 경향이 약한 나라에는 이러한 의무가 없으며, 시민의 신분을 확인하는 부담이 권력자 쪽에 있다.[36]

'불확실성' 개념은 문화 간 커뮤니케이션intercultural communication에서 상호 이해와 관계를 증진하기 위한 방안을 찾는 데에 활용되고 있는데, 그걸 가리켜 '불확실성 줄이기 이론uncertainty reduction theory'이라고 한다. 불교와 도교에선 불확실성을 피하려 하지 말고 껴안으라고 하지만, 전 세계적으로 불확실성을 감소시키기 위한 투쟁이 치열하게 전개되고 있는 것이 현실이다.[37] 우리는 "사람이 화끈해서 좋아"라는 말을 즐겨 하지만, 화끈한 사람은 인지적 종결 욕구가 강한 사람일 수 있으니, 너무 좋게만 볼 일은 아니겠다.

왜 우리는 "내가 맞아.
편견이 있는 건 너야!" 라고 생각할까?

소박실재론

혹 정치적 논쟁을 해본 적이 있는가? 상대편이 그 어떤 강한 편견을 갖고 있다고 생각해 그걸 넘어설 수 있는 실증적 증거들을 나열하면서 설득해 보려고 시도한 적이 있는가? 그런 경험이 있다면 아마도 '설득은 절대 불가'라는 결론을 한 번쯤은 내려보았을 것이다. 물론 정작 편견을 가진 건 나 자신일 수도 있겠지만, 그 누구의 편견이건 편견은 좀처럼 바뀌지 않는다는 건 분명하다.

미국 심리학자 리 로스Lee Ross와 에밀리 프로닌Emily Pronin은 사람들에게 편견에 대해 가르친 후 "좋아요, 이제 이런 편견을 알게 됐으니 여러분은 방금 자신에 대해 말한 내용을 바꿀 생각이 있나요?" 라고 물었다. 어떤 결과가 나왔을까? 조너선 헤이트Jonathan Haidt의 설명을 들어보자.

"많은 연구에서 결과는 똑같았다. 사람들은 다양한 형태의 이기적인 편견에 대해 배우고 그 지식을 다른 사람의 반응을 예측하는 데 적용하는 일은 매우 즐겼다. 하지만 그것도 그들 자신을 평가할 때는 별 효과가 없었다. 아무리 우리가 그들의 옷깃을 잡고 흔들어대며 '내 말 들어봐요. 대다수 사람들은 스스로를 과대포장해요. 현실을 직시하세요'라고 해도, 그들은 수용을 거부하며 '맞아요. 남들은 편견에 물들어 있을지 모르지만 나는 정말 보통 이상의 리더십을 갖고 있단 말입니다'라며 씩씩댄다."[38]

로스와 프로닌은 이렇게 거부적인 태도의 원인을 가리켜 '소박실재론naive realism'이라고 했다. "세상을 있는 그대로 정확하게 바라본다"는 잘못된 가정, 즉 "나는 있는 그대로의 세상을 보고 있기 때문에, 내 주관적 경험과 객관적 현실 사이에는 어떤 왜곡도 없다"고 믿는 경향성이 있다는 것이다.

게다가 자신이 보는 사실은 모두가 볼 수 있기 때문에 다른 사람들도 자신의 의견에 동의해야 한다고 믿는다. 그들이 동의하지 않으면 그것은 그들이 관련 사실을 접하지 않았거나, 아니면 사적인 이익이나 이데올로기에 눈이 멀어 있기 때문이라고 쉽게 단정해 버린다. 따라서 소박실재론에 사로잡힌 사람(소박실재론자)에게 이 세상은 선과 악으로 가득한 세계일 가능성이 높다.[39]

원래 소박실재론은 우리의 지각이나 경험을 통한 인식은 독립적으로 존재하는 외계의 실재가 있는 그대로 비친 것이라는 입장을 뜻하는 철학 용어다. 이와 같은 생각은 우리의 일상생활에서 상식적인

소박실재론

견해와 일치하기에 '소박'이라는 형용사를 곁들여서 부르게 된 것이다. 물론 우리의 소박한 일상적 실감實感은 모든 사상의 원점原點이 되기도 하지만, 실생활의 필요에서 생기는 많은 편향에 사로잡히기도 한다. 사회심리학자들이 20세기 중반부터 그 점을 지적함으로써 소박실재론은 심리학 용어로 편입되었다.[40]

소박실재론은 심리학에서 타인의 행동 원인을 행위자의 내적 특성 탓으로만 돌리는 '기본적 귀인 오류fundamental attribution error', 내 문제는 '세상 탓'을 하고 남의 문제는 '사람 탓'을 하는 '행위자-관찰자 편향actor-observer bias', "길을 막고 지나가는 사람에게 물어보자"는 등 남들도 내 생각과 같을 것이라고 착각하는 '허위 합의 효과false-consensus effect' 등과 같은 인지적 편향cognitive bias의 이론적 근거다.[41]

미국 유명 코미디언이자 사회비평가인 조지 칼린George Carlin, 1937-2008은 "자기보다 느리게 운전하는 사람은 전부 멍청이고 자기보다 빠르게 운전하는 사람은 모두 미친놈이라는 걸 알았나요?"라고 꼬집었는데, 이는 우리 모두 어느 정도는 소박실재론자라는 걸 말해준다 하겠다. 그 누구건 "내가 맞아. 편견이 있는 건 너야!"라는 생각이나 말을 한두 번쯤은 하지 않았을까?[42]

'나'는 쉽게 '우리'로 바뀔 수 있다. 소박실재론자에게 어떤 말의 내용은 그다지 중요하지 않다. 그게 누구에게서 나왔느냐가 더 중요한 의미를 갖는다. 이스라엘-팔레스타인 갈등을 대상으로 한 실험 결과는 이 점을 잘 보여준다. 이스라엘 협상가들이 제시한 평화 안을 팔레스타인의 제안이라고 속이고 이스라엘 시민들에게 평가를 요청했다. 어떤 결과가 나왔을까? 에릭 제프Eric Jaffe는 다음과 같이 말한다.

"이스라엘인들은 팔레스타인에서 제시한 것이라고 속인 이스라엘 평화 안보다 이스라엘이 제시한 것이라고 속인 팔레스타인의 평화 안을 더 좋아했다. 자신의 제안을 상대편에서 내놓는다 해서 마음에 들지 않는다면, 상대편의 제안이 실제로 상대편에서 나올 때 그것이 마음에 들 가능성이 얼마나 되겠는가?"[43]

제프리 코언Geoffrey Cohen의 실험 결과도 마찬가지다. 미국에서 민주당원들은 민주당이 제안한 것이라고 생각할 때는 공화당원들이나 좋아할 극히 제한적인 복지 정책도 지지하고, 공화당원들은 공화당에서 내놓은 것이라고 생각할 때는 넉넉한 복지 정책도 지지하더라는 게 밝혀졌다. 이 연구에서 비극적인 건 자신의 맹점, 즉 자신이 자기 당의 입장에 영향을 받고 있음을 깨닫는 사람이 아무도 없었다는 사실이다. 오히려 모두가 자신의 견해는 그 정책을 자신의 전반적인 정치철학에 비추어 면밀히 검토한 끝에 나온 논리적 결과라고 주장했다.[44]

소박실재론과 비슷한 개념으로 naive cynicism이 있다. '소박실재론'의 번역 방식을 따르자면 '소박냉소주의'라고 할 수도 있겠지만, 그냥 '순진한 냉소주의'라고 하는 게 이해에 더 쉬울 것 같다. '순진한 냉소주의'는 다른 사람이 실제보다 이기적일 것이라고 생각하는 편향이나 편견을 가리키는 말로, 심리학자 저스틴 크루거Justin Kruger와 토머스 길로비치Thomas Gilovich가 1999년에 제시한 개념이다. 냉전 시대 소련의 군축 협상 제의를 미국이 거절한 것이나 정치에서 상대편에게 무슨 속셈이 있을 거라고 생각해서 어떤 제안을 액면 그대로 받아들이지 못하고 갈등을 악화시키는 효과를 그 사례로 들 수 있다.[45]

"내가 맞아. 편견이 있는 건 너야!"라는 생각과 이런 생각에서 비롯된 상대에 대한 불신이라는 점에선 소박실재론과 순진한 냉소주의는 상통한다. 특히 한국 정치는 그런 사례들의 보고寶庫라고 해도 과언이 아니다. 집권 여당일 땐 자기들이 했던 주장들을 야당이 되면 180도 뒤집는다든가, 반대로 야당일 때 했던 주장들 역시 집권하면 180도 뒤집는 사례는 이루 헤아릴 수 없이 많다. 이런 작태들에 대해 모든 유권자가 크게 분노하거나 응징하지 않는 것은 유권자들 역시 자신의 당파성에 따라 움직이기 때문일 게다. 우리 인간의 원초적 속성으로 받아들이기엔 그로 인한 비용과 희생이 너무 크니, 그게 문제다.

제2장

편 가르기
와
차별

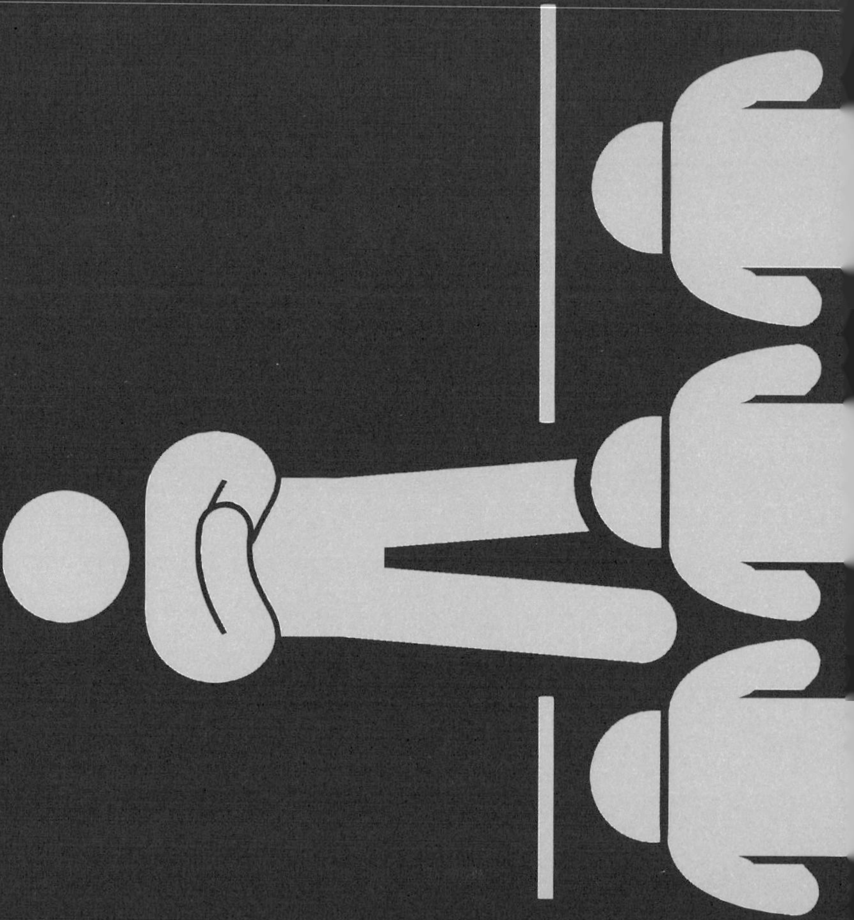

왜 어떤 사람들은
전투적인 정치적 광신도가 되는가?

열정적 증오

Passionate hatred can give meaning and purpose to an empty life(열정적인 증오는 공허한 삶에 의미와 목적을 줄 수 있다).[1] 미국 사회운동가이자 작가인 에릭 호퍼Eric Hoffer, 1902-1983가 『맹신자들The True Believer: Thoughts on the Nature of Mass Movement』(1951)에서 한 말이다. 특정 정치적 신념이나 노선을 내세워 생각이 다른 사람들을 증오하면서 욕설과 악플로 공격하는 정치적 광신도들의 의식과 행태를 설명할 수 있는 최상의 진술이 아닐까?

많은 미국 지식인이 공산주의에 기울었다가 스탈린주의에 질려 전향하던 시절, 노동자 출신의 독학자로서 사회비평가로 활약한 호퍼는 1951년 『맹신자들』을 출간해 기독교에서 민족주의와 공산주의에 이르기까지 대중적 신념의 문제를 날카롭게 해부했다. 호퍼는 좌우左右를 막론하고 맹신자들에겐 한 가지 공통점이 있는데, 그것은 현실을 외면하고 혐오하는 것이라고 했다.

호퍼는 "군중이 대중운동에 매혹되고 빠지는 것은 그것이 제공하는 약속과 교리 때문이 아니다. 개인의 무력한 존재감과 두려움, 공허함을 피할 수 있는 피난처를 제공하기 때문이다"고 말한다. 따라서 대중운동에 잘 휩쓸리는 사람은 아주 가난한 사람들은 아니다. 호퍼는 "아무것도 갖지 못한 사람보다는 많이 갖고 있으면서 더 많은 걸 갖고 싶어 하는 사람의 욕구불만이 더 크다"고 말한다. 소속감과 동지애를 구하기 위해, 또는 단순히 삶의 따분함에서 벗어나기 위해, 운동에 참여하는 사람도 많다. 그것이 현실 세계의 집단이건 사이버 세계의 집단이건, 열정적 증오의 발산은 자신이 소속된 집단에서 인정 욕구를 충족시키는 주요 수단이 된다.[2]

호퍼는 "이것이다"보다는 "이것이 아니다"가 늘 더 강력한 동기를 유발한다고 말한다. 즉, '긍정'보다는 '부정'의 힘이 훨씬 크다는 것이다. 열정적 증오는 그런 부정의 힘이 극대화된 것으로 볼 수 있다. 선거가 네거티브 공세 위주로 전개되는 것도 바로 그런 이유 때문이다. 그는 "대중운동이 시작되고 전파되려면 신에 대한 믿음은 없어도 가능하지만 악마에 대한 믿음 없이는 불가능하다"며 다음과 같이 말한다.

"대중운동의 힘은 대개 악마가 얼마나 선명하며 얼마나 만져질 듯 생생한가에 비례한다.……공동의 증오는 아무리 이질적인 구성원들이라도 하나로 결합시킨다.……증오는 우리의 부적합함, 쓸모없음,

죄의식, 그 밖의 결함을 자각하지 못하게 억누르려는 필사적인 노력의 표현이다.……머리끝부터 발끝까지 나쁘기만 한 적보다는 장점이 많은 적을 증오하는 편이 쉽다. 경멸스러운 상대를 증오하기는 어렵다."[3]

열정적 증오가 늘 나쁘기만 한 건 아니다. 이와 관련, 톰 버틀러보던Tom Butler-Bowdon은 이렇게 말한다. "현실에 대한 증오는 때로 끔찍한 재앙을 일으키기도 하지만, 더 나은 세상을 꿈꾸며 계획하는 사람들, 자유와 평등의 이상을 위해 유혈 혁명도 마다하지 않은 사람들 덕분에 과거 수많은 전제정치가 타도될 수 있었던 것도 엄연한 사실이다. 좋든지 나쁘든지 간에 미래에 대한 인간의 열정이 지금의 세상을 만든 것이다. 『맹신자들』은 단순한 대중운동 이론서가 아니다. 이 책은 인간의 본성에 대한 예리한 식견을 다룬 철학 책이다. 인간의 동기와 행동에 관한 질문을 심리학자의 몫으로만 남겨두어선 안 되는 이유를 이 책은 보여준다."[4]

사회정의를 실현하기 위한 대중운동에 참여하는 사람으로선 이 책이 불쾌하게 여겨질 수도 있겠지만, 이 점을 염두에 둔 호퍼의 다음과 같은 말을 감안해 쿨하게 대처하는 게 좋을 것 같다. "여러 대중운동이 공통점이 많다는 가정은 모든 운동이 똑같이 이롭다거나 똑같이 해롭다는 이야기가 아니다. 이 책은 일절 시비를 가름하지 않으며 일절 호오를 밝히지 않는다."[5]

그럼에도 냉정한 정치학자로선 호퍼의 주장을 전면적으로 수긍하긴 어려울 것이다. 예컨대, 진덕규는 이렇게 말한다. "에릭 호퍼는 대중운동의 발발을 단지 그 운동에 참여하는 사람들의 심리적인 성격에 의해서만 분석하고 있기 때문에 대중운동이 발발하게 되는 사회경제, 정치적인 성격들에 대한 문제를 등한시하고 있다. 사실상 대중운동의 발발은 그것에 참여하고 있는 사람들의 정신적인 성격에 기인하는 것으로만 설명될 수는 없다. 그러한 정신적 이유는 수많은 이유 중에서 그 하나에 불과한 것이며, 오히려 이러한 이유 중에는 정치경제 사회의 구조적인 성격이 보다 더 중요하다고 할 수 있다."[6]

그런 한계가 있긴 하지만, 『맹신자들』이 쓰인 상황을 이해하면 치명적인 문제는 아니다. 이 책은 독일의 아돌프 히틀러Adolp Hitler, 1889-1945와 소련의 이오시프 스탈린Iosif V. Stalin, 1879-1953이 세운 희대의 전체주의 정권들이 인류에 미친 가공할 폐해와 비극을 목격한 직후에 집필되었다는 것을 감안해야 하지 않겠는가. 아니 오늘날에도 상상을 초월할 정도로 잔인한 폭력을 일삼는 이슬람 과격파 무장단체 이슬람 국가IS에 세계 각국의 젊은이들이 몰려드는 현상을 호퍼의 설명 이외에 그 무엇으로 설명할 수 있겠는가.

우리는 이념이나 노선이 중요한 것처럼 생각하지만, 호퍼가 주목한 '열정적 증오'의 관점에서 보자면 이념이나 노선은 빈껍데기일 경우가 많다. 어떤 사람이 어떤 대의大義를 위해 헌신하거나 희생하는 것은 자신이 믿는 대의가 훌륭해서가 아니라 자신의 열정적인 집착에서 안전감이 비롯되기 때문이다. 그 사람에겐 '열정적 증오'를 발산하면서 매달릴 그 무엇인가가 필요할 뿐 대의나 원칙은 부차적인 것이다. 바로 그런 이유 때문에 그 사람은 별 갈등 없이 다른 대의로 옮겨가는 데에 어려움을 느끼지 않는다. 예컨대, 공산주의에서 파시즘으로 넘어가는 게 별로 어렵지 않다는 것이다.[7]

우리는 가끔 극좌極左에서 극우極右로 간다든가 하는 놀라운 정치적 전향과 관련해 "저 사람이 어떻게 저렇게 확 달라질 수 있지!"라고 놀라지만, 호퍼의 그런 설명에 따르자면 그건 자연스러운 일이다. 우리가 즐겨 쓰는 "극과 극은 통한다"는 말은 양극단의 운동은 서로 통하는 점이 있다는 걸 의미하는 것이기도 하다. 양극단의 운동을 하나로 묶는 고리가 바로 '열정적 증오'기 때문이다.

생각해보라. 목적 없이 표류하는 삶으로 고통 받던 사람에게 증오의 대상은 그 얼마나 반갑겠는가. 증오가 자신의 공허한 삶에 목적과 의미를 부여해주니 넙죽 엎드려 절이라도 하고 싶지 않을까? 실제로는 증오의 대상에게 온갖 욕설과 악플을 퍼붓는다는 게 문제이긴 하지만 말이다. 그럼에도 증오의 언어를 구사하는 이들은 자신의 악행惡行을 느끼지 못한다. 그들에겐 나름의 희망과 더불어 신념이 있기 때문이다. "어떤 사람들에게서 증오를 빼앗아버리면 우리는 신념 없는 인간을 보게 된다"는 호퍼의 재치 있는 표현은 바로 그 점을 지적한 것으로 볼 수 있다.⁸

호퍼가 주목한 '열정적 증오'는 '광신狂信'으로 통하기 마련이다. 영국 작가 오스카 와일드Oscar Wilde, 1854-1900는 "The worst vice of the fanatic is his sincerity(광신자의 최악은 그의 진실성이다)"라고 했고, 철학자 조지 산타야나George Santayana, 1863-1952는 "Fanaticism consists in redoubling your efforts when you have forgotten your aim(광신은 목적을 잊은 채 노력을 배가할 때에 나타난다)"이라고 했다.

fanatic(광신자, 열광자)과 fanaticism(광신)에 관한 최고의 명언이라 할 만하다. 광신자와의 합리적 대화는 불가능하다. 이념이나 정치적 성향의 차이로 인한 벽보다 높고 두꺼운 벽이 버티고 있기 때문이다. fanatic은 temple(사원)을 뜻하는 라틴어 fanum에서 유래한 말로, 원래 종교적 개념이었다. 영국 심리학자 맥스웰 테일러Maxwell Taylor는 『광신도들The Fanatics』(1991)이라는 책에서 광신fanaticism의 10대 특성을 다음과 같이 제시한다.

(1) 집중focusing: 다른 모든 일을 배제하고 한 가지에만 집중한다. (2) 개인적 관점의 세계관personalised view of the world: 세계를 오직 자신의 개인적 관점에서만 보며, 자신의 개인적 집착이 곧 이데올로기가 된다. (3) 무감각insensitivity: 다른 사람과 정상적 수준의 사회적 압력에 대해 무감각해 사회적 표준에서 많이 벗어난다. (4) 비판적 판단의 상실loss of critical judgment: 어떤 일을 하고 하지 말아야 할지 기본적인 분별력을 상실한 상태다. (5) 불일치와 비양립성 포용inconsistency and tolerance of incompatibility: 모순에 대한 무한한 관용을 갖고 있다. (6) 확신certainty: 자신이 하는 일의 적합성에 대해 추호의 의심도 없는 확신으로 일을 추진한다. (7) 단순화simplification: 흑백 이분법을 사랑한다. (8) 변화에 대한 저항resistance to change: 변화를 한사코 인정하지 않으며 거부한다. (9) 경멸과 무시disdain/dismissal: 다른 사람의 삶에 대한 고려가 없으며, 오직 자신이 하고자 하는 일에만 집중한다. (10) 상황적 아전인수我田引水, contextual facilitation: 자신에게 편안한 공간을 창출하며 자신의 광신을 유지시킬 수 있는 하위문화sub-culture에 탐닉하는바, 오늘날엔 인터넷과 SNS가 그 대표적 공간이라 할 수 있겠다.[9]

'중도middle of the road'와 '중용golden mean'을 좋아했던 미국 제34대 대통령 드와이트 아이젠하워Dwight D. Eisenhower, 1890-1969는 "사람들은 중도를 용납할 수 없는 것처럼 말하지만, 도덕을 제외한 모든 인간 문제는 회색 영역에 속한다. 세상사란 흑백이 아니며, 타협이 있어야만 한다"고 했다. 그가 애독한 책이 바로『맹신자들』이었다는 것은 의미심장하다.[10]

미국 도시 빈민 운동가이자 커뮤니티 조직 운동가인 솔 알린스키 Saul Alinsky, 1909-1972도『맹신자들』을 애독했으며, 샌프란시스코에 살고 있는 호퍼와 접촉해 여러 번 만나기도 했다.[11] 알린스키가『맹신자들』을 좋아한 것은 아마도 분석의 현실주의적 철저함 때문이었을 것이다. 이 책의 한계라는 것도 따지고 보면 학술적 차원의 문제 제기일 뿐, 직접 운동을 조직하고 이끄는 입장에선 그런 데까지 눈을 돌릴 필요도 없거니와 여유도 없었을 것이다.

호퍼는 한 사회 내에서 대중운동의 원동력이 될 수 있는 대중의 '열기'는 일정량으로 제한되어 있기 때문에 어떤 운동 또는 사건이 그 '열기'를 흡수해버리면 그만큼 다른 운동 또는 사건에 돌아갈 '열기'가 적어진다고 했다. 이는 대중운동 자원의 '제로섬게임'이라 부를 만하다. 우리가 가장 주목해야 할 점이 아닐까? 오늘날 한국 정치를 '열정적 증오'의 발산 마당으로 몰아가는 사람들을 똑같은 증오로 대해선 답이 나오질 않는다. 그들이 빼앗아간 '열기'를 어떤 식으로 타협과 화합의 마당을 만들기 위한 열기로 전환시킬 것인가? 우리가 반드시 풀어야 할 숙제라고 할 수 있겠다.

왜 우리는 끊임없이 칸막이를 만들면서 살아가는가?

최소집단 패러다임

"칸막이 현상이 보편화되다 보니 사람들이 제각기 자기 칸을 넓히려고 혈안이 되게 마련이다. 조그만 하나의 칸막이로는 신분이 위태로우니까 동시에 여러 가지 칸을 만들어가려고 애쓴다. 그러다 보니까 온갖 종류의 단체, 또 무슨 회들이 생겨나고, 그런 모임을 유지하느라고 비합리적인 지출이 늘어난다. 우리 사회에 요식업이 지나칠 정도로 발달해서 전반적인 근로 의욕 감퇴로 연결되는 일도 잦은데 이 또한 칸막이를 구축하고 칸을 키우려는 사회심리와 무관한 것이 아니다. 칸 안에 든 사람끼리 함께 먹고 마시는 일이 잦으니까 요식업도 쓸데없이 팽창하는 것이다." [12]

최재현이 연고 중심의 패거리 만들기를 '칸막이 현상'이라고 부르면서 한 말이다. 패거리는 주로 연고 중심으로 이익을 위해 만들어지지만, 상당 부분 인간의 본능이기도 하다. 그걸 제대로 알아야 패거리 만들기의 폐해를 줄이는 데에도 도움이 되지 않을까?

우리 인간은 자기가 속한 집단이 여러 방면에서 더 우월하다고 볼 뿐만 아니라, 보상도 자기 집단에 더 많이 배분하는 경향을 보인다. 이를 가리켜 '내內집단 편애in-group favoritism'라고 하며, in-group-out-group bias, in-group bias, 또는 intergroup bias라고도 한다. 이런 현상에 대한 연구의 기원은 미국 사회학자 윌리엄 그레이엄 섬너William Graham Sumner, 1840-1910가 1906년에 출간한 『습속Folkways: A Study of the Social Importance of Usages, Manners, Customs, Mores, and Morals』으로 거슬러 올라가며, 더 큰 집단 차원에서 거론되는 유사 개념으론 '자문화 중심주의ethnocentrism'가 있다.[13]

내집단 편애는 이른바 '최소집단 패러다임minimum group paradigm, minimal group paradigm'을 사용하여 광범위하게 연구되었다. 사람들을 아주 사소하거나 무의미한 기준에 따라 집단으로 나눠도 각 집단에 속한 사람이 자기 집단에 대한 편애를 보인다는 것을 입증하는 연구다. 이렇게 최소한의 조건만 있어도 집단 사이에 차별이 일어나는 현상을 '최소집단 효과minimal group effect'라고 한다.[14]

영국 사회심리학자 헨리 타펠Henri Tajfel, 1919-1982은 구성원들이 자랑스러워하지만 의미 없는 인간관계를 나타내는 '그랜팰룬granfalloon'을 만들었다. 그랜팰룬은 미국 소설가 커트 보니것Kurt Vonnegut, 1922-2007이 소설 『캣츠 크레이들Cat's Cradle』(1963)에서 만든 용어로, 서로 존재하지 않는 그 어떤 관계가 있다고 믿는 사람들의 집단을 가리

키는 말이다.[15]

타펠의 연구에 따르면, 동전 던지기로 사람들을 임의로 분류해도 사람은 결국 자기가 속한 집단을 좋아하고 나아가 다른 집단과 크게 다르다고 믿고 자기 집단이 객관적으로 우월하다고 생각하는 것으로 드러났다.[16] 또 한 방에 모여 있는 사람들에게 아무런 기준 없이 숫자 표를 나누어 주고 짝수 팀, 홀수 팀으로 구분하기만 해도, 팀에 주어지는 보상을 나누게 할 때 자신이 속한 팀에 더 많이 할당하는 경향을 보이며, 상대 집단과의 '차이'가 더 크기를 바란다는 것이 밝혀졌다.[17]

이 '최소집단 패러다임' 이론은 차별주의의 원인을 설명하려는 사람들이 가장 많이 인용하는 이론이다.[18] 정치와 정치 저널리즘 영역에서 '우리 대 그들Us Against Them'이라고 하는 구도가 모든 의식과 행동 양식을 지배하는 경향이 있는데,[19] 타펠의 실험은 그런 사고방식이 인간의 선천적 경향이라는 것도 입증해준 셈이다.[20]

그런데 도대체 왜 그러는 걸까? 진화심리학자들은 이런 사고는 인간이 초기 발달 단계에 아주 작은 무리를 이루고 살기 시작하면서부터 적용되었다고 주장한다. 이와 관련, 엘리엇 애런슨Elliot Aronson은 "내가 속하는 무리의 구성원들과 외부자 간의 차이에 대해 항상 경계심을 가지는 것은 대단히 중요한 것이었다"며 다음과 같이 말한다.

"왜냐하면 외집단은 결국은 경쟁자나 공격자가 되기 때문이다. 이와 똑같이 우리 자신이 속하는 무리에 대한 응집력이 필요하였다. 왜냐하면 이 내집단 구성원들끼리는 의식주와 관련되는 것을 나누었을 뿐만 아니라 서로 보호했기 때문이다. 그 결과 이 같은 종류의 우리와 그들이란 무리중심 사고가 아주 용이하게 발휘될 수 있도록 사람

최소집단 패러다임

들의 하드웨어에 내장되어왔다. 이런 경향성이 민족적, 인종적 편견의 근간이 되기도 한다."[21]

타펠은 우리 인간의 '자존감'에서 그 이유를 찾았다. 우리는 자신을 좋게 생각하기 위해서 우리가 속한 집단을 좋게 생각하며, 잠시 존재했다가 사라질 임시 집단일 때도 그렇다는 것이다. 그러니 인종이나 민족으로 경계가 이루어진 집단이나 학연, 지연, 혈연 등과 같은 연고 집단일 경우 그 편애성과 충성도가 어떠할지는 미루어 짐작하기 어렵지 않다. 클로드 스틸Claude M. Steele은 『고정관념은 세상을 어떻게 위협하는가: 정체성 비상사태』(2010)에서 타펠의 실험은 우리에게 쉽게 인식되지 않는 놀라운 사실 몇 가지를 밝혔다며 다음과 같이 말한다.

"자존감에 대한 욕구는 사소한 그룹 정체성에까지 관심을 기울이게 할 만큼 강렬하고, 우리는 그 그룹이 아무리 사소해도 같은 그룹에 속하지 않았다는 사실 외에는 아무것도 모르는 다른 사람을 차별 대우할 수 있으며, 이 모든 현상이 지구상 거의 모든 사람에게 적용된다는 사실이 바로 그것이다.……인간의 편향에 불을 붙이기란 얼마나 쉬운 일인지, 가해자에게도 피해자에게도 특별히 필요한 요소는 아무것도 없었다. 그저 평범한 인간의 기능, 즉 자존감을 지키는 것만으로도 편향을 일으키기에 충분했다."[22]

정치인과 기업들은 선전과 광고의 수단으로 '그랜펠룬'을 이용하려고 든다. 사실상 허구적이거나 무의미한 집단 정체성을 내세우면서 사람들로 하여금 같은 집단에 소속된 것처럼 믿게 만들어 지지를 유도하려는 것이다. 이는 오랜 역사를 자랑하는 선전 선동술의 하나다. 앤서니 프랫카니스Anthony R. Pratkanis와 엘리엇 애런슨Elliot Aronson은 『프로파간다 시대의 설득 전략Age of Propaganda: The Everyday Use and Abuse of Persuasion』(2001)에서 그랜팰룬 전술의 희생양이 되지 않기 위해선 다음 5가지를 명심하라고 권한다.

첫째, 아주 작은 그룹들을 만든 다음, 당신을 어떤 범주에 속하는 멤버로 규정지으려는 사람을 조심하라. 어떤 사람의 정체성을 규정하고, 라벨을 붙이는 데는 많은 방법이 있다. 당신 스스로에게 물어봐라. "왜 굳이 이런 라벨을 붙였을까?"

둘째, "항상 목표를 염두에 두어라"라는 오래된 시민 권리에 관한 금언을 따르도록 해라. 자아 이미지를 유지하려 하기보다는 당신의 자부심을 하나의 목표(합리적 가격으로 좋은 것을 구매하거나 사회적으로 좋은 일을 하는 등)의 성취와 연결 지으려 노력해라.

셋째, 당신 자부심의 모든 달걀들을 한 바구니, 즉 한 그랜팰룬에 담지 마라. 자칫하면 광신으로 이끌릴 우려가 있다.

넷째, 그룹으로 구분 짓는 행위의 의미를 반감시킬 수 있도록, 공통 영역 즉 그룹 안과 밖의 사람들이 모두 수용할 수 있는 목적으로 모색하라.

다섯째, 그룹 밖의 사람들을 이전에 생각한 것보다 훨씬 더 많은 것을 당신과 공유할 수 있는 개인으로 생각하도록 노력하라.[23]

모두 다 지당하거니와 아름다운 말씀들이지만, 사람들이 "누구를 위해서, 무엇을 위해서?"라고 묻는다면, 어떻게 답해야 할까? 어떤 사람이 자신의 그랜팰룬을 사랑한다고 해서 그걸 '그랜팰룬 전술의 희생양'이 되었다고 말할 수 있는 걸까? 특히 한국에서 칸막이를 만드는 패거리 집단에 소속된 사람들은 어느 정도의 본능과 다 그만한 이익이 있다고 보는 현실적 계산 때문에 내집단 편애 성향을 보이는 것일 텐데 말이다. 칸막이 패거리주의가 도무지 바뀌지 않을 것 같아 답답해서 하는 말일 뿐, 그럼에도 이와 같은 5계명이 우리가 가급적 지키려고 애써야 할 당위임을 어찌 부정할 수 있으랴.

왜 미국의 CNN은
폭스뉴스 · MSNBC와 달리 고전하는가?

적대적 미디어 효과

Three hostile newspapers are more to be feared than a thousand bayonets(3개의 적대적인 신문이 1,000명의 군대보다 무섭다). 나폴레옹 보나파르트Napoleon Bonaparte, 1769-1821의 말이다. 적대적인 미디어의 무서운 힘을 어찌 부정할 수 있으랴. 이는 나폴레옹의 시대나 오늘이나 다를 게 전혀 없다. 그런데 어떤 미디어가 적대적이냐 아니냐 하는 건 주관적인 판단이기에 미디어의 적대성을 둘러싸고 논란이 벌어진다. 우리는 자기에게 의미 있는 정보만을 선택적으로 받아들이는 선택적 지각selective perception의 포로가 되기 때문에 더욱 그렇다.

이를 잘 보여주는 것이 바로 '적대적 미디어 효과hostile media effect' 다. 특정 이슈에 상반된 입장인 두 집단이 미디어의 중립적 보도를 두고 서로 자기 집단에 적대적이라고 왜곡하여 지각하는 것을 말한다. 같은 정보를 각자 입장에 따라 선택적 지각, 즉 주관적으로 왜곡하되 부정적으로 처리하기 때문에 일어나는 현상이다. 이 현상은 초기의 '제3자 효과the third-person effect 이론', 즉 어떤 메시지에 접한 사람은 그 메시지의 효과가 자신이나 2인칭의 '너'에게보다는 전혀 다른 '제3자'에게 강하게 작용할 것이라고 보는 경향이 있다는 효과 연구의 결과를 재분석하면서 도출해낸 개념이다.[24]

적대적 미디어 효과는 1982년 스탠퍼드대학의 로버트 발론Robert Vallone, 리 로스Lee Ross, 마크 레퍼Mark R. Lepper 등의 연구 실험으로 세상에 알려졌다. 이들은 실험 참가자를 친親이스라엘파와 친親팔레스타인파로 나누고 당시 일어난 팔레스타인 관련 텔레비전 뉴스를 똑같이 보게 했는데, 전자는 이스라엘에 적대적인 내용이 더 많이 나왔다고 평가했고 후자는 팔레스타인에 적대적인 내용이 더 많이 나왔다고 평가했다. 이후 여러 연구에서도 갈등 관련 뉴스를 본 사람들은 한결같이 자신이 어떤 쪽을 지지하느냐에 따라 자기 쪽이 미디어에 의해 적대적으로 다루어졌다고 평가하는 것으로 나타났다.[25]

이 실험은 객관적으로 중립에 가까운 뉴스를 가지고 한 실험이었다. 중립적인 학생들의 반응이 이를 보여준다. 이와 관련, 대니얼 J. 레비틴Daniel J. Levitin은 이렇게 말한다. "당파주의자가 자신의 신념에 맞게 왜곡된 뉴스를 볼 때는 오히려 그것을 중립적이라 판단하리라고 쉽게 생각할 수 있다. 이는 앤 콜터Ann Coulter, 레이철 매도Rachel Maddow 등이 진행하는 소위 이데올로기적으로 편향된 뉴스 해설이 두각을 나타내는 이유다."[26]

적대적 미디어 효과

'상대적인 적대적 매체 지각relative hostile media perception'이란 것도 있는데, 이는 어떤 갈등적 이슈에 찬성 또는 반대하는 사람들이 어느 한쪽으로 확실하게 편향된 이슈 관련 기사를 읽고 똑같이 편파적 기사임을 인정하면서도 그 기사가 자신에게 더 불리하게 쓰였다고 인식하는 것을 말한다.[27]

언론학자들은 이 현상이 한국에서 두드러지게 나타난다고 말한다. 오택섭과 박성희는 2005년에 발표한 「적대적 매체 지각: 메시지인가 메신저인가」라는 논문에서 "현재 우리 사회 언론을 향한 논쟁과 비판에는 다른 나라에서 찾아보기 힘든 특이한 양상이 존재한다"며 다음과 같이 말한다.

"즉 보도의 내용인 '메시지'를 비판의 대상으로 삼기보다는 보도의 주체인 특정 언론사, 즉 '메신저'를 겨냥하는 경향을 종종 띤다는 점이 그것이다. 최근 일고 있는 언론 개혁 논의가 언론인의 전문성이나 직업윤리, 언론 자유 등 모든 언론을 관통하는 공통분모에서 이루어지지 않고 특정 언론사의 역사적 정당성이나 메이저 대 마이너의 시장 지분, 혹은 친정부 대 반정부, 진보와 수구 등 언론사 간 양자 대립 구조로 일관하는 것은 이러한 한국의 독특한 매체 환경에서 비롯된 특성이다."[28]

홍인기와 이상우도 2015년에 발표한 「트위터의 뉴스 재매개가 이용자의 뉴스 지각에 미치는 영향」이라는 논문에서 "다수의 미디어 효과 중에서도 적대적 미디어 지각에 주목하는 이유는, 이것이 현재 한국 사회에서 극명하게 나타나는 현상으로 판단되기 때문이다"고 말한다.[29] 학자들은 이런 문제의식하에 그간 적대적 미디어 효과를 주

로 뉴스 이용 행태와 정치 참여 등과 관련해 연구해왔다.[30]

적대적 미디어 효과는 당파적 언론의 번성과 수용자의 태도 극화 attitude polarization의 원인이 되기 때문에 언론사와 언론인에겐 이럴 수도 저럴 수도 없는 골칫거리다. 미국에서 우편향 폭스뉴스Fox News와 좌편향 MSNBC가 성공을 거둔 반면 비교적 중립적인 CNN이 고전하는 것이 좋은 예인데, 이 점에서 보자면 CNN이 적대적 미디어 효과의 가장 큰 피해자라고 할 수 있겠다.[31]

적대적 미디어 효과는 언론과 공적 기관들에 대한 불신, 사회정치적 소외, 당파적 사회운동 참여의 원인이 되며, 더 나아가 민주적 절차와 의사 결정에 대한 신뢰를 해친다. 적대적 미디어 효과는 숙의 민주주의deliberative democracy에 참여하는 동기를 부여하는 순기능도 있을 수 있지만, 이는 아직 가능성으로 머무르고 있다.[32]

적대적 미디어 효과 연구를 oppositional media hostility라고 부르는 사람도 있는데,[33] 이는 자신이 좋아하지 않는 언론사에서 나온 뉴스를 불신하는 걸 말한다. 한국의 진보가 조중동이나 종편 뉴스를 음모론적인 시각으로 보면서 이들이 늘 '진보 죽이기'를 절대적 사명으로 삼고 있다는 식의 발상을 하는 게 좋은 예라 하겠다. 그러나 보수 언론이 그렇게 해서 장사를 할 수 있을까? 보수 언론엔 이념과 노선도 중요하지만, 그것보다 중요한 것은 '상업적 생존과 성장'이기 때문에 상당 부분 민심을 반영하지 않을 수 없다. 그런데 그런 기사마저 음모론적인 시각으로 보면 진보가 오히려 민심과 멀어지는 결과를 초래할 수 있다.

진보주의자들은 보수 언론이 야권 분열을 적극 지원하는 '프레임'을 구사하고 있다고 주장한다. 프레임이란 무엇인가? 보도와 논평의 틀을 말한다. 사진을 찍을 때 자신이 선택하는 프레임을 떠올리면 되겠다. 똑같은 풍경이지만 사진을 찍는 사람이 어떤 프레임으로 접근하느냐에 따라 사진이 갖는 의미는 달라질 수 있는 것처럼, 똑같은 내용이라도 어떤 관점에서 어떻게 말하느냐에 따라 전혀 다른 반응을 유발할 수 있다는 것이다.[34]

프레임은 보수 언론은 물론 진보 언론에도 존재한다. 문제는 힘의 격차다. 진보는 늘 보수의 프레임이 어떻다는 식의 말을 하지만, 보수는 그런 말을 하지 않는다. 강자는 약자의 프레임에 시비를 걸지 않는 법이다. 진보가 보수의 프레임을 잘 살펴보면서 휘말려들지 않기 위해 조심하는 건 꼭 필요한 일이다. 그런데 진보는 그 필요성을 오·남용해왔다. 야권 분열의 문제를 자신들의 문제로 알고 답을 안에서 찾으려는 게 아니라 모든 걸 보수 프레임 탓으로 돌리는 경향이 있다는 것이다.

그러나 프레임 못지않게 중요한 것은 '뉴스 가치'의 문제다. 시장에서 어떤 뉴스가 더 잘 팔릴까? 싸움이 벌어졌는데 그걸 키우는 게 장사가 잘 될까, 아니면 싸우는 양쪽 모두에게 손해니 싸우지 말라고 말리는 게 장사가 잘 될까? 사실 야권 분열과 관련해 적대적 미디어 효과가 가장 두드러지게 나타난 곳은 『한겨레』의 인터넷 댓글 공간이었다. 야권 분열과 관련, 중립적인 기사인데도 자신이 지지하는 쪽의 관점에서만 바라보면서 편파적이라고 비난하는 건 물론 『한겨레』에 온갖 욕설을 퍼붓는 댓글이 무수히 많았다. 적대적 미디어 효과는 우리가 원하는 민주주의의 실천에 적대적이라고 할 수 있겠다.

왜 양당 체제의 정당들은
서로 비슷해지는 걸까?

사회적 판단 이론

미국 오클라호마대학의 심리학자 무자퍼 셰리프Muzafer Sherif, 1906-1988
는 1954년 여름 3주간에 걸쳐 오클라호마 로버스 동굴 주립공원
Robbers Cave State Park 주변에 사는 건강한 12세 소년 24명을 선발해 무
작위로 두 집단으로 나눈 뒤 두 팀 사이에 경쟁을 시키고 이를 관찰하
는 실험을 했다. '로버스 동굴 실험Robber's Cave Experiment'으로 알려진
이 실험 결과는 놀라웠다. 얼마 지나지 않아 양 팀은 방울뱀족과 독수
리족이라고 이름을 지어 붙였고, 경기할 때 서로 놀리기 시작했을 뿐
만 아니라, 상대방의 캠프를 습격해 약탈하고 깃발을 불태우기까지
했으니 말이다.[35]

　셰리프가 동료들과 함께 1961년에 출간한 『우리와 그들, 갈등과

협력에 관하여: 로버스 동굴 실험을 통해 본 집단관계의 심리학 Intergroup Conflict and Cooperation: The Robber's Cave Experiment』은 이른바 '현실 갈등 이론realistic conflict theory'과 '최소집단 패러다임minimum group paradigm' 연구의 고전이라고 여겨진다.[36]

'최소집단 패러다임' 연구는 사람들을 아주 사소하거나 무의미한 기준에 따라 집단으로 나눠도 각 집단에 속한 사람이 자기 집단에 대한 편애를 보인다는 것을 입증하는 연구다. '로버스 동굴 실험'을 통해 사람의 인지가 집단의 구성원에 의해 극적으로 변한다는 사실을 발견한 셰리프는 자신의 그런 관심을 확장시켜 '설득'의 문제에 관심을 갖게 되었다.

우리는 모든 새로운 생각을 우리가 가진 기존의 시각과 비교하며 가늠해 판단한다. 당연한 이야기 아닌가? 그러나 상식적으론 당연해도 학자들의 연구 세계에선 다른 의미를 갖는다. 그걸 입증해야 하기 때문이다. 그 일을 하겠다고 나선 셰리프는 한 개인에게 어떤 이슈가 얼마나 중요한 이슈이냐에 따라서 태도 변화 효과가 다르게 나타나는 과정을 설명하면서 개인이 갖고 있는 태도가 태도 대상의 지각perception과 판단judgement에 영향을 미친다고 했다. 이를 가리켜 '사회적 판단 이론social judgment theory'이라고 한다.

셰리프는 태도를 3가지 영역으로 나누었다. 첫째, 새로운 생각을 받아들이는 '수용 영역대latitude of acceptance'다. 둘째, 새로운 생각을 거부하는 '거부 영역대latitude of rejection'다. 셋째, 새로운 생각을 수용하지도 않고 거부하지도 않는 '비개입 영역대latitude of noncommitment'다.

셰리프는 어떤 이슈가 우리의 삶에서 얼마나 중대한 것인지의 정도를 가리켜 '자아 관여도ego-involvement'라고 했는데, 이는 사회적 판단 이론의 핵심 개념이라고 할 수 있다. 자신의 생각과 같은 입장을 공개적으로 밝힌 집단에 가입한다면, 높은 자아 관여도를 갖고 있다고 보는 식이다. 어떤 이슈에 대해 자아 관여도가 높은 사람에겐 비개입 영역도가 존재하지 않으며, 높은 자아 관여도와 극단적인 태도는 불가분의 관계다.[37]

셰리프는 어떤 사람이 기존에 갖고 있던 태도와 격차가 있는 새로운 메시지를 접하게 되었을 때, 비교의 기준점으로 이러한 새로운 메시지를 수용할 것인지 혹은 거부할 것인지를 판단할 때 사용하는 비교의 기준점을 '닻anchor'이라고 했다. 예컨대, 거부 영역대로 들어온 메시지는 기존 태도의 닻에서 거리가 먼 곳에 있게 된다. 메시지가 거부 영역대 안에 들어오면 '대조 효과contrast effect', 수용 영역대 안에 들어오면 '동화 효과assimilation effect'가 일어난다.[38]

셰리프가 실시한, 추의 무게를 판단하는 실험을 보자. 사람들에게 141그램의 기준무게anchor를 들게 하고 "이 추가 가장 무거운 무게이다"라고 한 뒤 55~141그램 사이의 추를 평가하라고 하면 실제로 가벼운 것들도 무겁다고 평가하는 동화 현상assimilation이 발생한 반면, 193그램 이상의 기준 무게를 들게 한 뒤 55~141그램의 추들을 평가하라고 했을 때 실제로 무거운 것들도 가볍다고 평가하는 대조 현상contrast이 발생했다.

이와 관련, 안차수는 "수용 가능한 범위인 수용의 범주latitude of acceptance에 포함되는 대상에 대한 판단은 실제로 개인의 판단과 차이가 존재함에도 더욱 가까운 것으로 느끼며, 수용할 수 없는 범위인 거

부의 범주latitude of rejection에 속하는 대상은 실제보다 더욱 동떨어진 것
으로 인식된다는 것이다. 개인이 가지고 있는 태도가 판단의 기준이
되고, 이 기준을 통하여 자신의 의견과 비슷한 견해는 동화assimilation 되
는 반면, 자신의 의견과 동떨어진 견해는 대조contrast 된다는 것이다" 며
다음과 같이 말한다.

"사회적 판단 이론의 관점에서, 대조는 자신의 견해와 차이를 보
이는 정보로부터의 설득적 영향력persuasive impact을 줄이고자 하는 동기
적 노력으로 간주된다. 따라서 자신의 의견과 차이를 보이는 주장을
접하게 되는 경우, 그 정보의 내용에 대한 신중한 검토를 하기보다는
그 정보의 가치판단을 하는 것이 인지적 정합성을 유지하는 데 훨씬
용이하다. 특히 자신의 의견과 아주 상반되는 견해를 싣고 있는 정보
에 대해서는 그 견해에 대해 내용을 꼼꼼히 따져서 논리성을 가늠하
기보다는 그 정보는 불공정unfair하다는 평가는 물론 심지어 선동적이
라는 가치판단을 내리는 것이 자신의 신념을 보호하고 인지 체계의
일관성을 유지하는 데 도움이 된다는 것이다."[39]

이런 이치는 설득 커뮤니케이션에 어떻게 적용될 수 있을까? 엠
그리핀Em Griffin은 "자아 관여도가 높은 사람을 대상으로 설득적 메시
지를 전달하고자 할 때에는 단번에 너무나 큰 태도 변화 효과를 기대
해서는 안 된다. 어떤 사람의 태도를 단 한 번에 총체적으로 변화시키
는 것은 매우 보기 드문 현상이다. 더 큰 태도 변화를 이끌어낼 수 있
는 유일한 변화는 미세하면서도 연속적인 움직임을 통해서만 가능하
다" 며 다음과 같이 말한다.

"말하는 사람의 높은 신뢰는 듣는 사람의 수용 영역대를 넓힐 수

있다.……메시지의 내용이 모호한 경우가 명확한 경우보다 종종 설득적 효과가 크다. 조지 부시는 기차 선거 운동에서 '인정 많은 보수주의자'라고 말했는데, 그 말의 진정한 의미를 아는 사람은 아무도 없었지만, 대부분의 사람은 어감을 좋게 여겼고, 그 덕분에 그의 메시지는 유권자의 수용 영역대에 안착할 수 있었다.……모든 문제에는 독선적인 사람이 있다. 그들은 '나에게 사실을 혼동하도록 하지 말라. 내 마음은 이미 결정되었다'라고 말한다. 이와 같은 심술궂은 영혼을 가진 사람들의 대부분은 만성적으로 넓은 거부 영역대를 지닌다."[40]

누군가를 설득하려는 사람들은 그 사람이 최초에 셰리프가 말한 3가지 영역대 중 어떤 영역대에 있는지를 어떻게 알 수 있을까? 기업들은 바로 그걸 알기 위해 고객에 대한 분석과 시장조사를 한다. 소비자가 특정 브랜드에 대한 애호도가 강하면 경쟁 브랜드에 대한 설득적 메시지에 노출되더라도 설득이 잘 되지 않기 때문에 소비자가 어떤 영역대에 있는지를 아는 것은 기업에 매우 중요한 의미를 갖는다.[41]

그리핀은 "사회적 판단 이론을 적용하는 것은 민감한 윤리적 문제를 야기한다"며 "정치가가 메시지를 의도적으로 모호하게 만들어 더 광범위한 영역대의 태도를 가진 사람들에게 수용되도록 하는 것이 과연 옳은가?"라고 묻는다.[42] 그러나 정치 현실에 비추어 보자면, 이런 문제 제기는 한가롭거나 사치스러운 것인지도 모르겠다.

미국 정치학자 앤서니 다운스Anthony Downs, 1930- 는 『민주주의의 경제적 이론An Economic Theory of Democracy』(1957)에서 2개 정당 체제하의 후보자들은 더 폭넓은 유권자들을 포섭하기 위해 그들의 차이를 극소화시킬 것이라고 말한다. 실제로 미국의 공화 · 민주 양당은 민주당이 공화당을 흉내내는 방향으로 서로 너무 닮아가고 있기 때문에 이데올로기가 개입될 여지가 없어 이슈 자체가 무의미해져 가고 있다.

벤저민 페이지Benjamin I. Page도 정당이나 정치인은 대부분의 상황에서 유권자들의 표를 잃는 가장 직접적인 요인을 제거시키기 위해 이슈를 모호하게 제시할 것이라며, 이를 '정치적 애매성의 원칙theory of political ambiguity'으로 명명했다.[43] 정치판에 이른바 '화려한 추상어 glittering generality'가 난무하는 것도 바로 그런 이유 때문일 게다.

왜 명문대는 물론 명문고 학생들까지
'과잠'을 맞춰 입는가?

사회 정체성 이론

우리 인간은 자기가 속한 집단이 여러 방면에서 더 우월하다고 볼 뿐만 아니라, 보상도 자기 집단에 더 많이 배분하는 경향을 보인다. 이를 가리켜 '내內집단 편애in-group favoritism'라고 한다. 내집단 편애에 대한 이론적 접근 방법엔 내집단 편애를 제한된 자원을 놓고 경쟁하기 때문에 생기는 집단 간 갈등이라고 보는 '현실 갈등 이론realistic conflict theory'과 집단 소속의 자부심과 자존감을 추구하기 위한 노력으로 보는 '사회 정체성 이론social identity theory'이 있다. 영국 사회심리학자 헨리 타펠Henri Tajfel, 1919-1982은 내집단 편애를 처음엔 현실 갈등 이론으로 설명했지만, 나중에 존 터너John Charles Turner, 1947-2011와 같이 만든 '사회 정체성 이론'에 더 큰 무게를 두었다."

우리 인간의 사회적 행동은 개인 대 개인으로 만나는 개인 간 행동interpersonal behavior과 자신이 소속된 집단과 다른 집단이 만나는 집단 간 행동intergroup behavior으로 나눌 수 있지만, 그건 이론적으로만 그럴 뿐 둘의 경계는 분명치 않다. 예컨대, 당신이 어느 대학의 학생으로서 다른 대학의 학생을 만나는 건 분명히 개인 간 행동이지만, 그 만남에선 알게 모르게 두 사람의 소속 대학이 두 사람의 정체성에 적잖은 영향을 미치기 마련이다.

개인 간 행동과 집단 간 행동이 하나의 연속선상에 있는 걸로 간주하는 사회 정체성 이론에 의하면, 자기정체성은 소속의 확인뿐만 아니라 다른 집단과의 비교까지도 포함한다. 따라서 자기정체성은 사회적으로 구분되고 싶은 욕구이기도 하다. '우리'와 '그들' 간의 차이는 매우 중요하며, 실제로 이 상상 속의 차이는 실제의 차이보다 과장되기도 한다.[45]

사회 정체성 이론의 핵심적인 가정은 개인들이 긍정적인 독특성positive distinctiveness, 즉 긍정적인 자아 개념positive self-concept을 갖기 위해 노력한다는 것이다. 개인들은 동시에 자신이 속한 집단의 사회 정체성에 의해서 평가되는바, 바로 여기서 '내집단 편애'가 일어난다. 즉, 사회 정체성 이론은 내집단 편애의 원인을 긍정적 독특성을 위한 심리적 욕구에 돌리고, 내집단 편애가 일어날 수 있는 상황들을 서술하는 이론이다. 이와 관련, 박상희는 "개인들이 자신의 사회 정체성을 의식할 때, 즉 자신이 어느 집단에 속해 있는지를 의식할 때, 그들의 지각, 경향성, 행동이 극적으로 바뀔 수 있다"며 다음과 같이 말한다.

"첫째, 사람들은 자기 집단의 전형적인 신념과 가치관을 수용할 경향이 강해진다. 둘째, 사람들은 다른 집단에 속한 사람들이 그 집단의 전형적인 특성들을 나타내고 있다고 지각하는 경향이 강해진다. 예를 들어 한 집단 사람들이 알뜰하다고 생각하면 그 집단 구성원의 행동을 인심이 후하다기보다는 인색한 쪽으로 해석하게 된다. 한 사람이 개인 정체성보다 사회 정체성을 취할 가능성에 영향을 주는 요인들은 많다. 구체적으로 내집단 구성원들끼리의 유사성이 강조될 때나 다른 집단과의 경쟁이 강조될 때 사회 정체성을 더 의식하게 된다. 직장 상황의 예를 들면, 유니폼이나 팀 업무 수행에 의해 결정되는 보너스 등은 사회 정체성을 끌어낸다."[46]

언론의 정치 보도, 특히 선거 보도는 계파 간 이해득실을 중심으로 다루는 경향이 농후하다. 이와 관련, 건국대학교 미디어커뮤니케이션학과 교수 황용석은 "(그런) 보도는 결과적으로 국민들에게 정치 참여의 효능감을 떨어뜨리고, 국민을 선거의 구경꾼으로 내몰고 있다. 그뿐만 아니라 사회심리학적으로는 정치적 정체성을 강요하는 결과를 낳기도 한다"며 다음과 같이 말한다.

"사회 정체성 이론에 따르면, 인간은 사회적 이슈를 이해할 때 개인이 아닌 집단의 성원으로, 즉 집단 정체성에 기반을 둬서 해석하는 경향이 있다. 언론에서 집단 간의 이해충돌을 다루게 되면 수용자들은 자신이 어느 집단에 속해 있는가를 스스로 범주화한다. 언론 보도가 수용자들에게 사회적으로 범주화하도록 만드는 것이다. 집단 내에 다양한 이슈와 의견이 존재할 수 있지만, 그것은 중요하지 않다. 자신이 어떤 계파나 집단과 정체성을 공유하느냐가 세상을 바라보는 틀이 된다. 일단 집단 의견에 동조하게 되면 수용자들은 그 의견을 검증하기보다 의견을 확신하고 방어하기 위해 뉴스를 습득하고 토론하는 경향이 있다. 자신이 선택한 집단 규범을 내면화하고 그 집단의 이익을 받아들여 세상을 바라보는 것이다. 실제 그 집단과 자신이 정치·사회·경제적으로 불일치하더라도 상관이 없다."[47]

재난을 당했을 때 군중이 제멋대로 행동하지 않고 강력한 연대감을 구축하는 심리 과정도 사회 정체성 이론으로 설명된다. 예컨대, 개인들이 "우리 모두는 붉은 악마"라고 말할 때처럼 특정 집단의 정체성을 공유했다고 느끼게 되면 서로를 신뢰하며 힘을 합친다. 군중 안에서 정체성을 확인한 사람들은 판단 능력을 상실하지 않고 개인의 이익보다 집단의 공통 이해를 위해 결정을 내리기 때문에 군중은 단순한 오합지졸에서 벗어나 정신적 공동체가 될 수 있다는 것이다.[48]

그런데 문제는, 앞서 지적한 바와 같이, '우리'와 '그들' 간의 차이는 매우 중요하며, 실제로 이 상상 속의 차이는 실제의 차이보다 과장되기도 한다는 점이다. 김선기는 「'청년세대' 구성의 문화정치학: 2010년 이후 청년세대담론에 관한 비판적 분석」이라는 논문에서 "한국 사회의 청년세대담론이 세대주의적으로 형성되는 경향은 청년세대와 기성세대 간의 상상적인 거리를 고착화시키고, 두 세대 간의 강고한 구분선의 주술적인 실재감을 확산시키고 있다"며 다음과 같이 말한다.

"사회 정체성 이론의 연구 결과에 따르면, 집단 간에 실질적인 차이가 거의 존재하지 않더라도 혹은 집단 내의 타자와의 차이가 사실상 집단 밖의 타자와의 차이보다 더 클 경우에라도 사람들은 일단 구분된 집단의 구분선에 따라서 판단의 편향을 보인다. 세대라는 기준

사회 정체성 이론

이 개인의 특성을 규정하고 개인들 간의 차이를 설명하는 절대적인 변수가 될수록 사회 내의 갈등은 극심해지게 된다. 세대 차이에 대한 보도가 많아질수록 세대 갈등이 오히려 증폭될 수 있으며,……또한 세대 차이가 강조되고 동시에 다양한 수준의 청년세대담론이 지속해서 생산되는 현상은 청년세대를 기성세대와의 관계 속에서 수동적 세대passive generation의 위치에 언제나 놓이도록 만들고 있다."[49]

소속 집단의 단계로 내려오면 '우리'와 '그들' 간의 차이는 극대화되는 경향이 있다. 곽기영·옥정봉은 "사람들은 자신들의 정체성과 일치하는 활동을 하는 경향이 있으며, 자신의 정체성을 구체화할 수 있는 조직을 지원한다. 또한 개인이 지각하고 있는 특정 집단이나 조직에 대한 소속감이 강할수록 조직의 성공을 자신의 성공으로 여길 수 있기 때문에 그 조직의 발전과 성공을 위해 협력하려고 노력하게 된다"며 다음과 같이 말한다.

"사회 정체성이 표출될 때 개인은 개인으로서의 자신보다 그룹 내의 일부분으로 자신을 보게 된다. 이러한 집단 정체성이 우세할 경우 개인은 내집단과 구성원들 간의 유사성을 강조하고, 반면에 외집단 구성원들 간의 차이를 크게 지각하게 된다. 즉, 사회 정체성 이론에 따르면 내집단에 호의적인 정서, 평가, 행동의도 및 행동은 자신의 긍정적 특성을 추구하기 위한 활동의 결과로서 나타나는 현상이라고 할 수 있으며, 개인은 이러한 과정을 통하여 집단 내에서 독특한 개성을 가지기보다는 스스로를 객관화시키거나, 그룹 내의 일원으로 보는 경향이 있다. (어느) 연구 결과 대학 졸업생들의 정체성이 현저할수록 모교에 대한 재정적인 기부를 많이 하며, 가족이나 타인에게 모교 입학을 권유하고 모교의 다양한 활동에 참여하거나 홍보하는 정도가 높았다."[50]

자신이 비교적 우월한 조직에 속해 있다고 생각하는 사람들은 어떤 식으로건 '우리'와 '그들' 간의 차이를 부각하려고 애를 쓰기 마련이다. 이를 잘 보여주는 게 한국에서 2000년대 중반부터 대학생들이 단체로 맞추는 것이 유행이 된 '과잠' 또는 '야구잠바'다. 사회학자 오찬호는 『우리는 차별에 찬성합니다: 괴물이 된 이십대의 자화상』(2013)에서 "이십대 대학생들은 야구잠바를 '패션의 영역'에서가 아니라, 어떤 신분증의 개념으로 이해한다"며 다음과 같이 말한다.

"내가 연구 대상으로 만난 대학생의 65퍼센트가 학교가 아닌 곳에서 학교 야구잠바를 볼 때 '일부러' 학교 이름을 확인한다고 답했다. 학교 야구잠바가 신분 과시용 소품이라는 방증이다. 실제로 야구잠바를 입는 비율도 이에 따라 차이가 나서, 이름이 알려진 대학일수록 착용 비율이 높았다. 낮은 서열의 대학 학생들이 학교 야구잠바를 입고 다니면 비웃음을 사기 십상이라 신촌으로 놀러오는 그쪽 대학생들은 자신의 야구잠바를 벗어서 가방에 넣기 바쁘단다. 심지어 편입생의 경우엔 '지가 저거 입고 다닌다고 여기 수능으로 들어온 줄 아나?'라는 비아냥을 듣기도 한다. 이처럼 학교 야구잠바는 대학 서열에 따라 누구는 입고, 누구는 안 입으며, 누구는 못 입는다."[51]

인터넷에는 이런 글들이 있다. "내가 열심히 공부해 들어간 학교에 소속감 좀 느끼고 싶고……자랑하고 싶기도 하고……이게 뭐 별난 일이라고……." "과잠은 나의 '가격표'였다. '○○대를 다니는 학생이니 수능 성적은 대충 3퍼센트 안에 들었다. 그러나 썩 공부를 잘했던 것은 아니었다'라는 것을 과잠 하나로 나타낼 수 있었던 것이었다."

"학교 가기 위해 난 지하철 7호선을 탄다. 7호선이 지나는 역은 XX대역, △△대 역 등 다양하다. ◆◆대생들은 XX대 역에서 내려 버스를타고 등교한다. 지하철에 ◆◆대생이 과잠을 입고 나타나면 XX대와 △△대생들은 입었던 과잠을 슬그머니 벗는다." "난 항상 과잠을 입고 다닌다. 안 그러면 XX대생인 줄 알 것 아닌가."[52]

문유석은 『개인주의자 선언』에서 그런 서열 가리기 풍토에 대해 이렇게 개탄한다. "개인이 아니라 소속 학교, 학과, 학번 등의 집단에 필요 이상의 의미를 부여하고 그에 따른 위계질서에 개인이 복종할 것을 강요하는 문화가 젊은 세대에까지 재생산되고 있다는 건 절망적인 일이다."[53]

그러나 과잠을 사랑하는 이들은 자신들이 과잠에 필요 이상의 의미를 부여하는 게 아니라고 반론을 펼 것 같다. 그래서 중고 과잠 매매가 성행하는 게 아닐까? "Y대를 꿈꾸는 학생분들, 꿈을 확고히 하는 계기를 만들어 보세요!" 최근 인터넷 중고 거래 사이트에 심심찮게 올라오는 중고품 판매 광고 글이다. 물건은 Y대 학생들이 즐겨 입는다는 과잠이다. 특정 대학교 학생들이 입는 '과잠' 중고품 거래가 고3 수험생과 재수생 사이에서 유행하고 있다. 한 수험생은 "목표로 하는 대학 선배의 기氣를 받으려 중고를 많이 구한다"며 "일종의 부적인 셈"이라고 했다.[54]

이런 '과잠' 문화는 급기야 외국어고와 자사고, 국제고 등 특목고로까지 퍼지고 있다. 학교에 대한 자부심을 키우고 동문 간 결속력을 높인다는 취지다. 대학 입학 뒤에도 출신 고교 이름이 새겨진 과잠을 입는 학생들도 있다. 2015년 연세대에 입학한 부산국제고 출신 10여 명은 고교 이름이 새겨진 겨자색 점퍼를 함께 맞춰 입었고, 현대고 출신 20여 명은 영어로 '연세대+현대고 동창회'라고 적힌 회색 점퍼를 맞춰 입었다.

이에 대해 최은순 '참교육을 위한 전국 학부모회' 회장은 "치열한 경쟁을 뚫고 획득한 지위를 과시하려는 보상 심리가 반영된 결과로 보인다. 고등학교 때부터 집단적 우월감에 빠질까 염려된다"고 했는데,[55] 문제는 그런 집단적 우월감의 확인과 과시가 세상살이에 도움이 된다는 점일 게다. 세상이 미쳐 돌아가는 걸까, 아니면 지나치게 솔직해지는 걸까?

제3장

기만
과
자기기만

11

왜 지방정부는
재정 파탄의 지경에 이르렀는가?

로 볼

2008년 베이징 올림픽 야구 경기에서 일어난 일이다. 당시 쿠바와의 결승전에서 3대 2로 앞선 9회 수비 때 포수 강민호는 심판의 좁아진 스트라이크 존에 항의하다가 판정 불복종으로 간주되어 퇴장당했다. 처음엔 그렇게 알려졌는데, 알고 보니 소통 문제였다. 투수 류현진이 던진 공이 계속 볼 판정을 받자 강민호는 일어나 심판에게 로 볼Low Ball이냐고 물었다. 그러나 이를 노 볼No Ball로 들은 주심은 강민호가 판정에 불만을 나타낸다고 생각하고 퇴장을 명령했다. 퇴장을 당한 강민호는 억울한 기분을 참지 못하고 "야 이 XX야, 항의도 못하냐"며 더그아웃을 향해 마스크와 미트를 던졌는데 이게 화제가 되었고 야구 팬들의 인기마저 얻었다. 이른바 '로 볼' 사건이다(포수와 투수를 각각

진갑용과 정대현으로 바꾼 대표팀은 후속 타자를 병살타로 잡아내며 위기에서 벗어났고, 결국 쿠바를 꺾고 금메달을 목에 걸었다).

전혀 다른 의미지만, 로 볼은 우리의 일상적 삶에서도 가끔 겪는 일이다. 요즘은 예전보다는 덜하다고 하지만, 이런 경험을 해본 사람이 적지 않으리라. 어떤 물건, 아니 중고차를 예로 들어 설명해보자. 중고차 판매 센터에 갔는데 판매원이 꽤 쓸 만해 보이는 자동차를 두고 아주 싼 가격을 부르는 게 아닌가. 그래서 내심 쾌재를 부르며 사겠노라고 했다. 그런데 이게 웬일인가. 서류에 서명도 해가면서 거래를 끝내려는 참인데 판매원이 갑자기 당황한 듯한 모습을 보이면서 가격을 실수로 잘못 알았다고 말하는 게 아닌가. 돈을 더 내야 한다는 이야기다. 물론 애초부터 기획된 상술이었다. 그럼에도 고객은 그 중고차를 판매원이 나중에 말한 가격으로 살 가능성이 매우 높다.[1]

이런 상술을 가리켜 lowball(또는 low-ball, lowballing, lowball technique)이라고 한다. 우리말로는 그냥 '로 볼'이라고 하거나 '낮은 공 던지기' 또는 '저가 견적 제시'로 번역해 쓰기도 한다. 이 용어는 야구에서 투수의 공이 낮게 들어오다가 갑자기 높아지는 것을 비유한 말이라거나 너무 높아 잡을 수 없는 공을 잡기 쉬운 낮은 공처럼 보이게 한다는 의미에서 나온 말이다.[2] 이른바 '문전 걸치기 전략foot-in-the-door technique'과 비슷한 것으로 볼 수 있겠다.[3]

그런데 왜 고객은 속았다는 기분이 들면서도 그 차를 사는 걸까? 모든 고객이 그런 속임수에 다 넘어가는 건 아니지만, 의외로 많은 사람이 이 수법에 당하고 있다. 왜 그런지 심리학자들의 설명을 들어보자. 엘리엇 애런슨Elliot Aronson은 『인간, 사회적 동물The Social Animal』

(2012)에서 3가지 이유를 제시한다.

"첫째, 차를 사겠다는 결정은 분명히 취소할 수 있지만, 계약금을 지불하는 수표에 사인을 한 상황에서 이미 거래에 몰입되어 있다. 둘째, 이 몰입은 새 차를 몰고 집으로 가는 즐겁고 흥분된 경험에 대한 기대를 이미 촉발시켰다. 이 기대를 축소시키는 것(즉, 거래를 중단하는 것)은 인지 부조화와 실망을 일으킨다. 셋째, 최종 가격이 비록 판매원이 처음에 말한 가격보다 실제로는 높지만, 다른 판매상에서 구입하는 가격에 비교하면 단지 약간만 높을 따름이다. 이러한 상황에서 고객은 실제 다음과 같이 말한다. '내가 이 대리점에 이미 와 있고 거래양식도 작성하였고 더 기다릴 것이 무엇인가?' 물론 생사가 걸린 중요한 문제라면, 이러한 전략은 통하지 않을 것이다."[4]

니콜라 게겐Nicholas Guéguen은 『소비자는 무엇으로 사는가?: 고객의 심리에 관한 100가지 실험』(2005)에서 우리가 한번 '네'라고 했다가 다시 '아니오'라고 말하는 것은 쉬운 일이 아니라고 말한다. "비록 그동안의 사정이 달라졌다고 해도 말이다. 이미 결정된 것을 그만두는 것처럼 어려운 일도 없다. 비록 이 결정이 그다지 훌륭한 것이 아니었다고 해도 말이다. 게다가 몇몇 상황에서는 결정 내린 사항의 특성상, 비록 요청자가 자신에게 거짓말을 했다고 고백한다 할지라도 먼저 내린 결정을 철회할 가능성이 거의 없는 경우도 있다."[5]

우에키 리植木理惠에는 『간파하는 힘: 세상에 속고 사람에 속는 당신을 위한 심리학의 기술』(2008)에서 사람은 '이미 올라탄 배'에서 내리기 어렵다고 말한다. "사람은 일단 결정을 내리면 그것을 끝까지 밀고 나가려 하는 심리를 갖고 있다. 시작한 것, 결정해버린 것을 이제 와서

'그만뒀다'고 말하고 싶지 않기 때문이다. 일단 시작했으면 중간에 그만두기는 어렵다는 의미에서 '이미 올라탄 배의 심리'라고도 한다."[6]

사이토 이사무齋藤勇는 『자기 발견 심리학』(2011)에서 '커미트먼트Commitment' 때문이라고 말한다. "이것은 기분이든 말이든 마음이 움직이고 말았다는 심리 상태를 말한다. 즉, 마음이 이미 움직여버려 사려던 물건을 사지 않고서는 견딜 수 없는 것이다. 그러므로 다소 조건이 바뀌어도 행동을 바꾸지 않고, 처음부터 지금의 조건이었다면 사지 않았을 물건을 사고 만다."[7]

로버트 치알디니Robert Cialdini는 대학생들을 상대로 로 볼의 효과를 검증해보기로 했다. 오전 7시부터 진행하는 '사고 과정' 연구에 참석할 학생들을 모집하면서 2가지 방법을 사용했다. 하나는 학생들에게 시간을 미리 알려주고 의사를 묻는 방식, 또 하나는 참여 의사를 먼저 물은 후에 시간을 알려주는 방식이었다. 첫 번째 방식에 동의를 표한 학생은 전체의 24퍼센트에 불과했던 반면, 두 번째 방식에선 처음에 56퍼센트가 동의했고 오전 7시라는 시간을 알려주면서 "참여 신청을 철회해도 좋다"고 밝혔지만 철회한 학생은 아무도 없었다(실제로 약속 장소에 나타난 학생은 95퍼센트였다).[8]

미국 아이오와주의 한 연구진은 로 볼을 에너지 절약 캠페인에 도입하는 시도를 했다. 연구진은 겨울이 시작될 무렵 천연가스를 난방 연료로 사용하는 가정을 직접 방문해 에너지 절약 방법을 알려주고 앞으로 연료 절약을 위해 노력해달라고 부탁했다. 주민들은 모두 동의했지만, 몇 달 후 겨울이 끝날 무렵 각 가정의 가스 사용 요금을 검토한 결과 실질적인 절약 효과는 전혀 없었던 것으로 밝혀졌다.

로 볼

연구진은 다른 방법을 시도했다. 주민들에게 에너지 절약을 부탁하면서, 실제로 절약을 하면 에너지 절약 모범 가정으로 지역 신문에 명단을 발표해주겠다는 제안을 했다. 한 달 동안 효과는 즉각 나타났고 매우 컸다. 이를 확인한 연구진은 명단 발표를 약속했던 가정마다 편지를 보내 명단 발표가 불가능해졌다고 통지했다. 주민들은 이후 어떻게 달라졌을까? 놀랍게도 연료 절약은 계속 되었을 뿐만 아니라 처음 한 달 기간보다 더 많은 연료를 절약한 것으로 나타났다(12.2퍼센트에서 15.5퍼센트로). 이건 어떻게 설명할 수 있을까? 치알디니는 다음과 같은 가설을 제시한다.

"어떤 의미에서는 신문에 명단이 발표된다는 사실 자체는 주민들이 온전히 자신의 의지로 에너지 절약에 참여하고 헌신하는 데 방해가 되었을 것이다. 주민들의 연료 절약 실천을 지지해준 여러 가지 이유 가운데 오직 그것만이 외부적인 이유였다. 자신의 신념에 따라 연료 절약을 실천하고 있다는 생각을 방해하는 유일한 요소였다는 뜻이다. 따라서 명단 발표 취소를 알리는 통지가 도착하자, 에너지 절약에 적극 참여하는 모범 시민이라는 주민들의 자아 이미지에 유일한 장애물이 제거된 셈이었다. 이 온전하고 새로운 자아 이미지 덕분에 주민들은 에너지 절약에 더 열심히 매진할 수 있었다."[9]

모두 다 이른바 '인지 부조화認知不調和 이론theory of cognitive dissonance'과 통하는 설명이다.[10] 로 볼은 먼저 사람들에게 불완전한 정보에 기초하여 어떤 일에 동의하도록 한 후에 전체 요구 조건을 알려주는 방법이라고 볼 수 있는데, 이는 공공 영역에서도 자주 사용되고 있다.[11] 처음부터 모든 정보를 투명하게 공개했다간 반발이 거세게 일어날 것 같으니까 처음엔 장밋빛 청사진을 제시해서 일을 성사시킨 후에 나중에 사실상 오리발을 내미는 수법이라고나 할까?

한국에선 이른바 '복지 분권'이 그 좋은 예다. 2005년 노무현 정부는 지방분권이란 미명하에 빈곤층, 노인, 장애인 등에 대한 순수 복지사업 67개를 몽땅 지방에 이양했다. 그 대신 지방에는 담배 소비세가 중심이 된 '분권교부세'를 만들어주었는데, 이게 기막힌 이야기다. 이후 5년간 분권교부세 수입은 연평균 8.7퍼센트 증가한 반면, 복지비 지출은 고령화 촉진 등으로 연평균 18퍼센트씩이나 늘어났기 때문이다. 이에 대해 대구경북연구원장 홍철은 『지방 보통시민이 행복한 나라』(2011)에서 다음과 같이 말한다.

"영악한(?) 중앙부처 공무원들이 '분권교부세'란 명분으로 복지사업을 지방에 넘기는 술책에 노무현 대통령은 '분권'이란 이름만 보고 찬성하였고, 한 치 앞도 내다보지 못하는 지방공무원들은 교부세 늘려준다고 하니, 약藥인지 독毒인지도 모르고 덥석 복지사업을 받았던 것이다. 돌이켜 생각해보면, 중앙정부는 해도 너무 한다."[12]

감당할 수 없는 복지 비용 때문에 지방재정은 파탄 지경에 이르렀고, 그로 인한 혼란을 지금 우리는 목격하고 있다. 2006년부터 2014년까지 지방정부의 사회복지 예산 증가율은 14.5퍼센트에 이르렀지만, 같은 기간 지방정부 총예산 증가율은 6.2퍼센트에 그쳐 재정 파탄 지경에 이른 것이다.[13] 앞을 내다보지 못한 지방의 어리석음을 탓해야 하나? 그렇다 하더라도 지방이 중앙정부의 로 볼에 당한 건 분명하다.

로 볼

왜 "먹고 싶은 요리 다 시켜! 난 짜장면" 이라고 말하는 직장 상사가 많은가?

이중구속

'catch-22'라는 말이 있다. "딜레마, 함정, 꼼짝할 수 없는"이란 뜻으로 쓰이는 말인데, 원래는 제2차 세계대전과 관련된 대표적인 반전 소설인 미국 작가 조지프 헬러Joseph Heller, 1923-1999의 『캐치-22Catch-22』 (1961)에서 나온 말이다. 제2차 세계대전 중 이탈리아에 주둔한 미 공군 폭격 비행대대에서 폭격기 조종사로 일했던 헬러의 경험담에 근거한 이야기다.

계속 늘어나는 의무적인 출격 횟수 때문에 점점 죽음의 가능성이 커지면서 미칠 지경이 된 폭격기 조종사들은 전투 임무에서 면제되기를 바라는데, 군법에서는 Catch-22가 바로 그 면제 조건에 관한 조항이다(catch에는 '항項'이라는 뜻도 있다). 제22항은 군대를 퇴역하려면 미쳐야 한다는 조항이다. 그런데 자신이 미쳤다는 것을 알 정도라면 그는 미친 사람일 리가 없다. 따라서 '제대 불가不可'다. 이럴 수도 없고 저럴 수도 없는 딜레마다. 그게 바로 전쟁의 본질은 아닐까?[14]

그런데 우리의 일상적 삶에서 그런 일이 자주 벌어진다면? 그런 상황 또는 상태를 가리켜 '더블 바인드double bind'라고 한다. 우리말로 '이중구속'이라고 하는데, 한 사람이 둘 이상의 모순되는 메시지를 전하고, 그 메시지를 받은 사람은 그 모순에 대해 응답을 할 수 없는 상태를 가리키는 말로 쓰인다. 미국에서 활동한 영국 태생의 문화인류학자 그레고리 베이트슨Gregory Bateson, 1904-1980이 1956년 조현증(정신분열증)에 관해 말하면서 제시한 이론이다.

정신분열증을 앓은 사람들이 어린 시절 부모에게서 상호 모순된 메시지를 받으면서 자랐다는 것을 밝힌 베이트슨의 이론은 심리학계에서 엄청난 호응을 받았고, 이후 의사들은 정신분열증을 진단할 때 환자의 가족력에 집중하게 되었다. 하지만 이 이론은 정신분열증의 발병 원인을 가족의 탓으로 돌림으로써 가족 구성원 중 한 사람이 다른 사람을 비난하는 일이 종종 벌어지게 하는 등 적잖은 부작용을 낳았다. 그래서 이후 정신분열증에 관한 유전적 요인들에 주목하는 이론이 부상했다.[15]

이중구속은 주로 언어에 의한 의사소통과 비언어적인 의사소통이 일치하지 않을 때 발생한다. 예컨대, 아이에게 사랑한다는 말을 하면서 무표정하거나 초조한 표정을 짓는다면 아이는 자신이 정말로 사랑받고 있는지 진의를 알 수 없기 때문에 심리적 갈등을 일으킨다.[16] 브레네 브라운Brené Brown은 서로 경쟁하는 모순된 기대치에 부응하려

이중구속

들면 다음과 같은 상황에 빠진다고 말한다.

(1) 완벽해져라. 그러면서도 완벽해진답시고 호들갑을 떨거나 가족이나 배우자, 일 등 뭐 하나 소홀히 해서는 안 된다. 자신이 정말 뛰어나다면 완벽해지는 게 어려울 리 없다.

(2) 아무도 화나게 하지 말고 감정을 상하게 하지도 마라. 그러면서도 속마음을 솔직히 털어놓아라.

(3) 성적 매력을 한껏 발산하라. 물론 아이들 챙기고, 개 산책시키고, 집 안 청소 끝내고 나서. 그러면서도 학부모 회의에 나가서는 성적 매력 발산은 금물. 섹시함도 때와 장소를 가려야 한다. 학부모 회의에 야하게 하고 오는 여자들이 뒤에서 욕먹는 거, 뻔하지 않은가.

(4) 나답게 행동하라. 그러면서도 쑥스러워하거나 자신 없는 모습을 보여서는 안 된다. 자신감이 충만한 것보다 더 섹시한 게 어디 있겠는가.

(5) 지나치게 감정적이어서는 안 된다. 그러면서도 지나치게 초연해서도 안 된다. 지나치게 감정적이면 히스테리를 부리는 것이고, 지나치게 초연하면 피도 눈물도 없는 것이다.[17]

이런 이중구속은 특히 경쟁에 대한 태도에서 많이 나타난다. 입으로는 협력을 미화하고 장려하면서 실제로는 경쟁을 부추기는 식이다. 이에 대해 존 실리John R. Seeley는 이렇게 말한다. "아이들은 경쟁을 해야 하지만, 경쟁적인 사람으로 보여서는 안 된다. 학교는 겉으로는 협력을 '증진'하고, 은밀하게는 경쟁을 '묵인'함으로써 이러한 딜레마에 대처한다."[18]

이중구속은 세일즈 기법으로 활용되기도 한다. 일본 심리학자 우에키 리植木理惠에는 『간파하는 힘: 세상에 속고 사람에 속는 당신을 위한 심리학의 기술』(2008)에서 "'이중구속'이라고 하면 부정적인 인상을 갖게 되는데, 긍정적으로 활용하면 상대의 관심을 끌거나 매력을 느끼게 만들 수 있다"며 다음과 같이 말한다.

"예를 들면 아파트나 보석 같은 고가의 상품을 팔 경우 '이건 꼭 잡으셔야 해요. 지금 예약하세요' 하고 큰소리로 말하면 '지금은 아직' 하고 거절할 여유가 생긴다. 그러나 굳이 팔 마음이 없는 듯 조용한 목소리와 쉽게 말 붙이기 어려운 표정으로 권유하면 오히려 마음이 끌린다. '지금 예약하지 않으면 손해 보지 않을까' 하는 전혀 근거 없는 초조감이 생긴다. 프로 세일즈맨은 그렇게 해서 일단 손님의 마음을 잡은 후에 빈틈을 노려 상품에 대한 장점들을 쉴 새 없이 늘어놓는다."[19]

일본 정신과 의사 오카다 다카시岡田尊司는 『심리를 조작하는 사람들: 그들은 어떻게 마음을 지배하고 행동을 설계하는가』(2012)에서 조금 응용된 버전의 세일즈 기법을 제시한다. 상대방이 무언가를 해주기를 바랄 때, 그 일을 할 생각이냐 아니냐고 질문하는 것이 아니라 하는 것을 전제로 하는 선택지를 준비해 질문하는 방법이다. 복수의 선택지가 제시되지만 어느 쪽을 선택해도 결국 같은 결과로 유도된다는 것이다.

그는 "자동차를 살까 말까 갈등하는 고객에게 '이 장치를 달아놓을까요?' 아니면 '자동차 색깔은 흰색을 좋아하세요? 아니면 검은색을 좋아하세요?'라고 말하며 이야기를 진행하는 방법이다. 자동차를 구매하는 것을 전제로 하면 그다음 선택사항에 고객의 관심이 향한다. 이렇게 하면 살까 말까 고민하던 것을 멈추고 세세한 취향에 대해 생각하게 되면서 어느새 구매는 기정사실로 되고 만다"며 다음과 같이 말한다.

"더블 바인드는 함의implication라고 불리는 기법 중 하나다. 인간의 마음은 불가사의해서 뭔가를 하도록 직접적으로 말하면, 명령받았다고 받아들여 마음속에서 저항이 생긴다. 하지만 간접적으로 넌지시 말하거나, 하는 것을 전제로 놓고 말하면 저항이 생기기 어렵다. 가령 대학입시를 앞둔 고등학생인 아들이 공부도 하지 않고 빈둥거리고 있다고 하자. 그럴 때 아무리 공부를 하라고 독촉해도 소용없다. 하지만 '내년 이맘때에는 이렇게 가족이 모두 모여 한가하게 함께 시간을 보낼 수도 없겠네. 대학교는 1학년 때가 가장 바쁘다고 하니 말이야'와 같이 말해보자. 이 말은 본인이 대학에 합격했다는 사실을 전제로 하고 있다. 비난도 명령도 아니기에 마음에 저항이 생기기 어렵다. 그대로 마음에 와닿기 쉽다."[20]

과연 그럴까? 아들이 그런 수법을 간파하지 못하겠느냐는 것이다. 우리 주변에서 쉽게 볼 수 있는 사례를 살펴보자. 서울 반포의 한 입시학원에 다니는 재수생 김 모(18) 군은 "아버지는 어릴 때부터 '네가 하고 싶은 일을 하고 살아라'고 말해왔는데 막상 대학 갈 때가 다가오니까 '의사가 되면 장래가 보장되는데 성적을 좀 올려 의대에 가는 게 어떻겠니'라고 물어온다"며 "프로게이머가 되고 싶다는 얘기는 입 밖에도 못 낸다"고 했다. 이 아버지는 평소 자녀의 자유를 존중하는 척하면서도 자녀 인생의 중요 길목에서 자기의 생각을 주입하는 '이중구속형 부모'의 전형이라고 할 수 있다.[21]

이중구속은 사회 전 분야에 걸쳐 나타난다. 박권일은 "'기탄없이 비판해주기 바란다'고 해놓고 정작 기탄없이 비판하면 인사상 불이익을 주는 조직, '먹고 싶은 요리 다 시켜! 난 짜장면'이라 말하는 직장 상사 등이 흔히 볼 수 있는 이중구속의 주체다.……이런 이중구속은 '논리적인 모순이기에 답할 수 없는 질문'이 아니다. '답은 정해져 있고 너는 대답만 하면 돼!'라는 암묵의 명령이다"며 다음과 같이 말한다.

"'답정녀'의 이중구속 상황은 인간 정신을 파괴한다기보다 알아서 기도록 길들인다.…… '답정녀'가 일반화된 세계는 도덕이 물신이 된 세계다. 정치는 정치인 개인의 도덕성을 검증하는 이벤트로 협소해진 반면 공동선을 위해 시스템의 치부를 고발한 윤리적 주체, 이를테면 내부 고발자는 배신자로 낙인찍힌다. 지난 50년 동안 황망한 재난이 끊임없이 일어났다. 그때마다 사회는 '안전 불감증'을 반성하며 '사람 나고 돈 났지 돈 나고 사람 났나' 떠들어댔다. 사실 우리의 '답'은 예나 지금이나 한결같았다. '돈이 의리인기라. 억울하면 출세하든가.' 세계를 변화시키는 것은 곧 자신을 변화시키는 것이다. 해서 자문한다. 우리는 정말로 이 사회를, 돈의 욕망과 공포에 굴복한 스스로의 규칙마저 바꿀 용기가 있는가."[22]

그러나 알고 보면 "먹고 싶은 요리 다 시켜! 난 짜장면"이라 말하는 직장 상사도 다른 이중구속 상태에 처해 있다고 보는 게 옳으리라. 이중구속의 먹이사슬이라고나 할까. 한국은 전형적인 '이중구속 사회'라고 해도 좋을 정도로 이중구속은 우리의 일상적 삶 전반에 위아래를 막론하고 철철 흘러넘친다. 이럴 수도 없고 저럴 수도 없는 딜레마가 전쟁의 본질이라면, 우리의 삶도 형식을 달리 한 전쟁이라고 보는 게 옳을지도 모르겠다. 그렇다고 해서 '답정녀'의 독재에 지레 굴복할 필요는 없다. 심각한 이중구속 상황에 처해 고민하게 되면 미국의 신학자이자 정치학자인 라인홀드 니부어Reinhold Niebuhr, 1892-1971의 '평온을 비는 기도Serenity Prayer'를 읊조려 보는 게 어떨까?

"신이시여, 제가 바꿀 수 없는 것을 받아들일 수 있는 평온함을, 제가 바꿀 수 있는 것들을 바꾸는 용기를, 그리고 그 둘의 차이를 알 수 있는 지혜를 제게 주시옵소서God, grant me the serenity to accept the things I cannot change, the courage to change the things I can change, and the wisdom to know the difference."

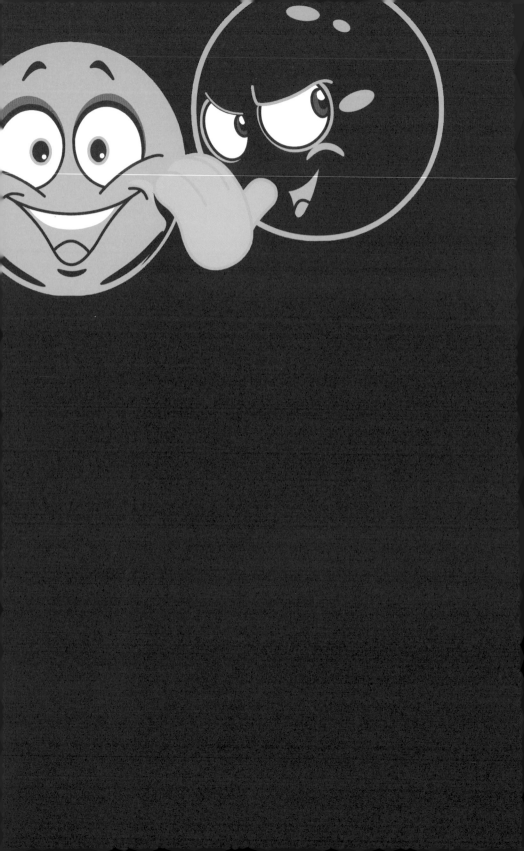

13

왜 점쟁이에게 넘어가는
사람이 많은가?

콜드 리딩

"무려 17다리를 걸친 중국 카사노바가 교통사고를 당해 덜미를 잡혔습니다. 지난 6일 중국 『사우스차이나모닝포스트SCMP』는 후난성에 사는 위안 씨가 온라인을 통해 여성 17명을 동시에 사귀다 교통사고로 의료진이 가족을 찾는 바람에 모든 게 들통났다는 소식을 전했습니다.……평범한 외모의 위안 씨는 여성들의 심리 읽기, 일명 콜드 리딩을 통해 상대방의 마음을 얻은 것으로 알려졌습니다. 그의 휴대전화에는 '목표'라고 분류된 카테고리가 있으며 그 안에는 200명이 넘는 여성의 전화번호가 저장돼 있었습니다. 한때 그와 만났다는 30세의 여성은 '만난 지 얼마 안 됐을 때 그가 자신의 신세를 한탄하며 다가왔고, 동정심에 마음을 열게 됐다'며 '그는 기본적으로 여자의 마음을 아는 남자'라고 말했습니다."[23]

2015년 4월 8일에 방송된 이 뉴스처럼 '콜드 리딩cold reading'은 타인의 심리, 특히 여성의 심리를 읽는 기술로 여겨지고 있다. 포털사이트에 '콜드 리딩'으로 검색을 해보면 "스튜어디스도 넘어올 수밖에 없는 콜드 리딩의 위력"이니 "상대의 마음을 사로잡는 마법의 화술, 콜드 리딩 강좌" 등과 같은 글들이 눈에 들어온다. 콜드 리딩이 인기를 끄는 이유를 알 만하다.

콜드 리딩은 상대에 대한 아무런 사전 정보가 없는 상태에서 상대의 속마음을 간파해내는 기술이다. 반대로 핫 리딩hot reading은 상대의 정보를 최대한 파악해 마음을 읽는 것처럼 가장하는 기술을 말한다. 사람들이 보편적으로 갖고 있는 성격이나 심리적 특징을 자신만의 특성으로 여기는 심리적 경향을 가리켜 '바넘 효과Barnum effect'라고 하는데, 이를 이용하는 것은 '웜 리딩warm reading'이다.[24] 엄밀히 말하자면 그렇지만, '웜 리딩'을 '핫 리딩'과 비슷한 의미로 쓰기도 한다. 예컨대, 토머스 키다Thomas Kida는 『생각의 오류Don't Believe Everything You Think: The 6 Basic Mistakes We Make in Thinking』(2006)에서 다음과 같이 말한다.

"심령술사에게 망자와 대화하는 능력이 있는지를 검증할 때는 심령술사가 미리 망자에 대한 정보를 얻지 못하게 해야 한다. '웜 리딩warm reading'을 못하게 해야 한다는 말이다. 웜 리딩은 심령술사가 리딩을 하기 전에 엿들을 기회를 갖거나 어떤 식으로든 피상담자에게서 정보를 얻어낼 수 있을 때 일어난다."[25]

콜드 리딩은 영화·연극 분야에서는 주로 오디션 때 리허설이나 연습 없이 즉석에서 받은 대본을 큰소리로 읽어보는 것을 뜻한다. 주어진 대본을 최대한 감정 없이 낭독함으로써, 배우와 연출 등 제작 주체들이 대본의 플롯과 주제, 캐릭터의 성격 등을 편견 없이 파악·분석하고 전체 토론을 하기 위한 것이다.[26]

일본의 콜드 리딩 전문가인 이시이 히로유키石井裕之는 『콜드 리딩: 전 세계 1퍼센트만이 사용해온 설득의 기술』(2005)에서 "콜드 리딩은 대화 속에서 심리적인 트릭을 구사해, 생면부지인 상대의 마음을 간파할 뿐 아니라 미래의 일까지 예언하는 것"이라며 다음과 같이 말한다.

"분명히 처음 만나는 사람인데 자신의 과거와 현재는 물론 심지어 미래까지 척척 알아맞힌다고 착각하게 만드는 테크닉이다. 한마디로 내가 고객이나 상대를 만났을 때, 그 순간에만 '점쟁이' 행세를 하는 것이다. 콜드 리딩을 긍정적으로 사용하면 상대로 하여금 '이 사람은 나를 이해해주고 있구나'라고 생각하게 할 수 있다. 그쯤 되면 '신뢰관계'가 구축되는 것은 시간문제다."[27]

이시이 히로유키石井裕之는 '누구나 할 수 있는 콜드 리딩 기본 5단계'로 ① 라포르rapport(친밀관계)를 구축하라, ② 누구나 자신의 이야기처럼 느끼게 하라, ③ 상대가 품고 있는 고민의 주제를 찾아내라, ④ 고민의 범위를 조금씩 좁혀 나가라, ⑤ 미래를 예언하라 등을 제시한다.[28]

콜드 리딩의 방법 중 숏거닝shotgunning이 있는데, 이는 산탄총shotgun이 목표물을 맞히는 방법을 빗댄 말이다. 산탄散彈, 즉 샷shot 내부에는 화약과 여러 개(10개가 채 안 되는 것에서부터 수십 개에 이르기까지 종류가 다양하다)의 구슬이 들어가 있으며, 격발 시 화약이 폭발하며 그 힘으로 구슬이 흩어져 날아가게 된다. 여러 개의 구슬이 동시에 날아가니 명중률이 높을 수밖에 없다. 이처럼 그럴듯한 말을 많이 던지다

보면 그중에 들어맞는 게 나올 것인바, 상대방을 쉽게 사로잡을 수 있다는 것이다.[29]

리처드 와이즈먼Richard Wiseman은 "콜드 리딩에 능숙한 사람은 당신이 얼마나 훌륭한 사람인지 말해줌으로써 당신의 자기중심적인 생각을 이용한다"며 '모르는 사람에게 점쟁이 행세하는 방법' 3가지를 소개한다. ① 치켜세우기: 그 사람이 듣고 싶어 하는 말을 해주는 것에서부터 시작하라. ② 코에 걸면 코걸이 귀에 걸면 귀걸이 식의 표현: 어떤 성격적 특성과 더불어 정확히 그와 반대되는 성격적 특성에 대해서도 말해주면 그는 자신에게 맞는 말에만 관심을 집중할 것이다. ③ 애매모호하게 말하기: 구체적인 말을 다양하게 던지는 것은 괜찮지만 일반적으로 말은 애매모호하게 하는 것이 낫다.[30]

콜드 리딩의 용도는 매우 다양하다. 부모의 자녀 교육에도 사용될 수 있다. 감정 코치 전문가 함규정은 선행학습에 '올인' 하는 학부모들에게 "자녀들이 스스로 감정을 읽고 다룰 수 있는 능력을 키워주는 게 더 급하다"고 강조한다. "자녀 감정 관리의 시작은 자녀가 지금 어떤 감정을 느끼고 있는지 정확히 아는 것이다. 아이들은 자신의 감정이 어떤 상태인지 모를 때도 있고, 부모에게 숨길 때도 있다. 부모가 자녀의 얼굴 표정으로 감정을 읽는 '콜드 리딩cold reading'을 할 수 있으면 자녀 상태를 체크할 수 있다. 아이들은 어른보다 더 솔직하게 감정이 얼굴에 드러나기 때문에 조금만 주의를 기울이면 전문가가 아니라도 알 수 있다."[31]

사회적 차원에서 콜드 리딩이 가장 문제가 되는 것은 정치인들의 콜드 리딩 활용이다. 이에 대해 와이즈먼은 이렇게 말한다. "정치인들도 이런 효과에 대해 잘 알고 있다. 그들은 유권자들이 듣고 싶은 것만 들을 것을 알고 있기 때문에 안전하게 애매모호하면서 심지어 모순되는 말을 대중에게 던지곤 한다. 이런 식이다. '노사 모두가 권리를 인정받게 하기 위해, 국가에 의지하도록 부추기는 일 없이 어려움에 처한 사람들을 지원하기 위해 우리는 뒤를 돌아보고 앞으로 나아갈 용기를 가져야 합니다.'"[32]

사실 한국 정치의 가장 심각한 문제가 바로 여기에 있다. 유권자들이 듣고 싶어 하는 말을 하는 건 그들의 표를 먹고사는 정치인들의 피할 수 없는 숙명이자 속성이지만, 한국 정치인들에겐 그 정도가 너무 심하다. 그렇다고 해서 정치인들이 유권자들의 사랑을 받는 것도 아니다. 아첨의 속성이 원래 그렇듯이 뒷감당을 해낼 수 없어 결국 배신감과 환멸을 불러오기 때문이다.

14

왜 우리는 가끔
'폭탄주 잔치'를 벌이는가?

애빌린 패러독스

1974년 7월 미국 조지워싱턴대학 경제학 교수 제리 하비Jerry B. Harvey
는 섭씨 40도가 웃도는 어느 무더운 날 모처럼 아내와 텍사스주 콜맨
Coleman시에 있는 처가를 방문했다. 하비의 가족은 선풍기 앞에 모여
앉아 시원한 레모네이드를 마시며 도미노게임을 즐기고 있었다. 갑자
기 장인이 "우리 스테이크 잘하는 애빌린시에 가서 저녁 먹을까?"라
고 제안했다. 아내는 "괜찮은 생각"이라 했다. 하비는 속으로 "이 더
위에 어딜 가요? 가만있어도 숨이 콱 막힐 지경인데……. 더구나 애빌
린은 85킬로미터나 떨어져 있어서 가는 데만 2시간이 걸린다고요. 그
것도 에어컨도 없는 58년형 뷰익을 타고?"라고 생각했지만, 분위기를
깨기 싫어 일단 "장모님 가시면"이라고 동감을 표시했다. 장모 역시

"애빌린에 가본 지 꽤 오래 됐는데 잘됐네"라고 답했다.

16년 된 고물차 안은 너무 더웠다. 길은 얼마나 험한지 가는 내내 먼지에 콜록거려야 했다. 기대했던 스테이크도 그저 그랬다. 지칠 대로 지쳐 다시 집에 돌아오고 나니 어두컴컴한 밤이었다. 장모는 "집에 있고 싶었는데 애빌린에 가자고 난리를 치는 바람에 어쩔 수 없이 따라나섰다"고 투덜거렸다. 하비는 "나도 다른 사람들이 원해서"라 말했고, 아내도 "이렇게 더운 날 밖에 나가는 것 자체가 미친 짓"이라며 분통을 터뜨렸다. 그러자 장인이 입을 열었다. "난 다들 너무 심심해하기에 그냥 해본 말이었어. 근데 전부 찬성했잖아?"

결국 아무도 원하지 않았는데 모두가 애빌린에 다녀온 셈이다. 장인도 분위기가 어색해서 그것을 깨려고 무심코 "애빌린에 갈까?"라는 말을 자신도 모르게 내뱉은 것이었을 뿐이다. 가자고 맞장구친 사람들 역시 애빌린에 가고 싶지 않았지만 굳이 반대하고 싶지 않아 동의했을 뿐이다. 물론 하비도 다른 사람이 가고 싶어 하니까, 자신도 가고 싶은 척을 해야 상대를 위한 배려라고 생각했을 뿐이다.

하비는 이 경험을 근거로 1974년 『조직동학Organizational Dynamics』이라는 논문집에 「애빌린 패러독스: 합의 관리」라는 논문을 발표해 경영학 분야에서 큰 화제를 불러일으켰다. 이 논문은 1988년 『애빌린 패러독스』라는 책으로 출간되었다. 그는 이 논문에서 아무도 원치 않았는데 만장일치의 합의로 나타난, 즉 누구도 왜 그렇게 했는지 이해가 안 되는 현상을 가리켜 '애빌린 패러독스'라는 이름을 붙였다. 우리말로 옮기자면, '동의되지 않은 합의의 모순' 또는 '만장일치의 착오'라고 할 수 있겠다. 이른바 '집단사고groupthink'의 한 유형인 셈이다.[33]

하비는 이런 문제가 조직의 흥망이 걸릴 정도의 중요한 문제에서도 발생하며, 그 이유는 조직 구성원 개개인이 자신의 의견을 분명하게 표현하지 않기 때문이라고 말했다. 그는 1973년 미국을 뒤흔든 워터게이트 사건을 대표적 사례로 들면서 모두 다른 사람들의 눈치를 보며 대세에 묻어가는 현상, 즉 누구도 동의하지 않은 합의가 조직을 파열시킨다고 경고했다.

왜 사람들은 자신의 의견을 분명하게 표현하지 않는 걸까? 하비는 통상적으로 조직의 구성원들은 자신의 믿음대로 행동하는 것에 대한 두려움과 더불어 그로 인한 소외에 대한 두려움을 갖고 있기 때문이라고 했다. 그는 애빌린 패러독스에 빠진 조직이 보여주는 가장 기본적인 증상으로 '책임을 전가하거나 남을 탓하는 행동'을 꼽았다.[34]

미국 미시간대학 경영학 교수 제임스 웨스트팔James D. Westphal은 미국 내 중소 공기업 228개의 이사회를 연구해 애빌린 패러독스의 증거를 찾아냈다. 그의 연구에 따르면, 외부에서 온 이사들은 기존 경영 전략이 매우 못마땅했지만 한마디도 하지 않았으며, 자기처럼 다른 속내를 품고 있는 이사들은 별로 없을 것이라고 생각했다. 결국 경영 실적이 저조한 회사들은 전략을 바꾸려는 시도를 거의 하지 않아 문제의 원인을 오랫동안 방치한 채 그냥 끌고 가는 비효율을 경험해야 했다.[35]

웨스트팔은 여기서 한 걸음 더 나아가 과거 성공적인 리더의 표본으로 칭송되던 CEO들이 순식간에 몰락하는 문제에 대한 해답을 찾기 위해 2002~2007년 미국 기업 CEO 1,350명과 사외이사와 고위 경영자 7,683명을 대상으로 설문조사를 했다. 분석 결과 CEO의 사회적 지위가 높을수록 그를 향한 아첨과 동조는 더 많아졌다. 자신에 대한 아첨과 동조가 강할수록 해당 CEO는 자신의 전략적 판단 능력과 리더십 역량을 과신했으며, 이런 기업에서는 회사의 성과가 좋지 않은데도 CEO가 필요한 전략 변화를 제때 시도하지 못했다. 지금까지 성공적이었던 CEO의 몰락은 주로 개인적 특성으로 설명되어왔지만, 이 연구는 다른 이사들이나 함께 어울리는 타사 경영자들의 근거 없는 아첨과 무비판적인 동조가 주요 원인이라는 점을 보여주었다.[36]

우리의 일상적 삶에서 애빌린 패러독스가 가장 자주 나타나는 상황은 아마도 '회식'일 것이다. 이에 대해 이상훈은 이렇게 말한다. "직장생활을 해본 사람은 이런 경험이 한두 번쯤은 있다. 아무도 원하지 않은 회식에 참석하는 일 말이다. 개인적으로 물어보면 다들 '지금 회식할 타이밍이냐'고 투덜거린다. 심지어 회식을 명(?)한 당사자도 '귀찮아도 어쩔 수 있느냐'고 한다. 어느 누구도 바라지 않지만 왠지 그러면 안 될 것 같은 느낌에 사로잡혀 울며 겨자 먹기로 회식자리가 만들어진다. 개인 입장에서 보면 튀기 싫어 암묵적 대세를 따른다."[37]

애빌린 패러독스는 그걸로 끝나지 않는다. 모두 다 회식이 빨리 끝나길 원하면서도 누군가가 "한잔 더 해야지?" 하고 의례적인 바람을 잡으면 그 회식은 누구도 원치 않는 가운데 2차, 3차로 이어진다.[38] 마음에도 없는 2차, 3차행이 그러하듯이, 우리는 같은 이유로 가끔 '폭탄주 잔치'를 벌인다. 이동근은 "폭탄주라는 게 참 묘하다. 낯선 만남에도 5~6잔 정도 들이켜면 대화가 술술 풀린다. 소주나 양주를 맥주에다 씻어 먹는 격이니 '목 넘김'도 부드럽다. 싼 값으로 술기운을 빨리 느끼니 경제적이기까지 하다"며 다음과 같이 말한다.

"그러나 참석자들 간 은근히 기 싸움이 시작되면 폭음의 주원인이 되기도 한다. 애주가든 아니든 모두가 똑같이 나누어 마셔야 하기 때문에 폭탄주 회식은 때로 공포가 되기도 한다. 다음 날 아침이면 모두가 후회막급이다. '너 때문이야!'라는 원성이 절로 터져나온다.……누군가 깃발을 들면 분위기에 휩쓸리기 쉽다. 그러나 필요할 때 'No'라고 외치는 용기도 필요하다. 그렇더라도 폭탄주 한두 잔 정도, 최소한의 잔 부딪힘 정도의 자기희생은 해야 할 것으로 보인다. 시쳇말로 '왕따'가 되지 않으려면 말이다. 아무튼 이래저래 살기 힘든 세상이다."[39]

물론 정부의 정책도 애빌린 패러독스의 함정에서 자유롭지 않다. 서종철은 2013년 10월 이렇게 말했다. "아이디어 수준의 공약에서 출발한 새 정부의 기초연금 방안은 선거 당시에도 재정 문제 등을 우려하는 목소리가 있었다. 하지만 어느 누구도 적극적으로 반대의 목소리를 높이지 못했다. 정책 결정 과정에서 한계와 문제점이 노출되면서 결국 복지 논쟁으로 비화한 것이다. 애빌린 패러독스 덫이 우리 사회에 어떤 부작용을 낳을지."[40]

하비는 애빌린 패러독스를 깰 수 있는 최상의 방법은 자신의 마음속 생각을 솔직하게 털어놓는 것이라고 했지만, 그게 말처럼 쉬운 일은 아니다. 다른 사람들의 생각을 잘 모르는 상황에서 나 혼자 튀어서 좋을 게 없다는 생각을 하기 마련이다. 공공적인 문제를 다루는 지식인들도 어떤 사회적 이슈에 대해 이성을 잃은 집단적 광기가 벌어지는 것에 내심 개탄하고 분노한다 해도 침묵을 택한다. 속된 말로 "38선 나 혼자 막나" 하는 생각 때문이다.

애빌린 패러독스

15

왜 흡연자들은 "어차피 인생은 위험한 것이다"고 생각하는가?

동기에 의한 추론

1964년 1월 11일 미국 공중위생국은 「흡연과 건강」이라는 방대한 보고서를 발표했다. 이 보고서는 "흡연은 암을 유발한다"고 결론 내렸다. 담배와의 전쟁에 힘쓴 의학자 출신인 루서 테리Luther Terry, 1911-1985 공중위생국장이 이날 방송을 통해 전달한 보고서의 짧은 결론은 미국인들을 깜짝 놀라게 했다. 특히 흡연자들은 큰 충격을 받았다. 흡연과 건강의 관계에 대해 사실상 무지했던 미국인들이 미 보건 행정을 좌우하는 기관의 발표 내용을 의심할 리 없었다. 보고서에 대한 흡연자의 반응은 즉각적으로 나타나 흡연자가 줄기 시작했다.

테리 보고서는 담배에 대한 미 정부의 태도를 바꿔 놓았다. 보고서 발표 일주일 뒤 미 연방통상위원회는 모든 담뱃갑에 흡연의 유해

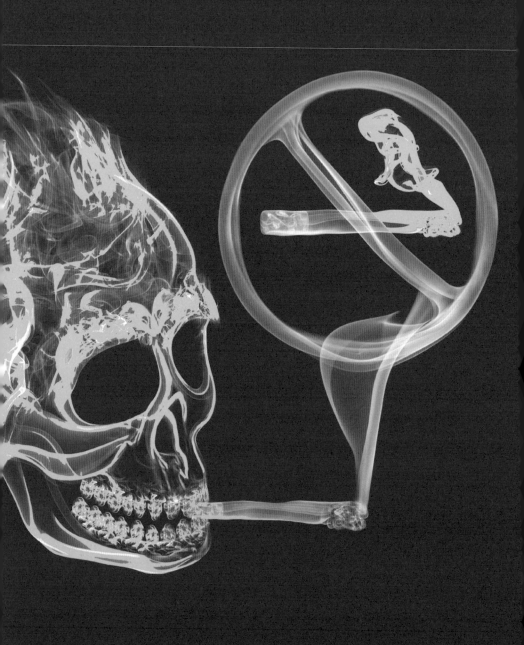

성을 알리는 경고문 표시 의무화를 추진한다고 밝혔고, 미 의회는 이듬해 '흡연과 건강을 위한 정보센터'를 설치하여 모든 담뱃갑에 "경고: 흡연은 당신의 건강을 해칠 수 있습니다"라는 문구를 포함시키는 걸 의무화했다.

1966년 1월부터 미국에서 판매되는 모든 담뱃갑에는 그 경고 문구가 새겨졌다. 미국 성인 흡연율은 1964년의 42퍼센트를 정점으로 약간의 등락이 있었지만 꾸준히 하락해 2007년 흡연율은 사상 처음 20퍼센트 아래(19.8퍼센트)로 떨어졌다. 2014년 기준 미국인의 흡연율은 16.8퍼센트다(한국은 19.9퍼센트). 미국 암협회는 매년 국제적으로 담배 퇴치와 금연 운동에 공헌한 인물이나 단체에 '루서 테리 상'을 수여한다.[41]

그러나 모든 미국인이 공중위생국의 발표 내용에 동의한 건 아니었다. 문제의 보고서가 발표된 직후에 있었던 조사에서 비흡연자들은 보건국장이 말한 것을 상당 부분 그대로 받아들인 반면, 흡연자들은 상대적으로 회의적인 반응을 보이면서 황당한 반론들을 제시했다. "많은 흡연자들은 장수한다", "어차피 인생은 위험한 것이다", "과식이나 과음보다 차라리 흡연이 낫다", "신경쇠약자가 되느니 흡연이 낫다" 등등.

이런 심리적 현상을 가리켜 '동기에 의한 추론motivated reasoning'이라고 한다. 동기에 의한 추론은 자신이 믿고 싶은 것을 믿고 싶지 않은 것보다 훨씬 관대하게 받아들이는 경향으로, 확증 편향confirmation bias과 비슷한 면이 있다.[42]

확증 편향은 자신의 신념과 일치하는 정보는 받아들이고 신념과 일치하지 않는 정보는 무시하는 경향으로, confirmatory bias 또는 myside bias라고도 한다. 영국 심리학자 피터 웨이슨Peter Wason, 1924-2003이 1960년에 제시한 확증 편향은 현실 세계에서 정보와 증거가 복잡하고 불분명한 가운데 자기 신념에 맞는 정보를 찾는 건 쉬운 일이라는 전제에서 출발한다. 가설에 따른 증거를 찾으려는 성향은 설문조사에서 잘 나타난다. 설문조사는 어떻게 묻느냐에 따라 답이 달라지는 게임이라고 해도 과언이 아니다. 예컨대, 사람들에게 "행복하냐"고 묻는 게 "불행하냐"고 묻는 것보다 훨씬 더 높은 만족도를 보인다.[43]

그렇다면 확증 편향과 동기에 의한 추론은 어떻게 다를까? 확증 편향은 우리의 신념과 일치하는 자료에 주의가 쏠리는 자동적인 경향인 반면, 동기에 의한 추론은 우리가 좋아하는 것보다 좋아하지 않는 것에 대해 더 까다롭게 따지는 보완적인 경향이다.[44]

우리 인간의 동기엔 정확성 동기accuracy goals와 지향성 동기directional goals가 있다. 정확성 동기의 '정확성'은 '정답인 것' 또는 '최고의 결론'을 선호하는 것을 의미하는 반면 지향적 동기의 '지향성'은 '자신이 선호하는 결론'에 도달하고자 하는 욕구다. 구체적으로 정확한 판단을 하려는 동기가 강한 사람들은 주어진 상황이나 사안에 대해 최대한 많은 정보를 세밀하게 살펴보기 때문에 자신의 의견과 상반되는 정보도 접할 가능성이 높은 반면 원하는 결론에 도달하려는 지향적 동기가 강한 사람들은 주로 자신의 기존 의견이나 신념을 지지해줄 수 있는 정보를 취하기 때문에, 선택적 노출 경향이 상대적으로 높게 나타날 수 있다. 이와 관련, 김미라·민영은 다음과 같이 말한다.

"모든 추론 과정은 동기에 의해 구조화되는데 정확성과 지향성이라는 두 유형의 동기는 상이한 메커니즘을 매개로 정보 추구 행위에 영향을 미친다. 구체적으로, 정확성 동기는 합리적이고 타당한 판단을 내리기 위해 추론의 과정에서 정보를 더욱 철저하게 검색하고 처리하게 하는 반면, 지향적 동기는 자신이 원하는 결론을 정당화시키기 위해 주어진 정보를 효율적인 단서로 사용하거나 자신의 목표에 맞는 방향으로 기억하거나 해석하게 한다.……결국 정확성 동기는 결정이나 선택과 관련된 다양한 정보를 개방적으로 수집하게 함으로써 선택적 노출 경향을 줄이고 교차 노출을 활성화할 수 있으며, 지향적 동기 혹은 방어적 동기defensive motivation는 선택적 노출을 강화하고 교차 노출을 억제할 수 있다."[45]

우리가 '동기에 의한 추론'을 이해한다면, 그걸 피할 수 있지 않을까? 불가능하다고 말할 순 없겠지만, 거의 불가능하다고 말해도 무방하다. '동기에 의한 추론'엔 한 가지 큰 장점이 있기 때문이다. 그건 바로 자존심이다. 사람들은 자기 자존심을 지키기 위해 동기에 의한 추론을 한다는 것이다. 정치적 논쟁이 상호 감정을 상하게 만드는 이전투구泥田鬪狗로 빠지는 것도 바로 그런 이유 때문이다.

개리 마커스Gary Marcus는 『클루지: 생각의 역사를 뒤집는 기막힌 발견』(2008)에서 "우리 인간은 균형 있게 사고하도록 태어나지 않았다.……나는 주변에서 자신의 신념에 위배되는 연구를 접하면 필사적으로 그것의 흠을 잡으려 하는 과학자들을 많이 보아왔다"며 다음과 같이 말한다.

"그러나 문제는 이런 자기기만이 장래에 부담으로 작용할 수 있다는 점이다. 만약 우리가 동기에 의한 추론으로 자신을 속인다면 우리는 잘못된 신념 또는 망상을 고수하는 셈이다. 그리고 이것은 (우리가 별 근거도 없이 타인의 견해를 무시하여) 사회적 마찰을 불러올 수도 있고, (흡연자가 흡연의 위험을 무시하여) 자기 파괴에 이를 수도 있으며, (과학자가 자신의 이론에 위협이 되는 자료를 인정하지 않아) 과학적인 대실수로 이어질 수도 있다. 만약 권력을 가진 사람이 동기에 의한 추론에 빠져 자신의 오류를 시사하는 중요한 신호들을 무시한다면 커다란 재앙이 초래될 수도 있을 것이다."[46]

우리는 동기에 의한 추론을 하듯이, '동기에 의한 망각motivated forgetting'에도 능하다. 동기에 의한 망각은 의식적 또는 무의식적으로 자신이 원치 않는 불유쾌한 기억을 지워버리는 성향을 말한다.[47] 우리 인간이 이렇게 생겨 먹은 걸 어이하랴. 동기에 의한 추론이나 망각을 하는 사람들에게 너그러워질 필요까지야 없겠지만, 너무 화는 내지 않는 게 좋을 것 같다. 나 역시 예외일 수는 없으니까 말이다.

제4장

마음
과
효능감

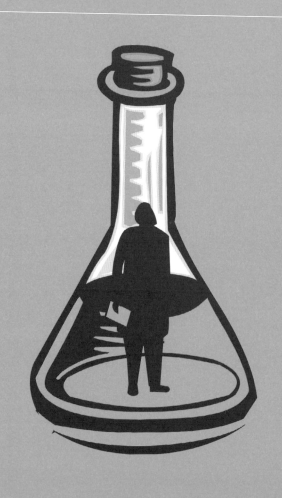

16

왜 사람들은 만들어낸 이야기일 뿐인
소설에 빠져드는가?

마음 이론

어젯밤에 업무를 끝내지 않고 퇴근했기 때문에 마감을 놓친 것을 상관이 알까 모를까? 이와 비슷한 생각을 누구나 한 번쯤은 해보았을 것이다. 이렇듯 타인이 무엇을 아는지 잘 생각하기, 타인의 동기와 느낌을 따져보기, 타인이 나에게 무엇을 기대하는지 고려하기 등을 하고 있는 걸 가리켜 심리학자들은 'theory of mind(마음 이론)'라고 한다.[1]

마음 이론은 신념, 의도, 바람, 이해 등과 같은 정신적 상태가 자신 또는 상대방의 행동에 영향을 미친다는 것을 이해하는 능력으로, 인간의 지성은 짐승들의 지성과 다르다는 것을 말하기 위해 심리학자들이 세운 가설이다. 사람이 자신이나 타인의 마음에 관한 이론을 세운다는 의미에서 '마음 이론'이라고 부른 것이다. 널리 쓰이는 말이라

줄여서 'ToM'이라고도 한다. 데이비드 프리맥David Premack과 가이 우드러프Guy Woodruff가 1978년에 붙인 이름이다.[2]

마음 이론은 1970년대에 영장류 연구에서 시작되었다. 사라라는 이름의 침팬지에게 여러 장의 그림 중에서 한 장을 뽑으라고 한 실험을 살펴보자. 사라는 잠긴 문을 열려고 애쓰는 사람을 보았을 때는 열쇠 그림을 선택했고, 바나나를 따려고 팔짝팔짝 뛰고 있는 사람을 보았을 때에는 의자 위로 올라가는 사람 그림을 선택했다. 이 실험은 침팬지에게 남의 의도를 인식하는 능력이 있다는 걸 보여주었다.[3]

이 발견 이후로 마음 이론에 관한 아동 연구가 대대적으로 일어났다. 영국 인류학자 로빈 던바Robin Dunbar, 1947-는 "다른 사람의 마음을 헤아리는 능력은 아이들이 네 살에서 다섯 살 정도 되면 발달하는 능력이다"며 다음과 같이 말한다.

"심리학적으로 이 시기 아이들은 각자의 마음 이론을 형성한다. 서너 살 된 아이들은 노련한 행동학자나 다름없다. 이들은 다른 사람을 조종하는 방법을 안다.……능숙하게 거짓말도 할 줄 안다. 어느 순간 심리학자가 된 것이다. 이제 그들은 다른 이들의 행동 뒤에 숨은 마음을 읽을 수 있다. 이러한 능력, 즉 마음 이론이야말로 인간과 다른 동물 사이에 흐르는 루비콘강이다. 동물의 사고 수준은 세 살짜리 아이의 사고력 수준에서 멈춘다."[4]

인도 출신의 미국 뇌 전문 학자 V. S. 라마찬드란V. S. Ramachandran은 "마음 이론을 하나의 이론이라고 부르는 것은 다소 맞지 않다. 왜냐하면 이론은 선천적이고 직감적인 지적 능력을 설명하는 데 사용하기보다는 지적 체계를 설명하고 예측하는 데 주로 쓴다. 그러나 나는 내 연구 분야에서 사용하는 용어이기 때문에 여기서 사용하려고 한다"며 다음과 같이 말한다.

"마음 이론은 인지과학에서 사용하는 기술적인 용어로 철학에서부터 영장류 동물학, 임상심리학까지 폭넓게 쓴다. 마음 이론은 여러분의 지적인 정신이 타인에 의해 형성되는 것을 말한다. 즉, 타인이 자신들의 방식대로 행동하는 것을 내가 이해하는 능력이다. 왜냐하면 여러분이 지닌 것과 비슷한 동기, 아이디어, 정서, 사고를 그들도 가졌기 때문이다. 다른 말로 하면, 비록 여러분이 다른 사람이 된다는 것을 실제로 느끼지 못하더라도, 마음 이론을 이용하여 자동으로 의도와 지각, 신뢰를 다른 사람의 마음에 투영시킨다. 그렇게 함으로써 그들의 느낌과 의도를 추론하여 그들의 행동을 예측하고 영향을 줄 수가 있다는 것이다."[5]

마크 리버먼Mark Liberman은 마음 이론 때문에 인간은 다른 사람들의 생각을 읽으려고 노력할 수밖에 없다고 주장한다. "자폐증이 아닌 다음에야 대부분은 의식하지 않아도 주변 사람들의 옷 색깔을 알아차리는 것처럼, 거의 자동적으로 다른 사람들의 마음을 읽으려고 노력하게 됩니다."[6]

마음 이론이 결여되어 있는 상태를 '심맹mindblindness'이라고 한다. 심맹은 영국 케임브리지대학 심리학자 사이먼 배런 코헨Simon Baron Cohen이 자폐증을 앓는 사람들은 다른 사람의 감정과 정신 상태를 이해하는 데 큰 어려움을 겪는 걸 묘사하기 위해 만든 말이다. 자폐증과 혼동되는 사이코패스는 자폐증이 있는 사람들과 달리 다른 사람이 분노하거나 고통을 느끼는 상황을 쉽게 이해할 수 있지만, 그런 상황에

서 아무 감정을 느끼지 못한다.[7]

인간의 '마음 이론'에는 2개의 서로 관련된 작용인 '마음 읽기 mentalizing'와 '공감하기empathizing'가 있다. 마음 읽기는 다른 사람의 믿음이나 욕망 같은 마음 상태를 읽는 것이고, 공감하기는 여기서 더 나아가 "그 사람 참 끔찍했을 거야"라는 식의 반응을 보이는 것과 같이 타인의 감정을 느끼는 경우다.[8]

롤프 도벨리Rolf Dobelli는 "지난 10만여 년 동안 우리는 다른 사람들이 어떻게 생각하고 느끼는지를 감지해낼 수 있도록 특별히 뛰어난 감각을 발달시켜왔다"며 "사람들은 영양실조에 대한 통계자료에 냉담하게 반응하지만 바짝 말라서 애처로운 눈을 한 소녀의 사진엔 마음이 흔들린다"고 말한다. 그는 "이처럼 인간의 모습에 사람들의 관심이 쏠리게 되는 심리는 인류의 가장 중요한 문화적 발명품 가운데 하나인 소설이 왜 성공을 거두는가 하는 이유를 설명해준다"며 다음과 같이 말한다.

"특히 시대를 뛰어넘어 사랑을 받는 몇몇 작품들은 인간들 사이에서 일어나는 갈등을 몇몇 개별적인 운명들에 고정시켜서 표현함으로써 몰입도를 높였다. 미국에서 청교도주의가 팽배하던 시기에 사회통념을 거스른 한 사람에게 공동체가 어떻게 심리적인 고문을 가했는지에 대해서는 관련 박사학위 논문을 찾아볼 수도 있을 것이다. 하지만 그 대신에 우리는 너새니얼 호손이 쓴 소설 『주홍글씨』를 읽는다. 그리고 1930년대를 강타했던 미국의 경제공황에 대해서는 어떤가? 당시의 경제 상황을 분석한 어마어마한 통계와 자료가 있지만 경제공황으로 인해 비극을 겪게 되는 가족의 이야기에 대해 존 스타인벡이

마음 이론

쓴 『분노의 포도』를 읽는 것이 좀더 생생하게 느껴진다."[9]

소련 독재자 이오시프 스탈린Iosif Stalin, 1879-1953이 "한 사람의 죽음은 비극이지만, 백만 명의 죽음은 통계다"고 말한 것이나, 테레사Teresa, 1910-1997 수녀가 인간 본성에 대해 "다수를 보면 행동하지 않고, 한 명만 본다면 행동한다"고 한 것은 모두 사실상 그런 마음 이론을 지적한 것으로 볼 수 있다.[10]

모든 사람의 마음 이론이 다 같지는 않으며, 사람들 사이에서도 개인차가 있다. 이에 대해 주혜주는 이렇게 말한다. "마음 이론이 잘 발달되어 있는 사람은 다른 사람의 마음 상태를 알아차리고 이해하는 공감 능력이 우수하다. 자신이 싫어하는 일은 남에게 하지 않는다든가, 자신이 대접받고자 하는 대로 남을 대접한다. 반면에 마음 이론이 덜 발달된 사람은 타인의 입장을 이해하기보다는 자신의 시각에서만 상황을 이해하기 때문에 다른 사람과의 관계에 어려움이 있다."[11]

역지사지易地思之의 능력을 전혀 갖지 못한 사람이 많은 것도 바로 그런 이유 때문일 것이다. 한국 사회를 서로 모욕을 주고받는 게 일상화된 '모욕 사회'로 보는 김찬호는 '모욕 사회'를 넘어서기 위해선 역지사지易地思之로는 부족하고 역지감지易地感之, 즉 상대방의 입장에서 '느끼는' 단계까지 나아가야 한다고 말하지만,[12] 역지사지만 이루어져도 원이 없겠다. 혹 우리는 마음 이론을 버리는 게 생존경쟁에서 살아남거나 승리하는 데에 도움이 된다고 생각하게끔 길들여져온 건 아닐까?

17

왜 미국인들은
마음을 챙기는 일에 열광하는 걸까?

마음챙김

"차의과학대학교 분당 차병원(원장 지훈상) 정신건강의학과는 오는 9일 오후 4시 30분부터 지하2층 대강당에서 '마음챙김 인지치료 무료건강강좌'를 개최한다고 5일 밝혔다. 이번 강좌는 우울·조울병에서의 마음챙김 인지치료(정신건강의학과 최태규 교수), 사회불안장애에서의 마음챙김 인지치료(정신건강의학과 김보라 교수), 공황장애 및 불안증에서의 마음챙김 인지치료(정신건강의학과 이상혁 교수), 질의 응답의 순서로 진행된다. 마음챙김 인지치료는 미국 메사추세츠대학의 존 카밧진 박사에 의해 1979년 창안된 마음챙김에 기초한 스트레스 완화요법을 의학 영역으로 도입한 것이다."[13]

　『연합뉴스』(2015년 6월 5일) 기사의 일부다. 이와 같이 언제부턴가 우리 주변에서 '마음챙김'이라는 말을 심심치 않게 들을 수 있게 되었다. 도대체 마음을 어떻게 챙기길래 마음의 병까지 낫게 해준다는 말일까? '마음챙김'은 mindfulness라는 영어 단어를 우리말로 번역한 것인데, 원래 불교 수행 전통에서 기원한 심리학적 구성 개념으로 현재 순간을 있는 그대로 수용적인 태도로 자각하는 것을 말한다. mindfulness는 고대 인도에서 불교 경전에 쓴 고대 인도어인 팔리Pali어 'sati'의 번역어인데, sati는 자각awareness, 주의attention, 기억하기remembering 등의 의미를 내포한다.[14]

미국에선 관련 논문이 매년 1,200여 편씩 발표될 정도로 마음챙김이 큰 인기를 누리고 있다. 열광한다고 해도 과언이 아닐 정도다. 미국 매사추세츠 의대 명예교수로 이 분야의 선구자인 존 카밧진Jon Kabat-Zinn, 1944-은 『마음챙김 명상과 자기치유』(1990)에서 "오늘날 마음챙김 명상은 불교에서 시작되어 가르치고 수련하고 있지만 이 명상의 요체는 보편적인 것이다"고 말한다. 그는 "마음챙김mindfulness이란 기본적으로 특정한 방식의 주의attention로 자기 마음의 내부를 깊게 들여다보고 자기를 탐구하여 스스로를 이해하기 위한 정신수련 방법의 하나이다"며 다음과 같이 말한다.

"그러므로 우리의 스트레스 클리닉에서 그러하듯이, 특별히 동양 문화나 불교의 권위를 내세울 필요는 없다고 생각한다. 마음챙김 명상법이 자기 이해와 질병 치유에 있어서 좋은 수단이 된다는 사실은 확실해졌다. 이 명상법의 주요한 장점은 어떤 신념 체계나 이데올로기를 따르는 것이 아니기 때문에 스스로 검증해보고자 하는 누구나 그 효과를 얻을 수 있다는 것이다. 물론 마음챙김이 고통을 제거하고 망상을 떨쳐버리는 것을 특히 강조하는 불교 수행에서 나온 것은 결코 우연한 일이 아니다."[15]

카밧진은 "아시아 언어들에서는 mind를 뜻하는 단어와 heart를 뜻하는 단어가 같다. 따라서 mindfulness라는 단어를 하나의 개념, 특히 하나의 존재 방식으로 이해하려면, heartfulness라는 뜻까지 마음속으로 고려해야 한다"고 말한다. 이와 관련, 아리아나 허핑턴Ariana Huffington은 "달리 말하면, 마음챙김은 우리 마음에만 관련된 단어가 아니라 우리 존재 전체와도 관련된 단어이다"며 다음과 같이 말한다.

"우리가 전적으로 정신을 앞세운다면 세상이 각박하게 변할 것이고, 우리가 전적으로 마음을 우선시한다면 세상이 혼란해질 수 있다. 결국 정신과 마음, 둘 모두 스트레스로 이어진다. 그러나 마음이 감정이입을 유도하고, 정신의 주의력을 집중해서 우리를 인도한다면 우리는 조화로운 존재가 된다. 마음챙김을 통해서, 나는 정신없이 바쁜 상황에서도 현재의 순간에 완전히 몰입하는 데 도움이 되는 습관을 익힐 수 있었다."[16]

미국 하버드대학 심리학자 엘런 랭어Ellen Langer는 마음챙김을 "가장 목소리가 크고 명백하며 절대적이고 선언적인 주장들에 주의를 빼앗기는 것이 아니라, 자신의 주의를 변함없이 유지함으로써 달성하게 된 유연하고도 늘 숙고하는 마음 상태"로 정의한다. 그는 마음챙김을 기반으로 한 '마음챙김 학습mindful learning'의 필요성을 역설하는데, 예컨대, 마음챙김 교육을 받은 노인들은 그렇지 않은 다른 노인들보다 장수하는 것으로 나타났다고 한다. 랭어는 마음챙김의 반대로 "아무런 의식적인 노력 없이 자동적으로 흘러가는 심리적인 상태"를 말하는 'mindlessness(마음놓침, 무심함 또는 멍한 마음 상태)'를 제시한다. 그는 '무심함'에서 '마음챙김'으로 전환하면 우리 모두가 창의적이고 목적이 있으며 진취적인 삶이라는 르네상스를 맞이할 가능성이 있다고 주장한다.[17]

소런 고드해머Soren Gordhamer는 『위즈덤 2.0Wisdom 2.0: The New Movement Toward Purposeful Engagement in Business and in Life』(2013)에서 "평소 하던 대로 하되, 뭘 하는지는 알고 해야 한다"는 마음챙김의 지침을 소개한다. 나쁜 버릇도 제대로만 인식한다면 왜 그런 버릇이 들었으며 어떻게 하면 버릇을 바로잡을 수 있는지 깨우칠 수 있듯이, 어떤 행동이든 정확한 인식이 뒷받침될 때 그 행동의 본질이 달라지고 창조적으로 발전할 수 있다는 것이다.[18]

그렇다면 마음챙김은 '몰입'과는 어떻게 다른가? 줄리언 바지니Julian Baggini와 안토니아 마카로Antonia Macaro는 "몰입은 마음챙김과 정반대에 위치한 것처럼 보인다. 마음챙김은 주관적 경험이 몰고 오는 잔물결 하나하나까지 의식하는 반면 몰입은 오직 '하고 있는 일'에 그 상태로 열중함으로써 무엇을 하고 있는지조차 잊는 것이기 때문이다"며 다음과 같이 말한다.

"그러나 한편 마음챙김과 마찬가지로 몰입 또한 혼돈스러운 일상에 질서를 부여함으로써 주의를 통제하는 것과 관련되어 있다.……마음챙김과 몰입은 하나의 맥락으로 합류한다. 이 둘이 공통적으로 가치를 부여하는 것은 주의를 통제할 수 있는 능력과 지속적인 충동의 흐름에 휘둘리지 않고 의식적으로 행동할 수 있는 능력이다."[19]

최근의 행복 연구들은 사회에 점점 더 만연하고 있는, 최선을 다

하려는 경향이 우리에게 전혀 도움이 되지 않는다고 주장하는데, 마음챙김은 그런 경향에 대한 성찰의 일환으로 나타난 것이기도 하다. 리처드 레이어드Richard Layard는 『행복의 함정: 가질수록 행복은 왜 줄어드는가』(2005)에서 "우리는 현재보다 미래를 생각하는 데 너무 많은 시간을 보낸다. 계획이 필수적인 경우도 있으나 지나치게 많은 사람이 주로 내일에만 초점을 맞춰서 살고 있다. 내일이 오면 그들은 또 그다음 날을 계획하며 살 것이다"며 다음과 같이 말한다.

"그러나 인생은 리허설이 아니다. 그래서 마음챙김mindfulness이라는 불교 개념은 우리에게 메시지를 선사한다. 즉 이렇게 말한다. 경외감과 경탄의 감정을 키워라. 오늘을 즐겨라. 그리고 마치 영화를 보거나 사진을 찍을 때처럼 호기심을 느끼고 자신을 살펴보라. 이해심을 갖고 세상이나 자신의 주변 사람들과 관계를 맺어라. 레오 톨스토이 Leo Tolstoy가 말했듯이 세상에서 가장 중요한 사람은 지금 당신 앞에 있는 사람이다."[20]

마음챙김은 자기도취를 극복하는 데에도 도움이 된다. 미국 샌디에이고주립대학 심리학과 교수 진 트웬지Jean M. Twenge는 『자기중심주의 세대Generation Me』(2006)에서 젊은 세대의 자기도취narcissism를 우려하면서 "마음챙김은 나르시시즘을 줄이고 자아를 안전하게 하는 한 방법"이라고 말한다. 마음챙김은 현재에 대한 자각이기 때문에 세상을 있는 그대로 볼 수 있게 해줄 뿐만 아니라 인간관계를 더 좋게 만들 수도 있다는 것이다.[21]

그러나 마음챙김이 삶의 자유로운 즐김이나 성찰만을 위해 활용되고 있는 것 같진 않다. 마음챙김은 더 빠르게 일을 잘하기 위한 목적으로 많은 기업에서도 유행이다. 예컨대, 구글의 107번째 직원인 차드 멍 탄Chade Meng Tan은 구글에 마음챙김 명상을 보급하려고 '당신의 내면을 검색하시오'라는 강좌를 개설했으며, '내면 검색 리더십 연구소Search Inside Yourself Leadership'까지 설립했다. 구글의 인사 담당 수석부사장인 라즐로 복Laszlo Bock은 직원들이 마음챙김 명상을 시작한 이후로 회의에 한층 더 집중하게 되었다고 말한다. "비록 우리가 명상에 적지 않은 시간을 들이긴 했지만, 횟수가 거듭될수록 팀원들은 회의에 더 집중했고 안건 처리 속도도 더 빨라졌다." [22]

마이클 캐럴Michael Carroll은 『마음챙김 리더The Mindful Leader: Awakening Your Natural Management Skills Through Mindfulness Meditation』(2008)에서 기업 경영진이 명상을 통해 경영 기술을 발전시키도록 돕는 프로그램을 소개한다. [23] 픽사 애니메이션 스튜디오의 공동 설립자이자 사장인 에드 캣멀Ed Catmull은 『창의성을 지휘하라: 지속가능한 창조와 혁신을 이끄는 힘Creativity, Inc.: Overcoming the Unseen Forces That Stand in the Way of True Inspiration』(2014)에서 마음챙김 명상의 효과에 대해 다음과 같이 말한다.

"과거나 미래에 집착하지 않고, 현재 마주친 문제에 초점을 맞추고 해법을 찾으려는 마음챙김 명상은 기업을 경영하다가 마주치는 갖가지 문제들을 분류하고, 동료들이 절차나 유효하지 않은 낡은 계획에 집착하지 않도록 설득할 때 내가 의지할 수 있는 경영 모델로서도 유용했다." [24]

마음챙김이 경영과 인사관리에 적극 활용되는 것을 비판하는 이도 많다. '마음챙김의 상품화'라는 의미에서 'McMindfulness(맥도널드 마음챙김)'라고 부르는 이들도 있고, 문제는 조직과 사회에 있는데 그걸 개인화시켜 개인 스스로 마음을 다스리는 방식으로만 해결하게 함으로써 문제의 해결을 오히려 어렵게 만든다는 비판도 나온다.[25] 그러나 오히려 바로 그런 이유 때문에 미국인들이 마음챙김에 열광하는 건 아닐까? 좋은 의미에서건 나쁜 의미에서건 개인을 지존至尊으로 보는 미국적 개인주의가 마음챙김을 성장 산업으로 만든 게 아니겠느냐는 것이다.

마음챙김

18

왜 "그냥 너답게 행동하라"는 조언은
우리에게 무익한가?

고착형 마인드세트

"너답지 않게 왜 그러니?" "나다운 게 뭔데?" 우리 주변에서 쉽게 볼 수 있는 대화의 한 토막이다. "그냥 너답게 행동해Just be yourself." 이 또한 우리가 즐겨 쓰는 말 중의 하나다. 그런데 과연 '너답게' 또는 '나답게'의 실체는 무엇일까? 깊이 생각해보면 볼수록 답이 영 나오질 않는다. '나'는 늘 변하는 존재기 때문이다. 매일 바뀌는 건 아니지만, 오랜 기간을 두고 보면 '고정된 나'라는 건 존재하지 않는다는 걸 누구나 알 수 있다.

나답다거나 나답지 않다는 것은 사실상 '마인드세트mindset(심적 경향, 사고방식)'에 관한 이야기다. 마인드세트는 삶을 대하는 사고방식, 생각의 틀, 심적 경향을 말한다. 예컨대, 'cold war mindset(냉전

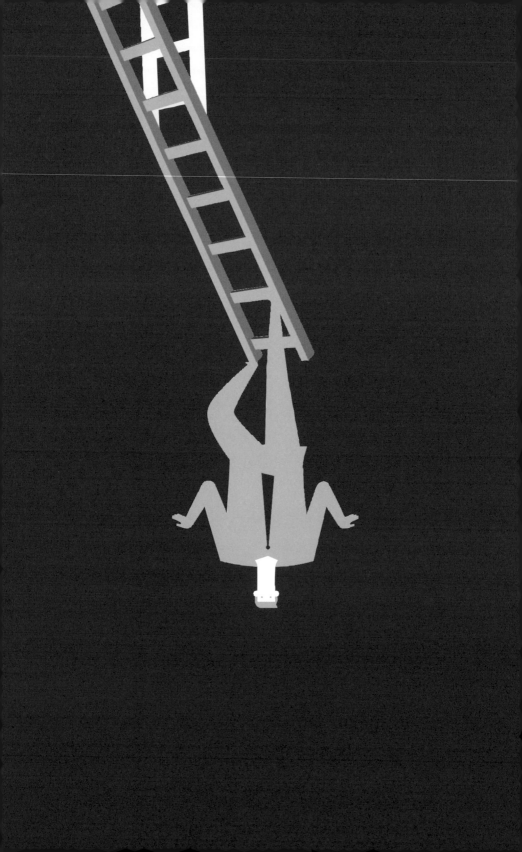

적 사고방식'이라고 하면 그게 무슨 말인지 실감이 날 것이다.

미국 하버드대학 석좌교수 조지프 나이Joseph S. Nye, Jr., 1937-는 『미국의 세기는 끝났는가Is the American Century Over?』(2015)에서 미국의 중국 봉쇄정책은 냉전적 사고에 물든 어리석은 발상이라며, 이런 정책으로는 미국과 중국 모두와 사이좋게 지내고 싶어 하는 나라들을 끌어들일 수 없다고 말한다.[26] 즉, 마인드세트란 어떤 사고의 틀이 일단 형성되면, 그것에서 벗어나는 게 쉽지 않다는 걸 시사해주는 개념으로 볼 수 있겠다.

미국 하버드대학 경영대 교수 크리스 아지리스Chris Argyris, 1923-2013는 2004년 조직에서 자세나 행동과 관련해 '생산적 마인드세트productive mindset'와 '방어적 마인드세트defensive mindset'라는 말을 만들었다. 그는 생산적 마인드세트는 열린 자세로 정보와 지식을 활용하는 반면, 방어적 마인드세트는 자신을 보호하기 위한 정보와 지식만을 선별적으로 받아들여 배움 자체를 차단한다고 말한다.[27]

미국 컬럼비아대학 심리학 교수 캐럴 드웩Carol Dweck은 『성공의 새로운 심리학: 마인드세트Mindset: The New Psychology of Success』(2006)에서 '고착형 마인드세트fixed mindset'와 '성장형 마인드세트growth mindset'라는 두 유형의 마인드세트를 제시한다. 고착형 마인드세트는 자신의 자질이 돌에 새긴 듯 이미 정해져 있다고 믿는 마음, 성장형 마인드세트는 자질은 노력만 하면 언제든지 향상될 수 있는 것이라고 믿는 마음이다. 드웩은 자질이 고정되어 있다고 보는 것이 인간을 스트레스, 불안과 같은 고통에 시달리게 하는 결정적 원인이라는 사실을 연구를 통해 입증했다.[28]

쉽게 설명하자면, 이런 이야기다. 아이들에게 간단한 문제를 풀게 한 뒤, "오, 넌 정말 똑똑한 아이로구나"라고 칭찬을 하면 고착 마인드세트를 강화하고, "정말 잘했다. 열심히 노력했구나"라고 칭찬을 하면 성장형 마인드세트를 강화한다는 이야기다. 즉, 성공이란 선천적인 재능이 아닌 '근성과 수고와 노력의 결과'라고 생각하는 것이 바로 성장형 마인드세트다.[29]

진부하긴 하지만, "과정이 결과보다 중요하다Becoming is better than being"는 말이 있다. 드웩은 "그러나 고착 마인드세트는 사람들에게 '과정'을 허용하지 않는다. 그런 마인드세트를 가진 사람들에게는 '결과'가 중요하다"며 다음과 같이 말한다.

"고착 마인드세트에서는 '지금 당장 완벽한 것'이 왜 그렇게 중요하게 여겨질까? 그것은 단 한 번의 시험 또는 평가가 당신을 영원히 측정해버리는 것으로 통하기 때문이다.……즉 고착 마인드세트를 가진 학생들은 단 하나의 테스트에 그들의 가장 근본적인 지능을, 그것도 현재만이 아니라 미래의 지능까지 예측하는 권한을 허용한 것이다. 그 테스트에 자신을 규정짓는 힘을 부여한 것이다."[30]

'수능 시험의 종교화' 현상이 벌어지는 한국에선 그런 고착 마인드세트가 개인을 넘어서 전 사회적으로 강요된다고 해도 과언이 아니다. 사회학자 오찬호는 『우리는 차별에 찬성합니다: 괴물이 된 이십대의 자화상』에서 대학생들의 '대학서열 중독증'을 실감나게 고발하면서 대학의 수능 점수 배치표 순위가 대학생들의 삶을 지배한다고 말한다. 전국의 대학을 일렬종대로 세워놓고 대학 간 서열을 따지는 건 단지 재미를 위해 하는 일이 아니다. 매우 진지하고 심각한 인정투쟁

고착형 마인드세트

이자 생존투쟁이다. '수능의, 수능에 의한, 수능을 위한 삶'을 사는 대학생들의 정신 상태에 대해 오찬호는 다음과 같이 말한다.

"지금 대학생들은 '수능 점수'의 차이를 '모든 능력'의 차이로 확장하는 식의 사고를 갖고 있다. 십대 시절 단 하루 동안의 학습능력 평가 하나로 평생의 능력이 단정되는 어이없고 불합리한 시스템을 문제시 할 눈조차 없는 것이다. 아이러니한 점은 본인이 당한 인격적 수모를 보상받기 위해 본인 역시도 이런 방식을 사용한다는 점이다. 이들은 더 '높은' 곳에 있는 학생들이 자신을 멸시하는 것에 문제를 제기하기보다, 스스로 자신보다 더 '낮은' 곳에 있는 학생들을 멸시하는 편을 택한다. 그렇게 멸시는 합리화된다."[31]

많은 학자가 드웩의 연구 결과를 확장시켜나갔다. 미국 스탠퍼드 대학 행동과학 교수 헤이즐 로즈 마커스Hazel Rose Markus는 『우리는 왜 충돌하는가Clash!: How to Thrive in a Multicultural World』(2013)에서 성장형 마인드세트와 고착형 마인드세트는 단 며칠간의 연습만으로도 우리 마음속에 집어넣을 수 있다고 주장한다.

"여러분의 배우자와 자녀, 동료가 스스로 변하지 않는 기질에 갇혀 살도록 만들고 싶은가? 그렇다면 칭찬은 그들을 '특별하게' 보이게 하는 재능에 대해 하고, 실패의 원인은 그들의 내면적인 단점에서 찾아 나무라자. 그리고 여러분의 기대 수위를 최대한 낮춰서 그들의 위태로운 자신감을 지켜주자. 반대로 여러분의 배우자와 자녀, 동료가 잠재력을 최대한 발휘하도록 돕고 싶은가? 그렇다면 이들의 노력을 칭찬하고, 실패의 원인을 함께 밝혀내고, 더 높은 기준을 제시함으로써 동기를 부여하자."[32]

올리버 버크먼Oliver Burkeman은 드웩의 연구 결과에 근거해 자신의 모습을 그대로 보여주라는, 즉 "그냥 너답게 행동하라"는 조언에 이의를 제기한다. 그는 이런 조언은 우리에게 무익하다며 다음과 같이 말한다. "첫째, 우리는 나다운 것, 즉 우리의 모습에 대해 '실제로' 알지 못한다. 둘째, 혹시 자신이 어떤 사람인지 안다 하더라도, 그 내면의 상태를 그대로 행동에 옮기는 것은 불가능하다. 내면 상태를 행동으로 보여주려는 노력 자체가 인위적일 수 있으므로 그것이 자신의 모습을 있는 그대로 보여주는 것이라고는 말할 수 없다." [33]

이어 버크먼은 "자신의 모습을 있는 그대로 보여주라는 조언의 가장 큰 문제는 '우리 자신의 모습'이 고정되어 있다는 가정을 따르고 있다는 것이다"고 말한다. "다시 말해서 인격은 고정되어 전혀 변함이 없고, 바로 그 모습을 있는 그대로 솔직하게 드러내면 친구, 연인, 직장 상사가 크게 감탄할 것이라고 믿는다는 것이다.……그런데 바로 이런 사고 때문에 도전해야 할 일이 타고난 능력 밖에 있다고 판단될 경우, 아예 도전 자체를 포기해버리게 된다." [34]

이런 주장들에 대해 "꼭 성장해야만 하는가?"라거나 "냅둬, 나 그냥 이대로 살래!"라는 반론이 가능하겠지만, 성장을 꼭 세속적인 자기계발로만 볼 필요는 없을 것 같다. 우리가 우리의 분명한 단점마저 고치지 않으려는 이유는 대개 "바로 그게 나야!"라는 식으로 자기정당화를 하기 때문이라는 걸 감안한다면, 변화와 성장을 두려워할 이유는 없지 않을까?

고착형 마인드세트

19

왜 어떤 네티즌들은
악플에 모든 것을 거는가?

자기효능감

사람의 신념 체계는 행동과 목표와 지각에 영향을 준다는 걸 증명한 미국 스탠퍼드대학 심리학자 앨버트 밴듀라Albert Bandura, 1925-는 자신이 변화에 영향을 미칠 수 있다고 믿는 사람들이 착수한 일에서 성공할 가능성이 높은 걸 가리켜 '자기효능감self-efficacy'이라고 불렀다. 자기 효능감을 가진 사람들은 눈높이를 더 높이 설정하고 더 노력하며 더 오래 참고 실패를 경험해도 더 쉽게 일어선다는 것이다. 자기효능감 은 그의 '사회 인지 이론social cognitive theory'의 주요 개념이다.[35]

크리스토퍼 얼리Chrsitopher Earley는 "자기효능감은 개인이 적극적 으로 낯선 세계에 뛰어드는 방식의 핵심적인 요소이다. 자기효능감은 스스로 어떤 구체적인 행동을 실행할 수 있는 능력이 있다고 여기는 자신감의 수준이다"며 다음과 같이 말한다.

"자기효능감은 우리가 자신의 기술, 정서, 마음의 틀 등을 일관성 있게 조직해 새로운 도전과제를 처리하는 데 도움이 된다. 예를 들면 등반가는 단순히 정상에 오르는 능력에 대한 확신 여부만 생각하지 않는다. 대신에 등반가는 자기효능감을 통해 어떻게 정상을 정복할지, 반드시 필요한 것이 무엇인지, 어떤 행동을 취해야 할지, 어느 정도의 노력과 인내력이 필요할지 등 구체적인 전략을 생각한다. '내가 저것을 할 수 있을까'를 고민하면서 그것을 달성하는 방법까지 파악하는 것이다. 자기효능감이 강한 사람은 일을 열심히 할 뿐 아니라 영리하게 해낸다."[36]

그렇다고 해서 자기효능감이 곧 자신감을 뜻하는 건 아니다. 밴듀라는 "필요한 능력이 부족할 경우에는 기대만으로 원하는 성과를 거둘 수 없다"고 말한다. 즉, 자기 자신만을 믿는 것으로는 충분치 않으며, 능력이 뒷받침되어야 자신감도 높아진다는 것이다.[37]

자기효능감은 회복 탄력성resilience, 즉 환경에 굴하지 않고 우울한 상황을 이겨낼 수 있는 마음의 능력을 키우는 필수조건이다. 버락 오바마Barack Obama의 선거 구호였던 "Yes, we can(그래, 우리는 할 수 있어)"은 자기효능감을 간명하게 나타낸 표현이라고 할 수 있다.[38]

그렇다면 자기효능감은 '자아존중감self-esteem'과 어떻게 다른가? 너새니얼 브랜든Nathaniel Branden은 자아존중감 또는 자존감은 자기효능감과 '자기존중self-respect'이 합해진 것으로 본다. 여기서 자기존중은 자신이 행복을 누릴 만한 가치가 있는 사람이라고 느끼는 것을 말한다.[39]

자기효능감

미국 예일대학 심리학과 교수 로버트 스턴버그Robert J. Sternberg는 『성공하는 학자가 되기 위한 암묵적 지혜』(2003)에서 자신의 연구 계획서들이 계속 거절당한 경험을 토로한 뒤 이렇게 말한다. "엄격히 말해서 나는 당시 '자기효능감self-efficacy'이 손상된 것이지, '자아존중감self-esteem'을 잃어버린 것은 아니었다. 자기효능감은 당신이 성취해야 할 과제에 대한 성취 믿음을 말하고, 자아존중감은 보다 일반화된 자신에 대한 정서적 평가를 의미한다. 일반적으로 자아존중감은 실제 과제 수행과 필연적으로 연결되지는 않는다. 하지만 문제는 스스로에 대한 신념을 한 번 잃어버리게 되면, 아무것도 당신을 나아가게 만들 수 없다는 것이다."[40]

밴듀라가 개발한 자기효능 이론과 방법론은 주로 교육적 측면에서 학습의 효율성과 교육방법 등과 관련해 논의되어왔지만, 최근에는 정보기술, 사회복지, 의학, 경영 등의 분야에서 폭넓게 활용되고 있으며, 특히 '컴퓨터 효능감'이나 '인터넷 효능감'이라는 말이 쓰일 정도로 뉴미디어와 테크놀로지의 수용에 관한 연구가 많이 이루어지고 있다.[41]

자기효능 이론과 방법론은 대학을 넘어서 경영, 스포츠, 카운슬링, 코치, 자기계발 등 다양한 분야에서 일대 혁신을 일으켰다. 자기효능감이 높은 사람은 도전을 즐길 뿐만 아니라 실패를 겪어도 자신을 문제 있는 사람으로 격하시키지 않고 한층 더 노력해 제대로 해낼 때까지 몇 번이고 다시 시도하는 것을 주저하지 않는다고 하니,[42] 어찌 경영·자기계발 전문가들이 이 복음의 메시지를 외면할 수 있었겠는가.

미국 조지워싱턴대학의 경영학 교수로서 '자신감의 수호천사'로 불리는 캐시 코먼 프레이Kathy Korman Frey는 "여자들이 시간에 대한 통제권을 얻기 위해 연봉 인상, 승진, 탄력적인 근무 환경을 요구하고 협상하지 못하는 중요한 이유가 바로 자기효능감의 부족입니다"라면서, "자기효능감은 여자들이 마지막으로 정복해야 할 영역입니다"라고 주장한다.[43]

과유불급過猶不及의 원리는 자기효능감에도 적용된다. 특히 흡연·음주 등과 같은 유혹 앞에서 더욱 그렇다. 김병수는 "지금까지는 자기효능감이 높은 사람일수록 욕구와 충동을 더 잘 조절할 거라고 여겨왔다. 그런데 지나친 자신감은 오히려 해가 된다"며 다음과 같이 말한다.

"자신의 통제력과 의지력을 강하게 믿는 사람일수록 유혹에 굴복할 가능성이 크다. 의지만 믿고 유혹을 피하거나 행동을 조절하려는 노력은 적게 하기 때문이다. 반면에, 자신의 의지력을 현실적으로 인식하고 있는 사람은 위험한 상황을 미리 피하려고 노력하고, 더 조심스럽게 행동한다. 그래서 충동에 빠질 가능성도, 자기 절제력을 잃어버릴 위험성도 상대적으로 낮다."[44]

정반대로 열등감에 시달리는 사람이 자기효능감을 만끽하기 위해 못된 유혹에 굴복하는 것도 가능하다. 김찬호는 『모멸감: 굴욕과 존엄의 감정사회학』(2014)에서 "악플러들 가운데는 피해의식과 열등감에 시달리는 이들이 많다고 한다. 그들에게 악플의 즐거움은 무엇인가"라고 물으면서 다음과 같이 말한다.

"자신이 올린 글 한 줄에 다른 사람들이 동요하는 모습을 보면서 자기효능감self-efficacy을 맛볼 수 있다(그것은 컴퓨터 바이러스를 유포해 세상에 혼란을 일으키는 사람들이나 시스템을 파괴하는 해커들이 느끼는 쾌감과 비슷하다. 그들도 의외로 유약하고 소심한 성격의 소유자가 많다고 한다). 아무에게도 영향력을 행사하지 못하고 자신의 삶과 환경을 통제하지도 못하면서 무력감에 시달리는 사람일수록 공격적인 발설로써 자기효능감을 느끼려 한다. 그런데 자기효능감은 상대방의 반응에 좌우된다. 마구 욕을 퍼부었는데 상대방이 별로 개의치 않는다면, 계속할 마음이 사라질 것이다.”[45]

자기효능감에 대한 탁월한 설명이 아닌가 싶다. 물론 자기효능감은 주로 자기계발 등과 같은 긍정적인 의미로 쓰긴 하지만, 우리 인간에게 자기효능감이 얼마나 중요한지를 말해주는 사례로 악플러가 기여를 한 셈이다. “나는 너를 화나게 만들 수 있어”라거나 “내게도 이런 능력쯤은 있어”라는 식의 잘못된 자기효능감을 만끽하기 위해 오늘도 악플을 올리는 악플러들의 투쟁을 불쌍하거니와 처절하다고 해야 할 것인가? 그리 생각하면 악플에 분노하거나 상처받을 이유가 조금은 약화되지 않을까?

20

왜 "승리는 똥개도 춤추게 만든다"고 하는가?

정치적 효능감

2007년 10월 서울대학교 사회발전연구소가 『동아일보』와 함께 실시한 '한국 사회기관 및 단체에 대한 신뢰도' 조사 결과를 보면, 정당은 2.9퍼센트의 신뢰도를 기록했다(국회 3.2퍼센트, 행정부 8.0퍼센트, 사법부 10.1퍼센트).[46] 2015년 10월 대한불교조계종 불교사회연구소가 만 16세 이상 국민 1,200명을 대상으로 실시한 '2015년 한국의 사회·정치 및 종교에 관한 대국민 여론조사'에서 정당 신뢰도는 3.1퍼센트였다(의료계 21.9퍼센트, 시민단체 21.5퍼센트, 금융기관 20.5퍼센트).[47]

2013년 7월 8일 반反부패 민간기구인 국제투명성기구TI는 107개국 11만 4,000명을 대상으로 한 설문조사 결과인 '부패지표 2013'을 발표했다. 한국은 정당(3.9점)과 의회(3.8점)를 가장 부패한 조직으로

꼽았다. 정당·의회에 대한 평가치는 세계 평균보다 높게 나와 정치권에 대한 심한 불신을 반영했다.[48]

2015년 8월 『조선일보』와 서울대학교 아시아연구소가 함께 실시한 '광복 70주년 국민 의식 조사'에서 '나 같은 사람들은 정부가 하는 일에 대해 어떤 영향도 주기 어렵다'는 체념이 59.6퍼센트로 절반 이상에 달해 '영향을 줄 수 있다'는 12.0퍼센트에 비해 훨씬 높은 것으로 나타났다. '정부는 나 같은 사람들의 의견에 관심이 없다'는 불만도 59.4퍼센트로 과반수였고 '관심이 있다(12.1퍼센트)'는 소수였다.[49]

이 조사 결과들은 한국인의 '정치적 소외political alienation'가 심각한 수준이며, '정치적 효능감political efficacy'이 매우 낮다는 걸 말해주기에 충분하다. 정치적 소외의 반대 개념이라고 할 수 있는 정치적 효능감은 시민들이 생각하기에 정부당국이 시민들의 요구에 잘 반응하며, 시민들이 참여하면 뭔가를 성취할 수 있다는 믿음, 그리고 시민들은 자신들이 정치 결정을 이해하고 효과적으로 기여할 수 있는 능력이 있다는 믿음을 말한다.

전자를 외적 정치적 효능감external political efficacy, 후자를 내적 정치적 효능감internal political efficacy이라고 한다. 응답자의 외적 정치적 효능감을 파악하는 전형적인 설문은 "나 같은 사람들은 정부가 하는 일에 대해 어떠한 영향도 주기 어렵다", 내적 정치적 효능감을 파악하는 설문은 "나는 한국이 당면하고 있는 중요한 정치 문제를 잘 이해하고 있다"다.[50]

한국의 청년세대는 높은 내적 정치적 효능감을 갖고 있는 반면, 외적 정치적 효능감은 매우 낮다. 이 둘 사이의 괴리는 젊은 유권자들

정치적 효능감

이 기존 투표 참여 등의 '관습적' 참여를 포기하는 '참여의 위기' 혹은 '정치적 소외'를 낳는 주요 이유가 되고 있다. 이와 관련, 박원호는 다음과 같이 말한다.

"정치 과정에 스스로 참여할 수 있는 역량과 에너지가 매우 높은 반면, 이를 수용할 수 있는 체제의 가능성에 대해 청년들이 극단적으로 의심하는 순간, 이러한 딜레마를 해결할 수 있는 방법은 전통적인 참여, 즉 투표나 정당, 시민단체 등을 경유하는 통상적인 참여를 포기하고 개인이 주체가 되는 단발성의 항의나 시위 등의 새로운 대안적 채널을 찾아내는 일일 것이다. 이를 비관습적 참여unconventional participation라 부른다. 우리가 지난 몇 년 사이에 매우 활발한 '거리의 정치'를 보았던 이유, 그리고 이러한 거리의 정치가 주도적으로 청년층을 중심으로 진행되었던 이면에는 아마도 이러한 딜레마가 존재하지 않았나 하는 생각이다."[51]

사실 한국이 세계적인 '시위 공화국'이 된 것은 바로 국민의 낮은 정치 효능감 때문일 것이다. 정치를 통한 해결 가능성을 믿질 않으니 시위에 나설 수밖에 없는 게 아닌가 말이다. 특히 모든 사회적 약자가 바로 국가적 의제설정agenda-setting에서 밀려나고 있기 때문에, 한국은 늘 격렬한 시위로 몸살을 앓는다. 시위는 몸으로 하는 의제설정 시도지만, 웬만해선 뉴스가 되지 않기 때문에 날이 갈수록 시위가 격렬해지고 심지어 폭력적인 양상까지 보이는 것이다.[52] 많은 노동자가 택하고 있는 '고공농성'은 그런 현실을 슬프게 웅변해주고 있다. 『한겨레21』 기자 이문영이 잘 지적했듯이, '고공농성의 만개'엔 언론의 책임이 크다.

"뉴스 가치를 '사건의 크기'로 재단하는 언론에 절망하며 노동자들은 하늘에 올라 스스로 '사건'이 된다. 고공농성이 장기화될수록 하늘 노동자들은 '사건의 시야'에서도 멀어진다. 땅에서 사건이 될 수 없어 고공에 몸을 실은 노동자들이 하늘에서까지 잊힐 때 그들이 새로운 사건이 되는 길은 죽음밖에 없다.……연쇄적이고 동시다발적이며 장기적인 고공농성은 '지극히 한국적 현상'이다. 경제 규모가 비슷한 국가 중 한국만큼 고공농성이 빈번한 나라는 없다."[53]

김낙호는 「'헬조선'의 정치적 효능감」이라는 칼럼에서 정치적 효능감을 키우기 위한 방법을 제시한다. 그는 "내가 세상을 조롱하는 수준에 머물지 않고 진지하게 관심을 기울여 노조에 가입하고 정당원이 되고 단체를 후원하다 보면, 정말로 제도적 개선을 만들어낼 수 있다는 일상적 경험이 만들어지는 것이다. 그런 경험을 위해 가장 시급한 지점은 당연히 지역 정치의 민주적 내실을 발전시키는 것이다. 혹은 시민들이 사적 밥벌이 너머 공적 참여에 진지하게 나설 여력을 가지는 노동환경 조성도 있다. 나아가 정책 결과에 대해 확실한 책임을 지우는 정당 문화도, 모두 묵직한 사회 진보 과제다"며 다음과 같이 말한다.

"하지만 확실하게 도울 수 있는 역할은 미디어의 몫이다. 바로 '헬조선'이라는 자학적 유행어를 소개하는 것에 그치지 않고, 그다음을 논하는 것이다. 시민들이 지역 정치에 관심을 할애하도록 의제를 짜고, 왜 불투명하고 갑갑하게 돌아가는지 분석해줄 수도 있다. 부당노동행위의 현실에 체계적으로 저항하는 나름대로 성공적인 방법들을 소개할 수도 있다. 지금의 문제적 정책이 어떤 이들의 과오로 만들어진 것인지, 타임라인으로 집요하게 기억을 되짚어주는 것도 좋다. 그래서 지금 개개인이 무엇을 할 수 있으며, 또한 어떤 부분에 난관이 있기에 어떻게 모두 함께 더 나은 사회적 해결책을 궁리할 것인지, 축적된 지식과 다양한 경험들을 제대로 연결해주는 것 말이다."[54]

곽금주는 자기효능감이 낮은 20대가 자기효능감을 높이는 방법 중 "가장 먼저 시도해볼 만한 방법은 작은 성공 경험을 쌓는 것이다"고 말한다. "일의 중요도나 크기는 그리 중요하지 않다. 그리 어렵지 않은 자격증 따기, 빼먹지 않고 아침운동 하기, 일주일에 책 한 권 읽기, 체중 조절하기 같은 작은 일이라도 목표를 정해 이뤄내고 나면 마음이 뿌듯해지면서 자신에 대한 믿음이 생기게 된다. '나도 이 정도는 이뤄낼 수 있는 사람이다' 하는 생각이 자신감을 북돋워주며 자기효능감을 높여주는 것이다."[55]

이런 작은 성공의 경험은 정치적 효능감을 높이는 데에 절대적으로 중요하다. 청년유니온 사무처장 오세연과 민달팽이 주택협동조합 이사장 권지웅은 "청년세대가 '작은 승리'의 경험을 갖는 것이 중요하다"고 말한다.[56] 청년 정치인 조성주 역시 "때때로 조직가는 일반 대중들 속에서 지독한 좌절감을 발견하기 때문에 확실한 싸움에만 내기를 걸어야 한다"는 솔 알린스키Saul Alinsky, 1909-1972의 말을 인용하면서 자신의 활동 원칙을 이렇게 천명한다. "약자들의 싸움은 패배해서는 안 된다. 만약 패배할 것 같다면 무조건 도망치고 이길 수 있는 싸움만 골라서 해야 한다."[57]

그렇다. 시민들이 정치에 참여하면 뭔가를 성취할 수 있다는 믿음을 청년들에게 주기 위해선 작은 승리나 성공이 절대적으로 필요하다. 미국 심리학자 칼 웨이크Karl Weick는 「작은 성공들: 사회문제의 규모를 재정의하기Small Wins: Redefining the Scale of Social Problems」라는 논문에서 '작은 성공'의 중요성에 대해 이렇게 말한다. "작은 성공의 경험은 무게감을 줄이고('별 거 아니군') 노력의 요구량을 감소시키며('이만큼만 하면 되네') 스스로 생각하는 능력 수준을 높인다('난 이것도 할 수 있잖아!')."[58]

"승리는 똥개도 춤추게 만든다On the day of victory no fatigue is felt"는 말이 있다. 이탈리아 외무장관이었던 잔 갈레아초 치아노Gian Galeazzo Ciano, 1903-1944는 "승리하면 아버지가 100명이 생기지만 패전하면 아무도 알아주지 않는다"고 했다. 미국 제35대 대통령 존 F. 케네디John F. Kennedy, 1917-1963도 똑같은 말을 했다. "승리하면 아버지가 100명이 생기지만 패배하면 고아가 된다는 옛말이 있다."[59]

이는 참여의 '눈덩이 효과'가 그만큼 무섭다는 뜻이기도 하다. 작은 성공은 특정 집단이 협동해 무엇인가 행동에 옮기면 일정 수준의 성취를 할 수 있다고 믿는 '집단 효능감collective efficacy'을 키우는 밑거름이 될 수 있다는 이야기다.[60] 아무리 작은 일이라도 성공 사례들을 계속해서 보여주는 사람들이 있으면 구경만 하던 사람들도 믿음을 보내주는 건 물론 동참하려는 생각마저 갖게 된다. 이렇게 해서 범국민적 차원에서 정치적 효능감을 키워야 진짜 민주주의가 가능해지지 않겠는가.

정치적 효능감

제 5 장

충격

과

회복

21

왜 죽음이 온몸과 온 세포에 스며드는 경험을 하게 되는가?

외상 후 스트레스 장애

"시민들은 바깥나들이를 자제한 채 구조 소식만을 애타게 기다린다. 주말인 19일 경기도 용인 에버랜드에는 전주前週보다 33퍼센트 줄어든 3만여 명이 찾았다. 서울대공원 나들이객도 24퍼센트 감소했다. 단체 여행객이 예약을 취소하는 바람에 4~5월 코레일 관광열차 운행도 6회 취소됐다. 세월호 참사를 지켜보는 국민의 슬픔이 깊어지고 있다. 집단 무기력증에다 정신적 외상, 즉 트라우마trauma 증세가 나타난다.……가장 흔한 증상은 가슴이 먹먹해지는 슬픔과 연이은 눈물이다."[1]

「"친지 결혼식도 가기 싫어요" 대한민국 집단 트라우마」라는 제목의 『중앙일보』(2014년 4월 21일) 기사의 일부 내용이다. 4·16 세월호 참사 이후 대한민국이 집단 트라우마에 빠졌다는 내용이다. 이와 관련, 서울아산병원 정신건강의학과 교수 김병수는 다음과 같이 말한다.

"요즘 신문이나 인터넷상에서 가장 흔히 접하게 되는 정신과 질환을 하나 꼽자면, '외상 후 스트레스 장애'일 거다. 이전까지 부동의 1위는 우울증이었다. 트라우마라는 말도, 이제는 일상용어처럼 쓰이게 되었다. 시퍼런 칼 하나가 마음을 후비고 들어오는 사건을 겪었을 때, '충격을 받았다'는 표현보다 '트라우마'를 겪었다고 하면 그가 겪은 충격과 아픔의 정도가 우리의 예상을 뛰어넘을 정도로 엄청났다는 것을 짐작할 수 있게 되었다."[2]

'외상 후 스트레스 장애', 즉 PTSDPost-Traumatic Stress Disorder는 죽음을 초래할 정도로 충격적인 사고를 경험한 뒤, 반복적으로 사고를 떠올리거나 꿈을 꾸며 심한 고통을 겪는 증상이다. 만성적인 우울·불안 증상을 보일 수 있으며 뇌의 변연계(감정 조절 기능) 및 해마(기억력 담당) 장애로 기억력 저하와 인지 장애를 겪을 수 있다.

PTSD를 겪는 가장 대표적인 유형의 사람들은 전투에 참여했던 군인, 성폭행을 당한 여성, 자녀를 잃은 부모 등이다. 1942년에서 1945년까지 전투에 참가했던 미군의 10분의 1 정도가 PTSD나 유사한 증상을 겪은 것으로 보고되었다. 미국에서 이루어진 연구에 따르면, 강간 피해자의 25퍼센트는 4~6년이 지난 후에도, 16퍼센트는 17년이 지난 후에도 여전히 PTSD에 시달리는 것으로 나타났다.[3]

trauma는 '뚫다'라는 뜻의 그리스어에서 유래된 말로, 전쟁터에서 방패를 뚫을 만큼 강력한 외부 자극이 만들어낸 마음의 상처라는 뜻이다. 정신건강의학과 전문의 정혜신은 "트라우마의 핵심은 죽음 각인"이라고 말한다. "고부간의 갈등 같은 스트레스와 달리 성폭행이나 쓰나미, 전쟁 같은 트라우마는 거의 죽음까지 갔다가 살아 돌아온 경험이기 때문에, 죽음이 생애 어느 순간보다 생생한 리얼리티로 각인되는 거예요.……죽음이 온몸, 온 세포에 스며드는 경험을 하는 것이 트라우마입니다."[4]

한국에선 도대체 얼마나 많은 사람이 PTSD로 고통을 겪는 걸까? 건강보험심사평가원에 따르면 2009년 5,929명이던 PTSD 환자는 2013년 6,741명으로 늘었다. 한림대학교 한강성심병원 PTSD클리닉 교수 이병철은 "평범한 사람의 80~90퍼센트가 일상생활을 하다 끔찍한 일을 경험하는데, 이 중에서 10~20퍼센트는 PTSD를 겪는다"고 했다. 2013년 PTSD 환자 중 여자는 4,099명으로 남자(2,642명)의 1.5배에 달했으며, 연령별로는 50대가 가장 많았다.[5]

독일 학자 홀거 하이데Holger Heide는 "한국에서는 사회적 변화 과정에서 시간적 압축이 심했기에, PTSD가 더 거친 형태로 나타난다"고 말한다.[6] 김병수는 "간접 체험으로도 외상 후 스트레스 장애에 시달릴 수 있다"고 말한다. "텔레비전으로 중계되는 사고 장면, 유족들의 울부짖는 모습을 보고 나면 그것이 마치 자신의 일인 듯 동일시를 하게 된다. 특히, 과거에 비슷한 사고를 경험했던 사람이라면, 또다시 과거의 기억이 떠올라 공포를 재경험하게 된다."[7]

PTSD와 비슷한 증세로 '외상 후 울분 장애Post-Traumatic Embitterment Disorder'라는 것도 있다. 2003년 마이클 린덴Michael Linden이 PTSD 모델을 따라 작명한 것으로, 무력감을 동반한 분노라고 할 수 있는 울분

embitterment에 초점을 맞춘 개념이다.[8]

　　과거 독일 통일 이후 동독인들에게서 나타난 심리 상태가 외상 후 울분 장애의 대표적 사례다. 경제적으로는 더 잘살게 되었지만 서독인들에게서 무시를 당하는 '2등 국민'의 처지를 반복적으로 경험한 사람들의 마음에 분노와 화가 쌓여간 것이다. 이와 관련, 고려대안산병원 정신건강의학과 교수 한창수는 "만약 감정에 상처를 주고 울분을 느끼게 하는 일을 경험했거나, 생각할 때마다 반복적으로 화가 나고 스스로를 우울하고 불행하게 하는 생각이 반복된다면 울분 장애를 의심해야 한다"며 다음과 같이 말한다.

　　"울분이란 '장기간 부당하게 취급받아왔기 때문에 증오 및 분노를 느끼게 하는 것'으로, 울분 장애 환자들이 주로 느끼는 감정은 울분·분노·무기력감이다. 우울증과 불안증은 약물치료와 정신심리치료를 통해 많이 회복되지만, 울분은 훨씬 오래 지속되고 약으로도 잘 치료되지 않는다. 정신 치료와 지혜 치료 등으로 꾸준히 마음을 보듬어서 상처가 아물게 하고, 스스로의 마음이 그 과정에서 성숙하게 성장하도록 하는 방법밖에 없다. 울분을 그냥 놔두면 사회를 향한 폭력으로 폭발하기도 하고, 그 분노를 자신에게 돌리는 불행한 일이 벌어지기도 한다. 특히 이번 세월호 참사처럼 천재지변이 아니라 믿을 수 없는 사회 시스템으로 비극이 증폭될 경우 사회 구성원들은 집단적으로 불신과 분노를 느낀다. 불신이 누적되며 울분으로 발전할 수 있다."[9]

　　트라우마는 개인에게만 일어나는 것이 아니며, 사회나 국가도 극도의 혼란과 분열 등과 같은 트라우마에 노출될 수 있다. 정신과 전문의 최병건은 "그 와중에 사회의 개개인은 극심한 무력감을 느낍니다. 그것을 극복하기 위해, 세상이 어떻게 돌아가는지를 알고 있다는, 세상이 내 통제하에 있다는 착각, 전능감을 회복하기 위해 자기 비하가 시작됩니다. 한 치 앞을 내다볼 수 없는 혼란 속에서 그저 운명에 모든 것을 맡겨야 하는 무력감보다는, 그래도 '우리가 못나서'라는 생각이 견디기 수월하기 때문입니다"라면서 다음과 같이 말한다.

"우리의 지난 100년은 외상으로 점철된 역사라 해도 과언이 아닙니다. 그 100년의 세월 동안 스스로의 힘으로 아무것도 할 수 없고 남의 손에 운명이 좌우되었던 무력감을 떨쳐내기 위해 소환된 전능감은 이 사회에 두 가지 상반된 현상을 만들어냈습니다. 하나는 자기 비하에 의한 '한국인 타령'입니다. 다른 하나는 전능감이라는 단어의 원래 뜻과 더욱 가깝게 느껴지는 '우리는 할 수 있다, 대한민국 만세!'입니다. 겉으로는 정반대의 현상이지만 실은 같은 뿌리에서 나오는 쌍둥이일 뿐입니다."[10]

4·16 세월호 참사를 겪으면서 우리는 그 참사 못지않게 참사 이후 벌어진 극렬한 내부 갈등으로 인해 더 큰 집단적 트라우마에 빠지게 된 건 아닐까? 트라우마에 빠진 사람들의 고통과 상처를 어루만져주기보다는 트라우마에 대한 이해 불능이나 거부의 잣대나 관점으로 그들을 바라보고 평가한 이가 너무 많지 않았던가? 개인 차원이건 집단 차원이건 정녕 트라우마를 치유하려는 진정성과 노력을 기울이는 과정에서 성장하는 길을 모색할 수는 없었던 걸까? 한국이 결코 '트라우마 공화국'이 아니라면 말이다.

22

왜 생존자는
자신을 미워하고 학대하는가?

생존자 죄책감

2014년 4월 18일 세월호의 생존자 강민규 안산 단원고 교감이 사고 이틀 후 스스로 목숨을 끊었을 때 언론은 PTSD(외상 후 스트레스 장애)의 주요 증상 중의 하나인 '생존자 죄책감survivor's guilt, survivor guilt' 혹은 '생존자 증후군survivor's syndrome, survivor syndrome' 때문이었을 거라고 해석했다.

평소 저혈당성 빈혈을 앓고 있던 강 교감은 세월호 5층과 4층 사이 계단에서 학생들에게 "올라오라"고 소리치다가 정신을 잃고 쓰러졌다가 구조되었다. 그는 유서에 "교육청에서는 저 혼자에게 책임을 지워주세요. 누구에게도 책임을 넘기지 말고……"라고 적었다.

단원고 2학년 325명 중 250명은 실종되거나 죽어갔던 시점에서 그가 스스로 느꼈을 죄책감도 컸을 텐데, 일부 사람들은 교감의 도덕성에 대해 이야기함으로써 그에게 깊은 상처를 주었다. 강인식은 "그는 반복적으로 외상에 노출됐고, 그 외상이 지속되리라는 걸 본인도 알고 있었다"며 다음과 같이 말했다.

"우리는 생존자에게도 눈을 돌려야 한다. 그들이 어떻게 감정을 드러내고 혹은 숨기고 있는지, 혹시 불합리한 질책과 자기학대 속에 방치된 건 아닌지 마땅히 누군가는 생존자를 위한 구호에 나서야 한다. 한 명을 구하는 게 기적인 상황에서 우리는 생존자 한 명을 잃었다. 생존자의 죄책감은 아주 오랜 기간 남아 있기 때문에 우리의 관심은 매우 오랫동안 지속돼야 한다."[11]

나중에 전문가들은 "생존자 죄책감에 따른 정신적 쇼크 상태였던 강 교감이 다시 사고 현장에 투입돼 상황을 수습하도록 방치하는 매우 '후진국적인 조처'가 이뤄졌다"고 지적했다.[12] 그럼에도 생존자 무시는 지금도 계속되고 있다. 서울대학교 교수 권영숙이 2015년 4월 10일 인천에서 '세월호 1주년, 우리가 진실을 규명하는 방법' 제하의 강연을 할 때 제주의 화물기사 김동수 씨가 강연장을 찾았다. 그는 "너무 답답해서 이야기를 하고 싶어서 왔다"고 했다.

그는 세월호 참사의 생존자지만, 세월호에 갇혔던 학생들을 구조한 이른바 '의인'으로만 불렸다. 그는 자신의 화물차와 함께 세월호에 탑승했다가 살아남은 30명의 화물차 기사들은 어른이면서도 배에서 살아남았다는 이유로 죄인 취급을 받기까지 했다고 털어놓았다. 그는 세월호 참사의 피해자들에게도 등급이 있다고 했다. 우선 실종자 가족, 단원고 아이들의 학부모 유족, 단원고 생존자 아이들의 학부모들,

그 배에 화물차 30여 대와 함께 탔던 화물 기사들은 그중 가장 마지막이라는 것이다.

권영숙은 "사실 울분에 찬 그의 말은 충격적이었다. 이 말을 지면에 옮기는 것이 적절할까. 하지만 그의 증언을 신중하게 받아들일 수밖에 없다. 더구나 그는 지난 3월 자살 시도를 했었다. 그는 외상 후 스트레스 장애에 시달리면서 지금도 몸 위를 벌레들이 스멀스멀 기어가는 환시에 시달리는, 그래서 매우 쇠약해진 모습이었다"며 다음과 같이 말한다.

"왜 이 사회는 세월호 생존자들을 이렇게 대할까. 사실 그 참극의 생존자야말로 '피해자'가 아닐까. 우리는 지금이라도 그들의 증언을 경청해야 하지 않을까. 하지만 과도한 '세월호-아이들'의 프레임 속에서, 그 지옥 같던 배에서 수장될 뻔하다가 살아남은 생존자들은, 특히 어른들은 죄인이 되고 만다.……그들의 유일한 전 재산이 세월호 배 안에 갇혀 있다. 생계를 잃은 그들에게, 자식 죽은 부모도 있는데 라는 식의 시선이 꽂혀 있어 괴롭다고 한다. 왜 이렇게 됐을까? 왜 우리는 삶과 죽음, 노동과 생명을 분리하여 사고하는가? 세월호는 과연 보편성을 확장했을까? 김동수 씨를 '단원고 아이들'을 구출하려 한 '의인'으로만 인정하려는 이 프레임은 과연 적절한가?"[13]

1933년 나치를 피해 고향 독일을 떠난 유대인 작가 베르톨트 브레히트Bertolt Brecht, 1898-1956는 「살아남은 자의 슬픔」이라는 시詩에서 이렇게 노래했다. "물론 나는 알고 있다 / 많은 친구들이 죽었는데 나만 살아남은 것은 단지 운이 좋았기 때문인 것을 / 지난 밤 꿈속에서 이 친구들이 나에 대하여 이야기하는 소리를 들었다 / '강한 자는 살아남는다' / 그러자 나는 내 자신이 미워졌다."[14]

이 시가 시사하듯, '생존자 죄책감'이란 말은 홀로코스트 생존자의 심리에 대한 연구 결과가 나오기 시작한 1960년대부터 쓰이기 시작했다. "자식은 죽고 나만 살아 돌아왔다", "친구의 죽음을 무력하게 지켜봤다", "강간당한 그녀의 눈을 나는 외면했다", "어머니가 어젯밤 독일군 장교에게 끌려갔고, 다시는 만나지 못했다" 등과 같은 참혹한 사연을 가진 홀로코스트 생존자는 극도의 죄책감과 우울증에 시달렸고, 자기를 연민하는 동시에 학대했다. 이런 증상은 자연재해·대형사고·전염병·성폭행 혹은 대규모 정리해고 생존자들에게서도 같은 형태로 나타난다.[15]

미국 하버드대학 정신의학과 교수 주디스 허먼Judith Herman은 『트라우마Trauma and Recovery: The Aftermath of Violence』(1997)에서 생존자 죄책감은 다른 사람의 고통이나 죽음을 목격했을 때 더 특히 심하게 나타나는데, 생존자들은 죽어가는 이들의 떠나지 않는 형상으로 괴롭힘을 당한다고 말한다. "생존자는 분노를 통제하려고 다른 사람을 더욱더 피하게 되고, 결과적으로 생존자의 고립은 영속된다. 결국 생존자는 분노와 혐오의 화살을 스스로에게 돌린다. 여러 연구는 살인, 자살, 의문의 사고로 인해 생존자들의 사망률이 증가했다는 일관된 기록을 남겼다."[16]

대형 참사에서 기적적으로 살아난 사람들은 언론의 집중적인 조명을 받지만, 그게 오히려 생존자들을 더 괴롭힌다. 전 세계 비행기 사고에서 혼자 살아남은 '유일 생존자'의 인생을 추적한 다큐멘터리 〈유일 생존자Sole Survivor〉(2013)를 제작한 독립영화감독 카이 디킨스Ky

Dickens는 "갑자기 밀려드는 세상의 관심에 생존자들은 많은 혼란을 느낀다"면서 "생존자들은 대부분 자신을 '행운아', '불사신', '인간 로또', '불치병도 비켜갈 사람' 등으로 부르는 것에 대해 굉장한 불편함을 느끼고 있다"고 말했다. 디킨스는 "'슈퍼맨'인 양 취급하는 과도한 기대감 때문에 굉장한 억압과 스트레스를 받고 있다"며 "그들이 원하는 건 '슈퍼스타'가 아닌 '조용한 삶'"이라고 말했다.[17]

기업의 구조조정에서 살아남은 사람들도 생존자 죄책감에 빠져든다. 1980년대 말 미국에서 불황이 닥쳐 500대 기업의 80퍼센트가 구조조정을 하면서 수백만 근로자가 직장을 떠났다. 회사들은 '잘리지 않은' 직원의 생산성이 크게 높아질 것으로 기대했지만, 결과는 딴판이었다. 살아남은 직원들은 동료에 대한 미안함으로 크고 작은 정신질환에 시달렸으며, 때론 생존에 강박적으로 매달려 일을 그르치는가 하면, 배신감을 못 이겨 회사를 떠난 이도 여럿 나왔다.[18]

삼성경제연구소 연구원 정지은은 구조조정 생존자들은 3단계에 거쳐서 황폐화된다고 설명한다. 1단계는 동료의 정리해고를 도와줄 수 없었던 것에 대한 죄책감과 자신이 언제 잘릴지 모른다는 불안감에 따른 '정신적 혼돈기'다. 두려움과 불안, 죄의식 등의 감정이 공존하며 소문에 민감해지고 기억력과 집중력이 크게 저하된다. 2단계는 정신적 억압기 또는 놀라운 적응기다. 상사의 지시에 순응하며 감봉이나 휴가 반납까지 감수하며 열심히 일을 한다. 기업으로서는 일을 시키기 편해졌다고 판단할 수 있지만, 사실 폭발 직전의 상황이라고 볼 수 있다. 마지막 단계는 정신의 황무지화다. 희망과 열정, 전망이 없을 뿐 아니라 실직의 공포감도 느끼지 못한다. 동료가 추가로 해고

당해도 아무 감정을 느끼지 못하는 자포자기, 정신적 마비 현상이 나타나는 단계다.[19]

정신과 전문의 정혜신은 생존자들은 말도 안 되는 논리를 만들어서 죄책감을 갖는다고 말한다. "논리적으로 말도 안 되고 전혀 객관적이지도 않은데 피해자와 심리적, 물리적으로 가까운 순서대로 그냥. 정작 죄의식을 가져야 될 사람들은 하나도 안 갖는데 말이죠."[20]

미국 가수 엘비스 프레슬리Elvis A. Presley, 1935-1977도 바로 그런 '말도 안 되는 논리'의 전형적인 사례가 아닐까? 엘비스는 쌍둥이로 태어났는데, 그보다 35분 전에 태어난 형은 사산아死産兒였다. 프레슬리는 자신이 어머니 배 속에 있을 때 자신의 몫 이상의 영양분을 섭취한 탓에 형이 죽은 거라며 내내 괴로워했다고 한다.[21]

'살아남은 자의 슬픔'은 우리로 하여금 성악설性惡說보다는 성선설性善說에 기울게 만들지만, 정작 죄의식을 가져야 할 사람들은 초연하게 구는 경우가 많은 것을 보면 그런 것만도 아닌 모양이다.

23

왜 슬픔이나 분노의
이점을 생각해보라고 하는가?

외상 후 성장

"어떠한 경험도 그 자체는 성공의 원인도 실패의 원인도 아니다. 우리는 경험을 통해서 받은 충격(즉 트라우마)으로 고통 받는 것이 아니라, 경험 안에서 목적에 맞는 수단을 찾아낸다. 경험에 의해 결정되는 것이 아니라, 경험에 부여한 의미에 따라 자신을 결정하는 것이다." [22]

아예 트라우마라는 개념 자체를 부정하는 오스트리아 심리학자 알프레트 아들러Alfred Adler, 1870-1937의 말이다. 일본 철학자 기시미 이치로岸見一郎와 작가 고가 후미타케古賀史健가 아들러의 심리학을 대화 형식으로 풀어낸 책 『미움받을 용기』에 한국 사회가 뜨겁게 반응하고 있는 것도 바로 그런 파격성 때문일까? 이 책에 대해 심리학자 김정운은 다음과 같이 말한다.

"오늘날 상식처럼 되어버린 프로이트의 '트라우마' 개념에 대한 비판은 거의 돌직구 수준이다. 트라우마와 같은 프로이트식 원인론은 과거의 특정한 사건만을 선택해 현재 자신의 복잡한 문제를 합리화하려는 아주 '저렴한 시도'라는 것이다. 어떻게 과거의 트라우마적 경험이 현재의 내 삶을 일방적으로 결정하도록 놔둘 수 있느냐는 이야기다."[23]

이 논쟁은 프로이트파와 아들러파에게 맡겨두고, 좀더 온건한 수준에서 제시된 트라우마에 대한 다른 견해를 살펴보자. 미국 작가 리베카 솔닛Rebecca Solnit은 『이 폐허를 응시하라: 대재난 속에서 피어나는 혁명적 공동체에 대한 정치사회적 탐사A Paradise Built in Hell: The Extraordinary Communities That Arise in Disaster』(2009)에서 정신적 외상은 분명 실재하지만 보편적이지는 않으며, 사람마다 정신적 외상에 대처하는 방식은 다르다고 말한다. 홀로코스트 생존자인 빅터 프랭클Viktor E. Frankl, 1905-1997이 말했듯이, "그것은 인간에게 자기 자신을 뛰어넘어 정신적으로 성장할 기회를 제공하는, 예외적으로 어려운 외부 상황일 뿐이다"는 것이다.[24]

솔닛에 따르면, '외상 후 스트레스 장애PTSD, Post-Traumatic Stress Disorder'는 원래 베트남전쟁이라는 정치 상황에서 전쟁에 반대하는 정신과 의사들이 주축이 되어, 부당하고 추악한 전쟁의 파괴적 힘이 입증되기를 바라는 마음으로 만든 말이다. 그런 당위론 때문에 자주 '오버'가 일어난다. 2001년 9·11 테러 이후 뉴욕시 맨해튼으로 모여든 약 9,000명의 심리치료사들은 만나는 사람들마다 전부 치료하려고 들었다. 일부 심리학자들은 "좋은 의도로 재난 현장에 왔지만 엉뚱한 노력을 기울인 몇몇 심리치료사들"에 대해 우려했다. 특별한 상황에서 비정상적인 느낌을 갖는 것은 정상적인 반응이며, 반드시 치료가 필요한 것은 아니라는 것이다. 『워싱턴포스트』는 생존자들에게 PTSD가 보편적이라는 믿음은 "몇몇 정신건강 상담자들이 이 비극 이후에 저지른 오류"라고 말했다.[25]

그래서 나온 개념이 '외상 후 성장posttraumatic growth'이다. 『외상 후 성장Posttraumatic Growth: Positive Changes in the Aftermath of Crisis』(1998)의 저자들은 "이 외상성 경험에 내재하는 것은 사랑하는 사람의 상실이나 소중하게 여기던 역할이나 능력의 상실, 삶을 이해하는 기본적인 방식의 상실 같은 것들이다. 이러한 상실, 그리고 상실이 초래하는 혼란에도 불구하고, 어떤 사람들은 자신들의 삶의 방식을 전보다 더 나은 쪽으로 재건한다"며 다음과 같이 말한다.

"그들에게 상실의 피해는 더 나은 삶의 구조를 처음부터 다시 구축할 기회를 제공한다. 그들은 그런 외상의 가능성과 그것에 대처하는 더 나은 방법을 결합하는 새로운 심리적 구조를 만든다. 그들은 새롭게 발견한 자신들의 힘과 이웃과 공동체의 힘을 올바로 평가한다. 그리고 그들의 노력 덕분에 개인들은 현재의 삶과, 비록 상실과 슬픔이 동반되더라도 그 사람을 만들어가는 과정을 소중하게 생각할 수 있다. 한편 집단과 사회는 이와 비슷한 변화를 겪으면서 새로운 행동규범과 집단 내의 개인들을 보살피는 더 나은 방식을 도출할 수 있다."[26]

한국에서 4·16 세월호 참사와 관련해서도, 당시 전 사회를 덮쳤던 슬픔이 당연하다는 진단도 있었다. 서울성모병원 정신건강의학과 교수 채정호는 "이번 사고로 슬프고 힘들고 (분위기가) 무거운 것은 당연한 일이며, 기성세대의 잘못이고 책임을 져야 한다"며 "뭐가 잘못됐다고 욕만 하면 부정적인 감정이 커지기 때문에 의분義憤(의로운 분노)으로 전환해 해양 안전 시스템이나 트라우마 지원 체계를 바꾸는 제도 개선으로 이어져야 한다"고 말했다.[27]

구조된 학생들을 치료한 고려대안산병원 정신건강의학과 교수 한창수도 "외상 후 스트레스는 양면이 있다. 심리적 회복력을 발휘해 이를 이겨내면 몇 단계 훌쩍 성숙하고, 이기지 못하면 병이 된다. 환자들은 지금 외상 후 성숙이냐 스트레스냐를 가름하는 중요한 지점에 와 있으므로 사회가 이들을 성숙으로 이끌도록 도와야 한다"고 말했다.[28]

한창수는 "큰 재난을 맞아 역경을 이겨내고 더 큰 인물로 우뚝 서는 경우도 많이 있다. 유대인 수용소에서 살아남아서 성공한 사업가가 되거나, 어린 시절의 상처를 극복하고 인격적으로 성숙한 큰 인물이 되는 경우다.……누군가의 말처럼 '남들이 걸려 넘어진 돌부리가 누군가에게는 더 큰 세상을 향한 디딤돌'이 되는 것이다"며 다음과 같이 말한다.

"심리적 외상 이후 누가 성장하고 누가 스트레스 장애에 걸리는가는 개인의 심리적 회복력(신경 탄력성)에 달려 있다. 당기면 길게 늘어났다가 놓으면 다시 제자리로 돌아가는 고무줄처럼 심리적인 회복을 얼마나 잘하느냐는 개인의 타고난 체력과 성격, 가족과 주변 환경 등에 의해 달라진다. 타고난 것들은 어쩔 수 없는 것이지만, 가족과 사회 구성원들의 지지와 주변 환경, 마음을 성장시키려는 수련 등은 노력으로 가능한 것들이다."[29]

미국 펜실베이니아대학의 긍정심리학자 마틴 셀리그먼Martin E. P.

Seligman, 1942-은 "예전에 베트남에 포로로 잡혀서 오랫동안 고문을 당했던 미군 중 60퍼센트 이상이 당시 겪었던 고난이 심리적으로 유익했다고 응답했습니다. 더 놀라운 사실은 이들 중 더 심한 고문을 당한 사람일수록 더 많이 성장한다는 사실입니다"라면서 다음과 같이 말한다.

"트라우마와 관련해 가장 큰 문제는 정신적 충격 그 자체가 아니다. 한쪽 구석에 치우쳐 극복을 하려는 그 어떤 시도도 하지 않는 게 문제다. 수십 년간 연구를 하면서 내가 느낀 것은 대부분 사람은 회복 탄력성을 가지고 있다는 사실이다. 단지 그 사실을 제대로 인지하고 극복하려는 노력을 하지 않는 게 문제다.……사람은 상호 소통하는 존재이면서 동시에 스스로 이야기를 만들어내는 존재이기도 하다. 고통을 겪은 후에도 마찬가지다. 트라우마를 가져다주는 사건들, 즉 전쟁이나 해고, 사별에 대해 자신들만의 이야기를 만들어낸다. 스스로 만들어낸 이야기는 새로운 삶의 원칙을 만들어준다. 회복 탄력성, 즉 회복력이 큰 사람들은 이를 이용해 더 발전적인 원칙을 만들어낸다."[30]

덴마크 소설가 이사크 디네센Isak Dinesen은 "모든 슬픔은 당신이 그것을 이야기를 만들거나 그것들에 관해 이야기할 수 있다면, 견뎌질 수 있다"고 했다는데,[31] 여기서 한 걸음 더 나아가 슬픔이나 분노를 일으킨 사건이 자신에게 가져다준 이점을 생각해보게끔 하는 방법도 있다. 이른바 '이점 발견benefit finding'이다.

2006년 미국 마이애미대학의 마이클 매컬러Michael E. McCullough 연구팀이 300명 이상의 대학원생을 상대로 한 연구에 따르면, 몹시 속상한 경험이 가져다준 이점에 대해 단지 몇 분 동안 생각하는 것만으로도 그 사건으로 인한 분노와 속상함을 다스리는 데 큰 도움이 된 것으로 나타났다. 이와 관련, 영국 심리학자 리처드 와이즈먼Richard Wiseman, 1966-은 『59초: 순식간에 원하는 결과를 끌어내는 결정적 행동의 비밀59 Seconds: Change Your Life in Under a Minute』(2009)에서 다음과 같이 말한다.

"불쾌한 사건에서 찾은 이점은 실제로 그런 이점이 있어서가 아니라, 그저 당사자의 희망적인 바람에 불과한 것이 아니냐고 생각할 수도 있다. 그러나 그러한 이점이 실제로 존재한다는 증거가 있다. 예를 들면 조사 결과 9·11 테러 이후에 미국인 사이에서 감사나 희망, 친절, 지도력, 단결 정신 같은 긍정적인 특성이 증가한 것으로 나타났다. 또 큰 병을 앓고 나면 용감함과 호기심, 공정성, 유머 감각, 미에 대한 인식 등이 증가한다는 연구도 있다. 분노를 다스리려고 글러브를 끼거나 베개를 치는 것은 분노의 감정을 줄이는 게 아니라 오히려 증가시킬 가능성이 더 크다."[32]

'외상 후 스트레스 장애'가 저절로 '외상 후 성장'으로 발전할 수는 없는 법이다. 개인의 의지와 결단만으로 할 수 있는 일도 아니다. 주변 사람들의, 사회적 차원의 도움과 더불어 여건 조성이 중요하다. 불행하게도 우리는 4·16 세월호 참사를 그런 방식으로 이겨내지 못했다. 그 이유가 무엇이었건 고통과 상처를 더 키우는 식으로 대하고 말았다. 개인이건 집단이건 우리 사회 전반의 회복 탄력성이 너무 낮기 때문일까?

외상 후 성장

24

왜 어떤 사람들은
슬픔이나 분노를 잘 극복할 수 있는가?

회복 탄력성

트라우마 연구 전문가인 미국 컬럼비아대학 임상심리학자 조지 보나노George A. Bonanno는 1990년대 초부터 사랑하는 사람과 사별한 사람들의 정서 반응을 연구했다. 그 당시 일반적인 통념은 가까운 친구나 가족이 죽게 되면 마음에 지울 수 없는 상처가 남는다는 것이었지만, 보나노는 실험을 통해 그런 통념과 달리 사별한 사람들에게서 마음의 상처가 생긴 흔적을 찾아낼 수 없음을 확인했다. 대부분의 사람은 사별 이후 몇 달 만에 원래의 생활로 돌아갔으며 놀라울 정도로 환경에 잘 적응했다는 것이다.

"상실의 고통을 견뎌내는 것은 그다지 특별한 능력이 아니다. 오히려, 역경 속에서도 번영해온 인류의 좀더 보편적인 능력의 한 예인

지도 모른다.……우리가 상실에 잘 대처하는 것은 그럴 수 있도록 돕는 일련의 선천적인 심리 과정이 마치 내부 설계라도 된 것처럼 갖추어져 있기 때문이다."[33]

보나노는 그렇게 원 상태로 돌아가는 걸 가리켜 resilience라고 했다. 우리말로 탄력성, 회복 탄력성, 심리적 건강성, 절대 회복력, 탄성력 등으로 번역되는 개념인데, 여기선 회복 탄력성으로 쓰기로 하자. 휘었던 대나무가 되튕겨 일어나듯, 눌렸던 용수철이 금방 튀어오르듯, 슬픔과 고통에서 신속하게 벗어나 삶의 페이스를 되찾는 모습을 개념화한 것으로 이해하면 되겠다.[34] 하버드대학 의대 교수 조지 베일런트George E. Vaillant는 『행복의 조건Aging Well』(2002)에서 다음과 같이 말한다.

"회복 탄력성을 지닌 사람은 신선하고 푸른 고갱이를 지닌 나뭇가지에 비유할 수 있다. 그런 나뭇가지는 휘어져 모양이 변형되더라도, 힘없이 부러지는 일 없이 금세 다시 제 모습을 찾아 계속 성장한다. 유전자와 환경은 모두 회복 탄력성에 중대한 영향을 끼친다. 우리는 사랑하는 친구들과 교제하면서 유머 감각이나 이타주의와 같은 적응적 방어기제를 발전시킨다. 그러나 다른 사람의 마음을 끄는 능력은 많은 부분 유전적으로 물려받은 능력, 즉 타고난 성격이나 외모에 좌우될 때가 많다."[35]

미국 심리학회는 회복 탄력성의 특성을 다음 4가지로 요약했다. 첫째, 현실적인 계획을 세워 한 걸음씩 수행해나가는 힘(목적성과 인내심). 둘째, 자신의 강점과 능력에 대한 긍정적이고 낙관적인 태도와 확신(경험 중시). 셋째, 의사소통과 문제 해결의 기술(관계의 기술). 넷째,

감정에 대한 이해와 조절 능력(평정심).[36]

회복 탄력성을 예찬하는 사람들 사이에선 회복 탄력성의 계발 가능성에 대한 온도 차이가 있다. 보나노는 회복 탄력성이 인간의 본성에 가깝기 때문에 슬픔을 견뎌내기 위해 인위적 노력을 가하는 것은 오히려 해로울 수 있다고 주장한다. 비탄에 잠긴 사람은 그냥 내버려두는 게 상책이라는 것이다. 『사이언티픽 아메리칸』 2011년 3월호에 따르면, 미국 육군이 100만 명 이상의 병사와 가족들을 대상으로 회복 탄력성 능력을 향상시키는 '사상 최대의 심리학적 실험'을 추진 중인 것과 관련, 보나노는 회복 탄력성이 본성이므로 육군의 계획은 도움이 되기는커녕 부작용만 일으킬지 모른다고 비판했다. 물론 그의 주장은 논란을 불러일으켰다.[37]

반면 계발 가능성에 무게를 두는 이도 많다. 예컨대, 연세대학교 언론홍보영상학부 교수 김주환은 회복 탄력성은 '마음의 근력'과 같다고 말한다. "몸이 힘을 발휘하려면 강한 근육이 필요한 것처럼, 마음이 강한 힘을 발휘하기 위해서는 튼튼한 마음의 근육이 필요하다. 심리학자들에 의하면 마음의 힘은 일종의 '근육'과도 같아서 사람마다 제한된 능력을 갖고 있으며, 견뎌낼 수 있는 무게도 정해져 있다. 그러나 마음의 근육이 견뎌낼 수 있는 무게는 훈련에 의해 얼마든지 키울 수 있다."[38]

미국의 혁신 전문가 톰 켈리Tom Kelley와 데이비드 켈리David Kelley는 『유쾌한 크리에이티브: 어떻게 창조적 자신감을 이끌어낼 것인가 Creative Confidence: Unleashing the Creative Potential Within Us All』(2013)에서 "회복 탄력성이 뛰어난 사람들인 동시에 문제 해결력이 뛰어난 사람들은 누구보다도 도움을 잘 청하며 그 결과 강력한 사회적 지원을 얻어내고 동료, 가족, 친구들과도 좋은 유대관계를 유지한다"며 다음과 같이 말한다.

"회복 탄력성은 종종 단독으로 발휘되는 것처럼 여겨지기도 한다. 이를테면 외로운 영웅이 쓰러졌다가 다시 일어나 승리한다는 식으로 말이다. 그러나 실제로는 다른 사람들에게 손을 뻗치는 것이야말로 확실한 성공 전략이 된다. 그건 결코 자신의 나약함에 대한 인정이 아니다. 단지 우리는 힘들고 불리한 상황에서 다시 뛰어오르기 위해 다른 사람들의 도움이 필요할 뿐이다."[39]

회복 탄력성을 키우기 위해 스트레스는 피하는 게 상책인가? 그래서 휴가를 즐긴다거나 여행을 떠나는 것이 좋은 방법인가? 이에 대해 올리버 버크먼Oliver Burkeman은 『행복 중독자: 사람들은 왜 돈, 성공, 관계에 목숨을 거는가HELP!: How to Become Slightly Happier and Get a Bit More Done』(2011)에서 "일시적으로 상황을 피하려 하기보다는 차라리 근본적인 대응책을 마련하는 것이 더 현명하지 않을까?"라는 질문을 던진다.

"회복 탄력성에 대해 연구하는 심리학자들이 추구하는 것이 바로 이 질문에 대한 답이다. 다른 심리학자들이 스트레스는 참을 수 없는 것이라고 부정적으로 평가하는 반면, 회복 탄력성을 연구하는 심리학자들은 스트레스를 직시하며, 더 나은 발전을 이룩하게 해주는 긍정적인 요소, 즉 회복 탄력성을 제공해주는 요소라고 평가한다."[40]

회복 탄력성은 나이가 좀 들어야 발휘될 수 있는 것이기 때문에 10대들에게 과도한 경쟁을 요구하는 것은 매우 부정적인 영향을 끼칠 수 있다. 이와 관련, 영국 바스대학Bath University의 체육 감독인 스티븐

배들리Stephen Baddeley는 "저는 스포츠 정신을 열렬히 믿는 사람입니다. 그렇지 않았다면 지금 이 자리에 있지도 않았겠죠. 하지만 엘리트 스포츠는 일반 스포츠와는 다릅니다. 그것은 아이들에게 육체적으로 해롭습니다"라면서 다음과 같이 말한다.

"자기 몸을 극한으로 밀어붙이기 때문에 고장이 날 수밖에 없어요. 몸이 고장 나지 않는다면 운동을 열심히 하지 않는다는 의미이고요.……10대의 경우에는 실패에 대처할 수 있는 정서적 회복 탄력성emotional resilience을 가진 선수가 극소수입니다. 운동하는 10대들이 나쁜 행동에 빠져드는 이유가 많은 것도 다 그 때문이죠."[41]

10대의 나이에 살인적인 입시 경쟁에 내몰리는 한국의 학생들을 생각해보자면 이는 심각하게 생각해야 할 문제다. 패자부활전이 없거나 희소한 사회는 의도적으로 회복 탄력성을 억압하는 사회가 아닐까? 빈곤의 나락으로 떨어진 사람에게 재기할 기회는 있는가? 이런 물음과 관련, 사회적 차원의 회복 탄력성을 생각해볼 수 있겠다.

어떤 사회에 재난이 닥쳤을 때 자기가 먼저 살기 위해 도망치고 싸우는 아비규환阿鼻叫喚이 벌어지기도 하지만 서로 돕고 연합하는 상황이 전개될 수도 있다. 이 후자의 태도가 바로 '집단 탄력성collective resilience'이다.[42] 평상시 전 사회적 차원에서 집단 탄력성을 키우기 위해선 신뢰 등과 같은 '사회적 자본'이 튼튼해야 한다.

연세대학교 사회학과 교수 김호기는 "개인 심리 영역에서뿐만 아니라 사회구조 차원에도 회복 탄력성은 존재한다"며 이렇게 말한다. "문제는 언제부턴가 사회적 상처들을 치유할 수 있는 우리 사회의 회복 탄력성이 갈수록 줄어들고, 그 탄력성이 발휘되기 어려운 임계점으로 다가가고 있다는 점이다. 제대로 된 해법을 찾지 못하는 청년 실업, 비정규직, 소득 양극화, 노인 빈곤 문제 등은 구체적인 증거들이다."[43]

그러나 회복 탄력성 연구는 거의 개인적 차원에 머물러 있다. 브래드 에번스Brad Evans와 줄리언 리드Julian Reid가 『회복 탄력적인 삶: 위험하게 사는 법Resilient Life: The Art of Living Dangerously』(2014)에서 회복 탄력성 개념을 비판하는 것도 바로 그런 이유 때문이다. 이들은 회복 탄력성 마케팅이 정부의 책임을 외면하게 만들면서 모든 고통을 개인적으로 해결하게끔 만든다고 꼬집는다.[44]

생각해보면 흥미로운 일이다. 개인 차원에선 자신의 회복 탄력성을 기르기 위한 노력이 치열하게 전개되고 있고, 이와 관련된 자기계발 산업은 날로 그 규모를 더해가고 있는 반면, 사회적 차원의 회복 탄력성은 날이 갈수록 약화되어가고 있으니 말이다. 미국에서 자기계발 산업이 2000년 이래로 매년 10퍼센트씩 꾸준히 성장하여 10년 만에 그 규모가 80억 달러에 이른 것도 그런 추세를 말해주는 게 아닐까?[45] 이런 '책임의 개인화' 현상에 브레이크를 걸거나 그걸 보완하기 위해서라도 사회적 회복 탄력성을 높이는 정책적 개입이 있어야 할 것 같다.

25

왜 아이의
'머리'보다는 '끈기'를 칭찬해야 하는가?

그릿

"초등학교 때 학습능력 장애를 의심받던 아이가 있었다. 구구단은커 녕 덧셈도 어려워했고, 뭐든지 늦돼 부모 마음을 졸였다. 6학년 땐 무 작정 몇 주씩 등교를 거부했고, 중학교에 올라가선 '더는 공부 안 하 겠다'는 '폭탄선언'을 하기도 했다. 성적은 290명 중 230등. 그로부터 5년 후 이 아이는 서울대 경영학과에 입학했다. 2013학년도 대입 수 능에서 언어·수리·외국어를 포함한 다섯 과목 만점을 받은 김선유 (19) 양이다. 김 양의 뒤에는 '열혈 아빠' 김주환 연세대 언론홍보영상 학부 교수(49)가 있었다. 김 교수는 공부 못하는 딸을 위해 '공부 비 법'을 연구해 딸에게 전수했다. 그런데 김 교수의 공부 비법엔 공부에 대한 내용이 없다. '노력하면 지능이 성장한다는 믿음을 준다', '머리

좋다는 칭찬보다는 끈기를 칭찬한다', '자신을 되돌아보는 습관을 기른다', '점수가 아니라 계획을 완수하는 과정을 중시한다', '유산소운동과 매일 15분 이상 명상을 시킨다'는 등의 내용뿐이다."[46]

김주환은 자신의 그런 경험을 근거로 2013년 11월 『그릿: 잠재력을 실력으로, 실력을 성적으로, 결과로 증명하는 공부법』이란 책을 출간했다. 물론 이 책은 베스트셀러가 되었고, '그릿grit'이란 개념을 대중화하는 데에 큰 기여를 했다. grit은 근성, 뚝심, 투지, 기개, 용기 등으로 번역되기도 하는데, 김주환은 모두 그릿이라는 말의 원래 의미를 담아내지는 못해 '그릿'으로 부르기로 했다고 한다. 그는 그릿을 다음과 같이 정의한다.

"그릿은 자신이 세운 목표를 위해 열정을 갖고 온갖 어려움을 극복하며 지속적인 노력을 기울일 수 있는 마음의 근력이다. 그릿은 스스로에게 동기와 에너지를 부여할 수 있는 힘, 즉 '자기동기력'과 목표를 향해 끈기 있게 전진할 수 있도록 스스로를 조절하는 힘, 즉 '자기조절력'으로 이루어진다."[47]

그릿을 갖추기 위해 필요한 것은 무엇일까?

"스스로 노력하면 더 잘할 수 있으리라는 능력 성장의 믿음Growth Mindset, 역경과 어려움을 오히려 도약의 발판으로 삼는 회복 탄력성Resilience, 자기가 하는 일 자체가 재미있고 좋아서 하는 내재 동기Intrinsic Motivation, 목표를 향해 불굴의 의지로 끊임없이 도전하는 끈기Tenacity 등이다. 이 네 가지 요소의 앞 글자를 따면 역시 그릿G.R.I.T이 된다."[48]

그릿 개념의 저작권자인 미국 심리학자 앤절라 덕워스Angela

Duckworth는 그릿을 '장기적인 목표를 향해 열정과 끈기를 갖고 나아가는 것'으로 정의한다. 그녀의 연구에 따르면 재능과 적성을 떠나 그릿이 있는 사람들은 흥미와 관심, 동기 덕분에 더 높은 성취를 이룬다. 아이비리그대학 학생들의 성적에 가장 큰 영향을 미치는 것도 지능이나 다른 요인이 아니라 그릿이며, 영업사원들의 영업 실적과 근속연한을 결정짓는 가장 중요한 요인 역시 지능이나 유연성, 외향성 등의 성향이 아니라 그릿이라는 것이다.[49]

미국 군사학교에서 12년 동안 행동과학과 리더십 관련 연구를 이끈 심리학자 톰 콜디츠Tom Kolditz도 "그릿은 말할 수 없이 중요하다"고 말한다. 육군 장교가 핵심 지휘관으로 진급하는 비율은 평균 12퍼센트지만, 그릿을 근거로 후보를 선택한 콜디츠의 전 부하들은 그 비율이 75퍼센트에 달했다고 한다.

저널리스트 조지 앤더스George Anders 역시 『진귀한 발견The Rare Find: Spotting Extraordinary Talent Before Anyone Else』(2011)에서 이렇게 말한다. "동기를 대수롭지 않게 여겨서는 안 된다. 물론 타고난 재능도 중요하다. 그러나 기본 요건을 갖춘 방대한 후보군이 있을 경우 그들이 자신의 잠재력을 발휘할 가능성을 예측하는 가장 중요한 요소는 그릿이다."[50]

저널리스트 폴 터프Paul Tough는 학교 교육, 빈곤 퇴치, 영유아 양육 분야를 10년 동안 취재한 끝에 출간한 『아이는 어떻게 성공하는가How Children Succeed: Grit, Curiosity, and the Hidden Power of Character』(2012)에서 이른바 '성격 강점character strengths'의 중요성을 강조한다.

터프는 "집안이 가난해도 스트레스를 조절하고 성격 강점이 높은 아이들은 성공적 삶을 살아간다는 사실을 알게 됐다"며 24개 성격 강점 가운데 삶의 만족도와 고도의 성과를 예측할 수 있는 7가지 강점을 소개했다. 그릿, 자제력, 열정, 사회지능, 감사하는 마음, 낙관적 성격, 호기심이 바로 그것이다.

이 7가지 강점은 뉴욕에서 저소득층 학생이 주로 다니는 케이아이피피KIPP 아카데미 중학교와 고급 사립 중학교인 리버데일의 두 교장이 펜실베이니아대학 심리학자들과의 장기간 협업을 통해 '아이들의 성공을 위한 핵심 성격 강점'으로 추린 것이다. KIPP는 'Knowledge Is Power Program(아는 것이 힘이다 프로그램)'의 약자인데, KIPP 학생들은 1999년에 실시된 뉴욕시 중학교 졸업반 수능 시험에서 우수한 성적을 보여 『뉴욕타임스』의 1면을 장식하는 등 큰 화제가 되었다.

터프는 "미국 교육계에서는 성격 교육을 확장하고 재정의하려는 사람들이 늘고 있다. 비인지 능력을 분석하고, 측정하고, 계발하기 위한 혁신적인 방법을 고안해내는 연구자들도 많다. 현재 미 전역에서 흥미진진한 실험이 이뤄지고 있다"며 다음과 같이 말한다.

"많은 사람들은 성격이 타고난 특질이며 절대로 변하지 않는 것으로 믿어요. 그러나 성격 강점은 환경에 상당한 영향을 받습니다. 어렸을 적에는 부모의 따뜻한 보살핌이 필요하고, 청소년기에는 교육기관에서 이에 관한 훈련을 받으면 때로는 드라마틱한 변화를 경험할 수 있어요. 성격 강점은 이처럼 아이들이 계발하고, 연습하고, 개선할 수 있다는 사실을 먼저 인지해야 합니다."[51]

김주환은 성격 강점을 키우려면 평소 아이들에게 "나는 할 수 있고 더 잘할 수 있다"는 능력 성장 믿음과 긍정적 정서를 갖게 하고, 자율성을 부여해야 한다고 강조한다. 아이들에게 능력 성장 믿음을 키워주려면 지능이나 결과가 아니라 아이들의 노력과 과정을 칭찬해주어야 한다는 것이다. "어릴 때부터 아이가 배워야 할 것은 자기가 하고자 마음먹은 일은 스스로 해낼 수 있는 의지력과 노력 자체의 즐거움이에요. 어렸을 때부터 부모가 공부를 강제로 시키면 아이들에게는 자율성이 생겨나지 않습니다. 자율성이 있어야 내재 동기가 생겨나고, 내재 동기가 있어야 어떤 것을 끝까지 성취해내는 그릿이 생깁니다."[52]

모두 다 고개가 끄덕여지는 옳은 말이긴 한데, 그렇게 할 수 있는 능력이나 그릿을 가진 부모가 얼마나 될까 하는 생각이 든다. 그런 점에서 보자면 그릿 역시 유전이나 세습의 산물에 더 가까운 것으로 볼 수도 있겠지만, 끈기 앞엔 장사 없다고 하니 그릿을 키우기 위해 최선을 다해보는 것도 좋을 것 같다.

혹 인생관의 문제일 수도 있겠다. 덕워스는 "그릿이란 목표를 향해 오래 나아갈 수 있는 열정과 끈기"라며 "해가 뜨나 해가 지나 꿈과 미래를 물고 늘어지는 거예요. 일주일, 한 달이 아니라 몇 년에 걸쳐 꿈을 실현하기 위해 열심히 노력하는 겁니다. 삶을 단거리경주가 아닌 마라톤처럼 사는 겁니다"라고 말한다.[53] 그런 삶의 자세도 좋겠지만, 때론 포기도 미덕이 될 수 있는 게 아닐까?

제6장

공감
과
불감

26

왜 상대방과
입장을 바꿔 생각하는 게 어려운가?

무지의 장막

"내게 그런 핑계 대지 마 입장 바꿔 생각을 해봐. 니가 지금 나라면 넌 웃을 수 있니."

가수 김건모는 〈핑계〉(1993)에서 이렇게 절규했지만, 절규는 어디까지나 절규일 뿐이다. 사람들은 좀처럼 입장을 바꿔 생각하지 않으려 하기 때문이다. 그럼에도 입장을 바꿔 생각하는 게 꼭 필요하다고 말하는 이가 많다. 특히 지식인들이 그런다.

미국 철학자 존 롤스John Rawls, 1921-2002는 어떤 갈등 상황에서 무엇이 공평한지를 평가할 때는 '무지의 장막veil of ignorance' 속으로 들어가보라고 권한다. 자신의 입장이나 역할을 배제한 채 무엇이 공평하다고 생각하는지를 상상해보라는 의미다.[1]

veil of ignorance는 롤스가 1971년에 출간한 『정의론A Theory of Justice』에서 제시한 개념으로 우리말로는 주로 '무지의 장막'이나 '무지의 베일'로 번역해 쓴다. 인간 존재들이 가치 면에서 서로 같다고 가정한 롤스는 무지의 장막이 전제된 '원초적 입장original position'하에서 합의되는 일련의 법칙이 정의의 원칙이 되어야 한다고 주장한다. 무지의 장막이 쳐진 상태에서 사람들은 자신의 능력, 재산, 신분, 성gender 등의 사회적 조건을 알 수 없다. 롤스는 그런 상황에서 사람들이 어떤 계층에 특별히 유리하거나 불리하지 않도록 조화로운 사회계약을 체결할 것이라고 보았다.[2]

무지의 장막 개념은 이른바 '숙의 민주주의deliberative democracy'의 이론적 토대이기도 하다. 숙의 민주주의는 기존의 대의 민주주의representative democracy가 비교적 결과 중심인데 비해 과정과 결과를 모두 중시하는 민주주의로 정당성을 토의 절차의 여부에서 찾는다는 점에서 '토의 민주주의', '심의 민주주의', '논의 민주주의'라고도 한다.[3] 김비환은 심의 민주주의는 중요한 정치적 논의들이 자유롭고 평등한 개인들 사이의 협력 관계에 적합한 이성에 호소될 뿐만 아니라, 집단적 권력을 행사할 권한을 그와 같은 합리적 논의에서 부여받는 정치 사회를 의미한다며 다음과 같이 말한다.

"롤스의 정의 이론에서는 정의관 자체가 심의 민주주의의 기본적 조건과 틀 속에서 구성되었다고 해도 무리가 없다. 롤스의 정의 원칙들은 심의 민주주의가 작동할 수 있는 공정하고 평등한 절차적 조건 속에서 계약 당사자들이 자유로운 이성의 공동 행사를 통해 도달한 결과물이다. 따라서 그 결과물로서의 정의관은 우선적으로 이상적인 민주사회의 존재 방식에 맞도록 구성될 수밖에 없고, 시민들의 이성에 호소하는 다양한 합리적 이유들에 대한 공적인 심의를 통해 합의되어야 한다."[4]

그런 이상의 실천은 가능한가? 가이 스탠딩Guy Standing은 이런 의문을 제기한다. "숙의 민주주의는 적극적 참가를 요구하며, 적극적 참가는 방송용으로 적절하게 압축된 어구들이나 진부한 말들을 먹고사는 주의가 산만한 사람에게는 불가능하다. 숙의 민주주의는 논쟁, 시선의 마주침, 몸짓 언어, 경청, 재고를 요구한다."[5]

제임스 서로위키James Surowiecki, 1967-도 '심의 민주주의'가 "국민의 시민의식에 지나치게 비중을 둔 비현실적인 개념이고, 심의라는 것이 어떤 마술이라도 되는 양 생각한 듯하다"고 말한다. "설사 국민들이 복잡한 정치 토론을 이해할 수 있을 만큼 똑똑하다고 가정하더라도 그들이 진정 그럴 만한 인내심과 에너지가 있으며 오늘은 정치 토론하는 날이니 아무 일도 하지 말라는 소리를 듣고 싶어 하는지는 모를 일이다."[6]

숙의 민주주의가 작동하기 위해선 더욱 근본적인 전제가 있다. 무지의 장막이 작동하기 위해선 합리적 이기심을 갖춘, 즉 자신의 이해관계에 민감하면서도 얼마간의 '정의감'은 갖춘 그런 도덕적 개인이 필요하다. 그런 도덕적 개인은 얼마나 될까? 마이클 샌델Michael J. Sandel은 그런 개인은 아무런 연고나 소속감이 없는 '무연고적 자아the unencumbered self'여야 할 텐데, 그런 사람이 현실 세계에서 가능하겠느냐고 반문한다. 즉, 롤스의 분배 정의론은 그것이 전제해야만 하는 가장 결정적인 지반이라고 할 수 있는 '공동체'를 빠뜨리고 있기 때문에

성립될 수 없다는 것이다.[7]

'무연고적 자아'에서 연고는 우리 인간이 어떤 식으로든 이 세상에 발을 붙여야 한다는 의미다.[8] 이양수는 "어려운 말로 삶의 가치와 어떤 관계도 갖지 않는다는 원초적 입장의 '무연고적 자아'는 구체적인 삶의 궤적에서 자신의 도덕적 능력을 통해 삶의 가치를 실현하는 정치적 과정을 무시한다. 따라서 무연고적 자아는 가장 비정치적인 것이다"며 다음과 같이 말한다.

"참다운 정치적 행위자는 자신의 삶의 가치를 공동체에 실현하려는 사람이다. 이런 의미에서 정치적 행위자는 자신의 삶의 가치를 사회계약이라는 장치를 통해 유리시켜 정의의 원칙을 이끌어내는 사람이 아니라, 공동체의 가치에 얽매이면서도 자신의 고유의 도덕적 능력을 자신의 삶의 실현을 위해 활용하는 자질을 갖춘 사람이어야 한다. 따라서 정치적 행위자는 특정의 공동체에 연고를 둔 자아일 수밖에 없다."[9]

무지의 장막은 계급 문제도 넘어서기 어렵다. 예컨대, 자동차 사고로 야기되는 문제와 시장 개방으로 야기되는 문제를 비교해보자. 자동차 사고는 누가 사고를 당할지 알 수 없기 때문에 모든 당사자가 위험에 대비하는 집단적인 노력을 적극적으로 지지한다. 반면 시장 개방으로 인한 저임금과 실업은 모든 사람에게 똑같이 해당되는 게 아니다. 이런 사례를 제시한 진 스펄링Gene Sperling은 "지역사회 전체가 일자리 상실 탓에 나락으로 떨어지고 있다는 가슴 아픈 기사는 대부분의 미국 중산층의 생활과는 동떨어진 곳에서 일어나는 이야기일 뿐이다"며 다음과 같이 말한다.

"급속한 세계화와 기술 변화가 점점 더 나은 직업군을 해직 내지는 임금 저하로 몰고 가는 가운데 롤스의 베일은 차츰 더 많은 미국인을 감쌌다. 글로벌 경쟁에 대한 불안이 갑자기 자동차 사고와 닮은꼴이 된 것이다. 위험에 처한 사람들과 나는 다르다고 확신할 수 있는 미국인은 점점 적어지고 있다."[10]

물론 스펄링은 실업 문제에선 무지의 장막이 작동하는 범위가 넓어지고 있다는 주장을 하기 위해 한 말이지만, 무지의 장막이 계급이나 계층에 따라 큰 편차를 보인다는 건 분명한 사실이다. 그러한 편차는 이미 출생 전부터 결정되는 게 아니냐는, 더욱 비관적인 주장도 있다.

핀란드 헬싱키대학의 민나 후오티라이넨Minna Huotilainen 교수 팀은 태아에게 하루 15분 정도 특정 소리를 변형시켜가며 듣게 했다. 출생 후 다른 아이들과 비교한 결과, 출생 전 청각 트레이닝을 받은 아이들의 뇌가 훨씬 더 활발하게 반응하는 것으로 나타났다. 김대식은 "이 연구의 핵심은 매우 섬세한 환경적 변화마저도 발달하는 뇌에 큰 영향을 미친다는 사실이다. 아니, 어쩌면 '소리의 변화' 같은 미세한 환경적 조건이 발달하는 뇌의 구조 그 자체를 좌우할 수도 있다"며 다음과 같이 말한다.

"헬싱키대학의 연구진은 출생 전 청각 트레이닝을 통해 언어장애 같은 문제를 해결할 수 있지 않을까 하는 희망적 기대를 제시했다. 하지만 반대로 비관적 해석도 해볼 수 있다. 우리 뇌의 선호도 그 자체가 태어나기 전 부모의 경제적 조건과 우리가 태어날 나라의 환경적 상황을 통해 이미 정해질 수 있지 않을까. 결국 롤스가 말하는 '미지의 베일'은 불가능하며, 우리는 태어나는 그 순간부터 각자 불평등하게 다른 베일을 머리에 쓰고 세상을 인식하게 되는 셈이다."[11]

그래서 우리는 정의를 포기해야 하는 건가? 그건 아니다. 롤스가 『정치적 자유주의Political Liberalism』(1993)에서 잘 지적했듯이, "갈등의 골이 깊으면 깊을수록 그 근원에 대한 명확한 이해를 위해 추상화의 수준을 높여야 한다".[12] 그래야 최소한의 소통이라도 가능해지니까 말이다. 그러니 롤스의 이론이 구체적 현실과 잘 들어맞지 않는다고 타박할 일은 아니다. 그런 점에서 본다면, 성공의 확률은 낮을망정 이해당사자들에게 입장 바꿔 생각해보자고 말하는 게 결코 부질없는 일은 아니다.

27

왜 한국은
'불감사회'가 되었는가?

의도적 눈감기

"처음에 그들은 공산주의자들을 잡으러 왔습니다. 저는 공산주의자가 아니었고, 그래서 아무 말도 하지 않았습니다. 그다음에 그들은 사회민주주의자들을 잡으러 왔습니다. 저는 사회민주주의자가 아니었기 때문에 아무 행동도 취하지 않았습니다. 그러고 나자 그들은 노동조합 운동가들을 잡으러 왔습니다. 저는 노동조합 운동가가 아니었습니다. 그리고 그들은 유대인을 잡으러 왔습니다. 저는 유대인이 아니었습니다. 그래서 아무 일도 하지 않았습니다. 그러자 그들은 저를 잡으러 왔습니다. 그때에는 저를 지켜줄 만한 사람들이 아무도 남아 있지 않았습니다."[13]

　나치의 종교 정책에 저항하다가 1937~1945년 집단수용소에 수용되었던 독일 신학자 마르틴 니묄러Martin Niemöller, 1892-1984가 1968년 10월 14일 독일 의회 연설에서 한 말이다. 이건 다른 나라, 먼 옛날의 이야기일 뿐일까? 그렇진 않은 것 같다. 지금 우리 사회엔 "나는 불의를 고발했다. 그러나 정작 싸움의 상대는 불감사회였다"는 절규가 외쳐지고 있다. 참여연대 공익제보지원단이 기획하고 이 지원단의 실행위원 신광식이 지은 『불감사회: 9인의 공익제보자가 겪은 사회적 스트레스』라는 책은 읽기에 고통스럽다. 공익제보자들이 겪은 고통이 가슴 아파 고통스러운 점도 있지만, 더욱 고통스러운 건 대다수 선량한 사람들이 그 공익제보자들이 겪은 고통의 가해자일 수 있다는, 아니 가해자라는 사실 때문이다.

'추천의 글'을 쓴 공익제보단장 김창준이 지적한 "한국 사회 특유의 이중 잣대와 위선, 조직문화의 폭력성, 저급한 의리 의식, 절대 권력에 굴종하는 비열한 인간군상 등 한국 사회의 모순"에서 자유로운 사람이 과연 얼마나 있을까?[14] 평소엔 모든 사람이 그 모순을 키우는 데에 직·간접적으로 일조해놓고 막상 자신이 피해자가 되거나 불이익을 당할 경우에 한해서 울분을 터뜨리며 이 사회에 정의가 있느냐고 묻는 일은 그 얼마나 흔한가.

사회정의는 물론 그걸 실천하려던 사람들이 겪는 고통을 느끼지 못하는 불감不感이 일어나는 것은 이른바 '의도적 눈감기willful blindness' 때문이다.[15] 마거릿 헤퍼넌Margaret Heffernan은 『의도적 눈감기: 비겁한 뇌와 어떻게 함께 살 것인가Willful Blindness: Why We Ignore the Obvious at Our Peril』(2011)에서 우리 인간은 '마주하기에는 너무나 고통스럽고 두려운 진실'을 회피하는 성향이 있다고 말한다.

"인정하고 논쟁하며 행동으로 변화시켜야 할 불편한 진실을 거부하면서 우리는 문제를 키운다. 수많은 사람들, 아니 어쩌면 대부분의 사람들이 저지르는 오류는 아무도 볼 수 없게 진실을 감추고 덮어두는 것이 아니라, 너무나 빤히 보이는데도 불구하고 어느 누구도 들여다보거나 캐묻지 않는 것이다.……복종하고 순응하려는 무의식적인 충동은 우리의 방패가 되고 군중은 우리의 타성에 친절한 알리바이가 되어준다. 돈은 심지어 우리의 양심까지도 눈멀게 한다."[16]

낮은 단계의 의도적 눈감기는 우리의 일상적 삶에서도 자주 발생하는데, 이를 가리켜 '타조 효과ostrich effect'라고 한다. 타조 효과는 객관적으로 존재하는 위험 정보를 일부러 무시하며 실제로 없는 듯이 왜곡하는 것을 말한다. 모래 속에 머리를 파묻으면 위험이 사라진다고 여기는 타조처럼 위험 정보를 아예 차단함으로써 문제를 해결하려는 현상이다. 또한 정보를 차단하여 위기에 적절히 대처하지 못하는 현상을 지칭하기도 한다.

에루살렘 히브루대학의 댄 갈라이Dan Galai와 올리 사드Orly Sade의 2006년 연구에 따르면 사람은 자신이 손해 볼 것이라는 정보를 회피하는 경향이 강했다. 이들은 채권 투자에서 수익률이 차이 나는 이유를 채권 만기가 되기 전 잠재적 손실에 대한 정보를 피하거나 받아들이는 방식에서 찾았다. 미국 카네기멜런대학 교수 조지 뢰벤스타인George Lowenstein 등의 2009년 연구에서도 비슷한 결과가 나타났다. 사람들이 자신의 재무 상태를 확인하는 정도는 경기가 나쁠 때 평소에 비해 50~80퍼센트 적은 것으로 나타났다.[17]

타조가 적이 나타나면 모래 속에 머리를 숨긴다는 속설은 "bury

one's head in the sand(현실을 회피하다, 모르는 체하다)"라는 영어 표현까지 낳게 했는데, 사실 이는 잘못된 속설이다. 타조는 모래 속에서 먹을 수 있는 씨앗을 찾거나 소화를 위해 모래를 먹기도 하는 것일 뿐이기 때문이다.[18]

그럼에도 이 표현은 잘못된 속설을 전제로 하여 계속 쓰이고 있고, 급기야 ostrich effect와 더불어 ostrich generation(타조 세대)이라는 신조어까지 탄생시켰다. 타조 세대는 형편이 어렵다 보니 아예 현실을 회피해버리고, 노후에 대비하기보다 자포자기해버리는 젊은 이들을 가리키는 말이다.[19]

최창호는 "타조 사고를 하는 사람들은 자신과 타인의 경계가 모호하기 때문에, '자신이 그러하므로 상대방도 그럴 것이다'라고 지레짐작하는 오류를 많이 범한다. 바로 이러한 오류 때문에 눈 가리고 아웅 하는 식의 사고와 행동이 나타나는 것이다"고 말한다.[20]

전쟁터에선 병사들이 위험을 피하지 않고 계속해서 직시해야만 그것을 견딜 수 있는데, 이를 가리켜 '역 타조 증후군reverse ostrich syndrome'이라고 한다. 이와 관련, 데이브 그로스먼Dave Grossman은 『살인의 심리학On Killing: The Psycological Cost of Learning to Kill in War and Society』(2009)에서 "착검 돌격으로 인해 한편의 군인들이 등을 보이며 달아날 때가 돼서야 비로소 살인은 본격화된다. 본능적으로, 군인들은 이러한 사실을 알고 있고, 따라서 자신이 적에게 등을 보여야 할 때 주체할 수 없을 정도로 큰 공포에 휩싸이게 된다"며 여기엔 2가지 요인이 작용하고 있다고 말한다.

"첫 번째 요인은 추격 본능이다. 평생 동안 개를 훈련시키고 군견과 더불어 일하면서, 나는 동물에게서 도망치는 것이 최악의 결과를 낳는다는 사실을 알게 되었다.……대부분의 동물들에게는 추격 본능이 있어서 훈련을 잘 받은 온순한 개들조차 본능적으로 달아나는 상대를 쫓아가 덮쳐버린다. 등을 보이고 있다면, 당신은 위험에 빠져 있는 것이다. 마찬가지로, 인간에게도 추적 본능이 있어서 도망치는 적군을 죽이는 데는 거부감을 느끼지 않게 되는 것처럼 보인다. 등을 보인 병사를 별다른 주저 없이 살인하게 되는 두 번째 요인은 얼굴을 보지 못하게 되면 물리적으로 아주 가까운 거리라 하더라도 이를 잘 실감하지 못한다는 데 있다.……등 뒤에서 총을 쏘거나 등 뒤에서 비수를 꽂는 행위를 비겁한 짓으로 여기는 우리의 문화적 태도는 이러한 과정에 대한 본능적 이해에 바탕을 깔고 있는 것으로 보이고, 군인들 또한 등을 보일 때 적에게 살해당할 가능성이 훨씬 더 높다는 것을 본능적으로 이해하고 있는 것으로 보인다."[21]

어떻게 해야 의도적 눈감기를 넘어설 수 있을까? 헤퍼넌은 "우리가 할 수 있는 일은 질문을 던지는 것이다"고 말한다. "알지 않겠다고 결정을 내릴 때 우리는 스스로를 무력하게 만든다. 그러나 보겠다고 주장할 때는 우리 스스로에게 희망이 생긴다.……모든 지혜가 그렇듯, 보는 것은 단순한 질문으로 시작된다. 내가 알 수 있고, 알아야 함에도 알지 못하는 것이 무엇인가? 지금 여기서 내가 놓친 것이 무엇인가?"[22]

의도적 눈감기의 가장 심각한 문제는 그것이 노동력의 분화로 인해 일상적 삶의 한 패턴으로 고착화되고 있다는 점이다. 권리를 행사하는 데엔 매우 적극적이지만 책임은 한사코 피하려 드는 이른바 '칸막이 현상'이 심한 한국과 같은 사회에서 의도적 눈감기는 더욱 기승을 부린다. 이런 경우엔 혜퍼넌의 해법은 통하기 어렵다. 강한 의도를 갖고 눈을 감는 사람들에게 질문을 던질 뜻이 있을 리 만무하다. 왕성하게 질문을 던지는 사람들, 즉 공익제보자(내부고발자)들을 보호해주는 법부터 제대로 만들어야 하는 게 아닐까?

28

왜 일부 사람들은 '세월호 참사'에 냉담한 반응을 보였을까?

공포 관리 이론

우리 인간은 언젠간 죽게 되어 있다. 누구나 다 아는 사실이다. 그러나 평소 삶에서 죽음을 얼마나 의식하고 사는가 하는 것은 별개의 문제다. 죽음을 많이 의식할수록 우리 인간은 평소 소중히 여기던 것들, 예컨대 관습 등과 같은 공동체 문화에 대한 집착이나 준수 의식에서 자유로워질까? 얼른 생각하면 그럴 것 같다. 영원하지 않은 삶이라는 걸 절감하는 상황에서 삶의 규칙이나 질서 따위가 무어 그리 중요하단 말인가. 그런데 심리학자들의 실험 결과는 전혀 다른 이야기를 들려준다.

미국 애리조나주 투손Tucson의 지방법원 판사 22명을 대상으로 진행된 실험에서 절반은 사전에 '언젠가 자신도 죽는다는 사실'에 대한

느낌을 묻는 설문에 응답한 후, 그리고 나머지 절반은 그런 설문조사 없이, 매춘으로 기소된 피고에 대해 보석 허가를 내주면서 보석금을 책정하도록 했다. 결과는 놀라웠다. 설문조사에 응답함으로써 사전에 죽음을 연상한 절반은 그렇지 않은 판사들보다 평균 9배나 높은 보석금(455달러 대 50달러)을 책정했다.[23]

왜 그랬을까? 이걸 설명하는 이론을 가리켜 '공포 관리 이론terror management theory'이라고 한다. 연구자들은 줄여서 TMT라고 즐겨 쓴다. 공포 관리 이론의 기본적인 명제는 사람들은 자신의 유한성mortality을 떠올릴수록 공유하는 세계관에 매달림으로써 죽음의 위협을 피하려 든다는 것이다. 죽음을 앞둔 사람에게 남겨진 자식들이 큰 위안이 되듯이, 자신이 구성원이었던 공동체가 영속하리라는 것이 위안이 되며, 따라서 공동체의 영속을 위해 매춘과 같은 공동체 저해 행위는 강하게 응징해야 한다는 생각에 도달하게 된다는 이야기다.[24]

공포 관리 이론은 1986년 심리학자 제프 그린버그Jeff Greenberg, 셸던 솔로몬Sheldon Solomon, 토머스 피슈친스키Thomas A. Pyszczynski에 의해 처음 제시되었다. 이들은 1989년 투손 실험의 결과를 발표한 논문에서 다음과 같이 말한다.

"인간의 취약성과 필연적인 죽음을 인식하게 해주는 고도로 발달한 지적 능력이 자기 보존 성향과 결합되면 끔찍한 공포를 불러올 수 있다. 문화적 세계관의 가장 중요한 기능 중 하나가 바로 죽음에 대한 이런 인식에서 오는 공포를 관리하는 일이다. 이는 주로 자기 존중의 문화적 메커니즘을 통해 성취되는데, 자기 존중은 내가 의미 있는 우주에 소중한 이바지를 한다는 믿음에서 나온다."[25]

왜 일부 사람들은 '세월호 참사'에 냉담한 반응을 보였을까?

공포 관리 이론의 사상적 원조는 1973년 미국 문화인류학자 어니스트 베커Ernest Becker, 1924-1974가 출간한 『죽음의 부정The Denial of Death』이다. 지그문트 프로이트Sigmund Freud, 1856-1939의 영향을 많이 받은 베커는 프로이트가 인간 행동의 주요 동기로 집착했던 '성sexuality'을 '죽음에 대한 공포fear of death'로 대체했다는 평가를 받았다.[26]

베커의 그런 관점을 이어받은 공포 관리 이론은 종교, 예술, 지적 창조 활동, 정치적 헌신 등은 인간의 필연적인 죽음과 관련된 불안에서 비롯되었다고 본다. 이런 활동은 우리가 육체적 죽음을 초월하여 살 수 있다는 가능성을 심어주기 때문이다.[27] 또 공포 관리 이론은 자아 존중감 또는 자존감self-esteem의 본질은 죽음의 불안에 대처하기 위한 완충재buffer 역할을 한다고 본다.[28]

우리 인간이 죽음에 대한 공포를 제어하는 또 한 가지 수단은 인간의 동물적 특성을 부인하는 것이다. 즉, 우리가 동물임을 인정하게 되면 모든 동물은 죽는다는 사실에 직면해야 하지만, 만물 중에서 인간 존재는 여타 동물의 존재보다 더 많은 의미를 지니고 있다고 확신하는 것으로 그 엄연한 사실을 피해보려고 한다.[29]

피슈친스키는 그렇듯 '건전하게 자만하는 뇌'에 대해 이렇게 말한다. "우리 인간이 무의미한 세상에서 살아남기 위해 발버둥치는 덧없는 동물에 불과하여 결국 죽어서 썩고 말 운명이라는 무시무시한 가능성을 인식하는 데서 오는 공포 위기감을 조절하도록 설계된 방패이다."[30]

사랑 역시 그런 방패 역할을 한다. 사랑은 섹스를 동물적인 행위에서 상징적인 인간의 경험으로 바꿔놓기 때문이다. 이와 관련, 캐서린 메이어Catherine Mayer는 『어모털리티: 나이가 사라진 시대의 등장 Amortality: The Pleasures and Perils of Living Agelessly』(2011)에서 "섹스가 사랑을 만나면서 공포심을 관리하기 위한 '문화적 세계관'에서 중요한 의미를 지닌 것이 되었다"며 다음과 같이 말한다.

"사랑 말고도 섹스를 동물적인 행위를 넘어선 추상적인 의미를 지닌 것으로 바꾸어놓는 것이 몇 가지 더 있다. 예를 들어 어떤 사람에게 성적인 능력은 자존감의 원천으로 작용하며, 또 다른 어떤 사람에게는 성적인 기쁨이 영적 깨달음을 얻을 수 있는 통로로 활용되기도 한다. 또한 어떤 사람은 섹스를 유발하는 것이 하이힐이나 미니스커트와 같은 생명이 없는 대상이라는 점이 섹스가 덜 동물적인 것으로 느껴지도록 만든다고 주장하기도 한다."[31]

공포 관리 이론은 국가적 위기 시에 지도자의 지지도가 치솟는 현상은 물론 '홉스의 함정Hobbesian trap', 즉 두 집단 사이의 긴장이 고조되는 동안 공포로 인해 둘 중 하나가 먼저 공격해서 충돌이 발생할 가능성이 높아지는 현상도 설명해줄 수 있다. 1962년 10월 전 세계를 미소美蘇 전쟁의 공포로 몰아갔던 쿠바 미사일 위기 사건의 해결은 '홉스의 함정'을 잘 피해간 사례로 거론된다.[32]

70여 명의 대학생이 참여한 실험에서 자신과 정치적 견해가 다른 사람에게 매운 소스를 얼마나 할당할지를 정하도록 했는데, 사전에 자신의 죽음을 연상하는 과정을 거친 절반의 피험자는 그렇지 않은 사람들에 비해 훨씬 많은 양의 매운 소스를 타인에게 할당한 것으로 나타났다. 이와 관련, 손동영은 다음과 같이 말한다.

"공포 관리 이론에 따르면 죽음의 불가피함에 대한 자각은 실존적 공포를 불러일으키게 되는데, 이를 부정하는 방편으로 국가나 종교와 같이 초월적인 것에 집착하거나 자신과 유사하고 가까운 사람에 집중하며 외부인에겐 더 공격적이게 만든다고 한다. 요컨대 죽음에 대한 공포는 사람들의 마음이 안으로 회귀하도록 만들어 타인에 대한 관용이 줄어드는 결과를 낳는다는 것이다. 죽음에 대한 실존적 공포가 타인에 대한 증오를 불러일으킨다는 설명은 복잡하게 얽힌 한국 사회를 이해하는 하나의 중요한 실마리를 제공한다."

이어 손동영은 "미디어는 죽음과 그에 수반되는 공포를 증폭하는 역할을 한다. 사람들은 매일 미디어에서 쏟아져나오는 각종 사건·사고·재난에 대한 보도를 접하면서 늘 죽음을 떠올리며 살아간다. 언제 어디에서 죽음을 맞이할지 모르는 것처럼 느껴지는 공포가 일상화된 세상에서 삶의 모든 순간은 생존의 문제, 즉 '먹고사는' 문제로 탈바꿈한다. 공부를 해도, 장사를 해도, 직장을 다녀도 모든 게 사느냐 죽느냐의 경쟁일 뿐 그 외엔 아무것도 없는 세상에서 타인에 대한 관용은 사치일 뿐이다"며 다음과 같이 말한다.

"그렇게 나와 내 가족 혹은 가까운 사람들만을 아끼고 외부인은 철저히 배격하는 사회적 분위기가 형성되면 역설적이게도 우리는 더 막다른 골목에 몰리게 된다. 갈수록 심해지는 정치적 대립, 빈익빈 부익부 현상, 교육 현장에서의 폭력과 왕따, 높아만 가는 자살률과 증오범죄율은 우리가 골목의 끝을 향하고 있음을 알리는 징후일지도 모를 일이다. 세월호 침몰로 수백 명의 어린 생명을 잃은 이웃의 비극에 많은 사람이 그토록 냉담했던 것도, 우리 정치가 이토록 왜곡되고 뒤틀린 이유도, 사람들이 온라인에서 서로를 저주하며 다투는 것도 어쩌면 사회에 만연한 공포와 불안에 대한 정서적 반응이 아닐까. 지금이라도 사회 전반에 걸쳐 공포와 불안을 줄이는 방법을 깊이 모색해야만 한다. 공포에 반응하는 사람들은 상생을 모색할 여유를 가질 수 없고 공존 없이는 미래도 없기 때문이다."[33]

탁월한 분석이다. 이른바 '도덕적 공황moral panic'이 폭력과 인권유린을 정당화하면서 전 사회를 보수화시키듯이,[34] 공포에 대한 과민은 세상을 더욱 공포스러운 곳으로 몰아갈 수 있는 것이다. 미국 정치학자 C. 더글러스 러미스C. Douglas Lummis가 『경제성장이 안 되면 우리는 풍요롭지 못할 것인가』(2000)에서 경쟁 사회를 떠받치고 있는 기본적인 정서는 '공포'라고 말한 것도 그런 맥락에서 이해할 수 있겠다. 열심히 일하지 않으면 가난뱅이로 전락할지 모른다는 두려움, 지금 돈을 많이 벌어놓지 않으면 노후가 비참할 것이란 두려움, 저축을 해놓지 않으면 언젠가 아플 때 치료를 받지 못할 것이란 두려움 등이 경쟁 사회의 원동력이라는 것이다.[35]

피슈친스키 등은 그간 500여 차례의 실험을 통해 공포 관리 이론을 검증해왔지만, 이에 대한 반론도 만만치 않다. 여러 비판이 있지만, 한 가지만 소개하자면, 인간의 유한성을 부각시키는 자극은 '의식의 경계'에서 제시될 경우에만 효과가 있을 뿐, 전적으로 의식적인 주의를 기울이는 상태에서는 효과가 없다는 사실이다. 즉, 사람들에게 죽음에 대해 좀더 심도 있고 명료하게, 혹은 좀더 긴 시간에 걸쳐 숙고하게 하면 죽음 관련 질문의 효과는 현저히 감소한다는 것이다.[36]

그렇다면 문제는 심사숙고할 수 있는 시간일 텐데, '빨리빨리'를 생활 이데올로기로 삼은 디지털 시대의 대중에게 그걸 기대하긴 어려운 노릇이 아닌가. 사실 '빨리빨리'도 따지고 보면 뒤처지는 것에 대한 공포에서 비롯된 것일진대, '공포로부터의 해방'은 영원히 기대하기 어려운 우리 인간의 이상향인지도 모르겠다.

29

왜 한국은
'집회 · 시위 공화국'이 되었는가?

거래 비용

"'거래 비용'이라는 개념을 창안하고 기업이 형성되는 이유에 대한 본질적인 통찰을 던졌던 미국 경제학자 로널드 코스가 2일(현지시간) 별세했다. 향년 102세. 미 시카고대 석좌교수를 지낸 코스는 1937년 『기업의 본질』이라는 에세이를 펴냈다. 그 이전까지 애덤 스미스 식 의 '보이지 않는 손'과 비용 개념으로 시장을 해석해온 경제학자들은 기업이 현대 경제의 핵심 행위자가 되는 이유를 설명하지 못했다. 기존 논리대로라면 기업이 아닌 자유로운 개인 대 개인 간의 거래에서 더 낮은 비용으로 경제활동을 할 수 있어야 하기 때문이다. 코스는 기업이 생기는 이유를 비용 효율성으로 설명했다. 타인을 고용하고 조직을 운영하는 데에는 비용이 들지만, 시장에 참여하려면 그보다 더 많은 비용을 들여야 한다는 것이다. 정보를 얻고, 연구를 하고, 가격 협상을 하고, 거래상의 비밀을 유지하는 등의 모든 활동에 들어가는 비용 등을 따지면 기업을 만드는 편이 더 적게 든다. 코스는 이전에 포착하지 못했던 이 모든 비용을 통틀어 '거래 비용transaction cost'이라 불렀다. 시장 참여를 늘리면서 거래 비용을 줄이려 하다 보면 기업들은 점점 규모가 커지는 경향을 보인다고 코스는 설명했다."[37]

2013년 9월에 나온, 영국 출신의 미국 경제학자 로널드 코스Ronald Coase, 1910-2013의 부고訃告 기사다. 코스는 1937년 「기업의 본질The Nature of the Firm」이라는 논문을 통해 기업이 어떻게 효율성을 추구해나가는지를 설명했지만, 이 논문은 주목을 받지 못했다. 코스는 1960년 「사회적 비용의 문제The Problem of Social Costs」라는 논문을 발표함으로써 비로소 주목을 받았다.

이 논문에서 코스는 목장의 소가 이웃 농장의 농작물을 짓밟을 경우 목장주와 농장주 중 누가 울타리를 세워야 하는지를 예로 들며, 사회적 비용도 '재산권' 개념으로 해결할 수 있다고 주장했다. 재산권 손실이 큰 쪽이 비용을 부담하게 된다는 것이다. 그는 환경오염이나 교통 혼잡 같은 문제도 정부 규제가 아닌 재산권을 통해 당사자 간 합의로 해결하는 편이 더 효율적이라고 설명했다. 코스는 이 논문과 1937년의 논문, 즉 단 두 편의 논문으로 1991년 노벨경제학상을 받았다.[38]

코스의 뒤를 이어 거래 비용 개념을 발전시킨 경제학자는 올리버 윌리엄슨Oliver E. Williamson, 1932-이다. 그는 1975년에 출간한 『시장과 위계Markets and Hierarchies: Analysis and Antitrust Implications』에서 시장 실패의 이유를 거래 비용이라는 개념으로 설명하면서 시장을 대체하는 거래 구조로서 위계적인 기업이 생겨난다고 주장했다. 박기찬·이윤철·이동현은 "거래 비용 이론의 본질은 시장 실패를 막기 위해 거래 비용을 최소화할 수 있는 최적의 거래 구조를 모색하는 것이다"며 다음과 같이 말한다.

"만일 가격만으로 시장에서 거래하는 데 필요한 모든 정보를 충분히 파악할 수 있다면 경제활동의 주체는 개인들로만 구성될 수 있을 것이다. 하지만 현실적으로는 시장 거래를 함에 있어서 내재적으로 필요한 정보를 획득하는 데는 일정한 비용이 든다. 따라서 시장 거래에서 발생하는 거래 비용보다 거래를 조직 내부에 집중화하면서 발생되는 조정 비용이 더 저렴할 때 위계적인 기업은 효율적이게 된다. 이러한 배경에서 기업이 탄생하게 되는 것이다."[39]

거래 비용은 수송비나 보관비처럼 거래에 드는 비용으로 생각하기 쉽지만, 실은 정보 탐색 비용을 말한다. 상대방을 신뢰해도 좋은지, 재무 상태는 어떤지, 과거의 거래 실적과 기술 능력은 어떤지 등 이런 정보를 아는 데엔 비용이 들어간다. 대기업들이 계열사를 두어 내부화하는 것은 그 비용을 줄이려는 것이지만, 공정거래 단속이 있는데다 내부적으로도 문제가 많으므로 신뢰가 중요해지는 것이라고 볼 수 있다. 즉, 신뢰는 거래 비용을 줄일 수 있는 것이다.[40]

그러나 가이 스탠딩Guy Standing은 『프레카리아트: 새로운 위험한 계급The Precariat: The New Dangerous Class』(2011)에서 그런 신뢰의 중요성은 이제 무너졌다고 주장한다. "기회주의적 구매자가 막대한 기금을 모을 수 있게 되고 잘 운영되고 있는 회사마저도 접수할 수 있게 됨으로써, 업체 내부에서는 신뢰 관계를 형성하려는 인센티브가 더 적어졌다. 모든 것이 한시적인 것으로 되고 재협상의 여지가 있다."[41]

그로 인해 노동자들의 삶이 더 불안정해졌다는 점을 강조하고자 하는 스탠딩의 주장은 논쟁의 소지가 있겠지만, 거래 비용 개념이 인터넷 시대에 크게 흔들리고 있는 건 분명하다. 인터넷 이전엔 거래 비용이 매우 높았지만 집단을 구성하는 게 터무니없이 쉬워진 인터넷 시대에는 사실상 무한시장이 열렸기 때문이다.[42]

돈 탭스콧Don Tapscott은 『위키노믹스Wikinomics: How Mass Collaboration Changes Everything』(2006)에서 "인터넷 때문에 거래 비용이 너무나 급격하게 하락해서 코스의 법칙을 사실상 거꾸로 읽는 것이 훨씬 유용하게 되었다"고 주장했다. 이제 기업들은 내부 거래 비용이 외부 거래 비용을 더는 초과하지 않을 때까지 축소되어야 한다는 것이다.[43]

오픈넷 이사 강정수는 "하루가 다르게 진화하는 디지털 기술은 이 거래 비용을 빠르게 감소시킨다. 에어비앤비는 빈방을 찾는 거래 비용을 낮추고, 우버는 낮은 거래 비용으로 운전 노동자와 고객을 만나게 한다. 몇 년 전까지만 해도 비효율성으로 인해 불가능했던 수요와 공급에 대한 시장 조절이 디지털 기술로 인해 가능해지고 있다. '보이지 않는 디지털 손'이 앞으로 모든 삶의 영역을 시장 아래로 포섭할 것이다"며 다음과 같이 말한다.

"디지털 플랫폼은 수요와 공급뿐 아니라 계획경제와 시장경제를 연결하는 매개체다. 플랫폼 기업은 계획경제를 효율화하는 사물인터넷 환경이 진화할수록, 특정 사회 영역에서 발생하는 수요와 공급을 더욱 효과적으로 조절하는 시장 서비스를 제공할 것이다. 근심은 경제 효율이 증대한다고 사회 구성원 모두의 부가 높아질 수 있을까에 있다. 디지털로 인한 경제 원리의 변화를 이해하는 일은 이 근심을 더욱 값지게 할 것이다."[44]

거래 비용이 혁명적으로 낮아진다면, 거래 비용 때문에 필요했던 거대 위계 조직도 달라질 수밖에 없다. 이와 관련, 영국 케임브리지대학 선임연구원 나비 라드주Navi Radjou는 "대기업이 통제하는 수직적 가치사슬은 새롭게 떠오르는 소비자 주도의 가치 생태계에 의해 위협받고 있다. 소비자가 재화와 서비스를 직접 디자인하고, 창조하고, 시장에서 거래하고, 나눌 수 있게 되면서, 중간 단계의 역할이 필요 없어진 것이다. 이는 검소한 경제frugal economy의 토대를 만들었다"며 다음과 같이 말한다.

"검소한 경제는 수억 달러의 가치와 수백만 개의 직업을 만들어낼 수 있다. 물론 이 과정에서 잃는 이도 있다. 바로 서구의 대기업들이다. 거대한 연구개발 예산과 폐쇄적인 조직 구조에 의해 유지되는 이들의 대량생산 모델은 비용과 환경에 민감한 소비자들의 필요를 충족시키기 어렵다. 살아남기 위해서라도 이런 기업들은 검소한 기업으로 다시 태어나야 한다. 프로슈머를 가치사슬 안에 통합시키고, 좀더 환경 친화적이고 비용을 절감하는 방식으로 시장의 요구를 받아들여야 한다."[45]

그래서 나온 유행어가 이른바 '탈거대화demassification'니 '기업 축소의 법칙law of diminishing'이니 하는 말이다. 그러나 이는 과장되었으며, 오류라는 반론도 있다. 1997년 『이코노미스트』(12월 13일자)가 "이제 대형 업체의 시대는 갔다. 초대형 업체만이 살아남는 시대가 온 것이다"고 말했듯이, 실제로 글로벌 산업계에서 일어난 일은 기업들의 초대형화였다. 거래 비용의 혁명적 감소가 거대 위계 조직의 필요성을 약화시켰는지는 몰라도 동시에 거대 기업의 활발한 활동이 첨단 정보통신기술의 발달로 더욱 힘을 얻게 되었기 때문에 빚어진 일이다.[46]

거래 비용은 기업에만 국한되는 건 아니다. 모이제스 나임Moises Naim은 "거래 비용이 한 조직의 규모와 해당 조직의 본질까지도 결정한다는 발상은 산업 이외의 다른 많은 분야에도 적용될 수 있다. 그것은 오늘날 기업뿐 아니라 정부 기관, 군대, 교회의 규모가 커지고 중앙집권화하게 되었는지 그 이유를 설명해준다"며 다음과 같이 말한다.

"모든 경우에 그렇게 하는 것이 합리적이고 효율적이었기 때문이다. 높은 거래 비용은 조직 바깥에서 관리되는 핵심 기능들을 조직 내부로 가져와야 할 강력한 동기를 유발한다. 또 같은 이유로, 거래 비용 때문에 조직들이 수직통합을 통해 규모를 키우는 것이 합리적이라고 생각할수록, 그러한 성장은 기존 체제에 기반을 마련하려고 애쓰는 새로운 경쟁자들에게 점점 뛰어넘기 힘든 장벽이 되었다."[47]

거래 비용은 정치사회적 차원에서도 논의될 수 있는 개념이다. 예컨대, 기회주의는 서로를 불신하게 만들어 거래 성사를 위한 비용을 증가시키며, 공직 선거에 출마한 후보들의 공약 파기는 정치 불신이라는 거래 비용을 초래한다.[48] 사실 한국 정치, 아니 한국 사회의 가장 큰 문제는 상호 불신의 소용돌이로 인해 거래 비용이 너무 높다는 데에 있다.

한국이 전국적으로 하루 평균 124회꼴로 집회·시위가 벌어질 뿐만 아니라 폭력 시위와 고공농성 등의 극단적 시위도 자주 벌어지는 '집회·시위 공화국'이 된 것도,[49] 바로 그런 상태를 단적으로 표현해준다고 볼 수 있겠다. 특히 법에 대한 불신이라는 거래 비용의 폭등은 정상적인 거래 자체를 매우 어렵게 만든다. 2000년 6월 형사정책연구원이 실시한 서울 지역 성인 493명에 대한 설문조사 결과 399명(80.9퍼센트)과 415명(84.2퍼센트)이 각각 "유전무죄有錢無罪·무전유죄無錢有罪라는 말에 공감한다", "동일 범죄에 대해서도 가난하고 힘없는 사람이 더 큰 처벌을 받는다"고 답한 것으로 나타났다.[50] 법이 그 지경이니 할 말이 많은 사람들이 시위에 의존하는 건 너무도 당연하지 않을까?

그러나 공익을 앞세우는 시위마저 억울함을 앞세워 과격 일변도로 가도 되는 것인지는 의문이다. 2007년 5월 희망제작소 사회창안팀장 안진걸은 「소통과 연대의 집회를 위하여」라는 글에서 '사회운동의 주요 활동 수단인 집회·시위에 대해 이제는 광범위한 성찰이 필요한 때'라고 주장한 바 있다. 그는 "사회운동의 집회·시위가 국민들에게 감동을 주는 것이 아니라 오히려 짜증을 주고 있는 것은 아닌지 성찰하지 않을 수 없다"며 교통체증, 감동이 없는 집회, 행사장을 뒤덮는 깃발, 전경과의 충돌, 소음, 화형식, 음주 행위 등으로 시민들이 시민·사회단체의 집회·시위에 거리감을 느낀다고 지적했다.[51]

그럼에도 우리는 시위의 방법은 미시적인 것으로만 여기고 목적과 목표 중심으로 시위를 판단하려는 경향이 농후하다. 특정 시위에 대한 평가가 보수·진보의 이분법으로 확연하게 편이 갈라지는 것도 문제다. 최근의 주요 시위들을 거론하면서 말해봐야 그런 '편 가르기' 심리 기제가 작동할 것이 뻔하다.

왜 그렇게 되었을까? 평화적으로 말하면 아무도 듣지 않기 때문이다. 평화적 시위를 하면 언론도 기사 한 줄 안 써준다. 폭력적이 되었을 때 부정적일망정 비로소 주목의 대상이 된다. 같은 이치로 '편 가르기'를 해야 힘이 생긴다. 악순환의 연속인 셈이다. 그러나 이런 조건이 성찰을 포기해야 할 이유는 되지 못한다. 시위는 성찰과 결합해야만 하며, 그럴 때에 비로소 광범위한 참여와 지지를 획득할 수 있다. 단기적으로 권력·금력자와 언론의 주목을 받는 데에 몰두하다 보면 그게 부메랑이 되어 시위의 참뜻을 죽이고야 말 것이다.

왜 '역동성'과 '불안정'은
한국 사회의 숙명인가?

감정 전염

"특정한 나이대의 영국인 대다수는 1997년 8월 31일 아침 다이애나 왕세자비가 파리에서 자동차 사고로 사망했다는 뉴스를 접했을 때 자기가 어디에 있었는지 기억한다.……켄징턴 가든에 있는 다이애나의 자택 대문 앞에는 조화弔花가 높이 쌓여서 밑바닥에 깔린 꽃은 썩기 시작했다. 그때 나는 켄징턴 근처에 살고 있었다. 마침 일요일이던 다이애나의 사망 당일에 나는 공원을 거닐다가 사람들이 침통한 얼굴을 하고서 문 앞에 쌓인 조화들 위에 직접 준비해온 꽃다발을 내려놓는 광경을 지켜보았다.……모르는 사람들끼리 서로 위로하고 안아주었다. 텔레비전의 몇몇 아나운서는 금방이라도 눈물을 흘릴 것 같았다. 작가 카먼 칼릴Carmen Callil은 그때의 광경을 뉘른베르크 전당대회에

비유했다. 말하자면 이런 광적인 애도 의식에는 단 하나의 감정만 존재한다는 뜻이다."[52]

영국 저널리스트 마이클 본드Michael Bond가 『타인의 영향력: 그들의 생각과 행동은 어떻게 나에게 스며드는가』(2014)에서 'emotional contagion'을 설명하기 위해 한 말이다. 우리말로 '감정 전염', '정서 전염', '감정전이' 등으로 번역해 쓰는 emotional contagion은 병원의 신생아실에서도 볼 수 있다. 그곳에 있는 아기들은 옆의 아이가 울면 따라서 운다. 우리 인간은 성인이 되어서도 누군가가 아파하면 마음이 찡해지는 등 타인의 희로애락喜怒哀樂에 공감하는 반응을 보이게된다. 이를 심리학에서는 emotional contagion이라고 한다. 1923년 독일 철학자이자 사회학자인 막스 셸러Max Scheler, 1874-1928가 사용한 말로, 미국 심리학자 일레인 해트필드Elaine Hatfield가 1994년 영어로 번역한 'Emotional Contagion'을 책 제목으로 삼은 이후로 널리 사용되었다.[53] 백승찬은 한국의 최근 사례에 대해 다음과 같이 말한다.

"세월호 참사 때 한국인들은 너나 할 것 없이 애도의 기분에 휩싸였다. 2002년 한·일 월드컵 때는 축구에 대해 아무것도 모르는 사람도 함께 즐거워했다. 선거 직전에 여론조사 결과 공표가 금지되는 것도 '남들과 같은 행동'을 하고 싶어 하는 사람들의 심리 때문이다. 대형 사건, 이벤트를 떠올릴 것도 없다. 부서의 누군가가 우울에 빠져 있으면, 우울감이 부서 전체를 장악하는 건 시간문제다. 아기는 태어난지 몇 시간 만에 엄마의 표정을 따라 한다. 이렇게 모방은 선천적인 반응이다."[54]

우리는 모방을 좋지 않은 것처럼 말하지만, 사실 모방이야말로 사회를 유지시키는 원동력이라고 할 수 있다. 뇌과학자이자 신경과학자인 마이클 가자니가Michael S. Gazzaniga, 1939-는 "당신은 당신과 비슷한 사람을 무의식중에 좋아하게 되고 그와 관계를 맺는다. 누군가 우리를 흉내내면 우리는 흉내내지 않는 사람보다 흉내낸 사람들에게 더 협조적이게 된다"며 다음과 같이 말한다.

"흉내내기는 확실히 사회적 교류라는 기계에 윤활유처럼 작용하며 긍정적인 사회적 행동을 증가시킨다. 이와 같은 친사회적 행동을 통해 사람들이 연결되면 연대가 더 단단해지고 많은 사람들 속에서 더욱 안전해지는 부수적 효과를 얻을 수 있다."[55]

그러나 의사와 같은 전문직종에 종사하는 사람들은 '감정 전염'을 경계해야만 한다. 리처드 레스택Richard M. Restack은 『인간적인, 너무나 인간적인 뇌』(2012)에서 "의사로서 나는 공포와 분노, 좌절과 슬픔 등 다른 사람의 부정적인 감정에 일상적으로 노출되기 때문에 정서 전염이 될 위험에 자주 처한다. 많은 의사, 특히 신경학이나 정신의학을 전공한 의사들은 거의 항상 부정적인 감정에 노출된다"며 다음과 같이 말한다.

"자신의 기분이 얼마나 좋은지, 또 삶이 얼마나 잘 풀려가는지 얘기하러 들어오는 환자는 없다. 환자와 의사 사이에서 주고받는 것들은 문제와 고통, 저조한 기분이다. 이 부정적인 성향의 흐름은 의사에게 특별한 도전거리를 던진다. 만약 의사가 지나치게 공감적이라면, 즉 모든 고통과 저조한 기분을 있는 그대로 개인적으로 경험한다면, 거기에 압도당해서 자신의 환자를 도와줄 수 없게 될 위험이 있다. 그러나 다른 한편으로, 의사가 자신과 환자 사이에 스스로를 보호하기 위한 감정의 벽을 세운다면, 환자는 의사가 냉담하며 마음이 닫혀 있다고 분명히 느낄 것이다."[56]

의사가 '감정 전염'을 경계해야 한다는 것은 '초연한 관심detached concern'을 유지해야 한다는 말이기도 하다. '초연한 관심'은 의사나 간호사와 같은 의료인뿐만 아니라 임상심리사, 사회복지사 등과 같이 보살핌을 제공하는 직업에서 평소의 정서적 반응을 보류하고 고객을 비인간화하는 절차를 가리키는 말이다. 이 경우, 비인간화는 고객에게 더 나은 도움을 주거나 잘 치료하기 위해 불가피한 일로 간주되고 있다.[57]

감정 전염과 금융 위기는 불가분의 관계다. 증시가 급락하는 와중에 한 푼이라도 더 건지려는 사람들이 너도나도 헐값에 주식을 처분하거나 고객들이 빨리 예금을 인출하지 않으면 돈을 날릴지도 모른다고 생각해 은행으로 몰려드는 '뱅크 런bank run' 등이 대표적 사례다.[58]

하노 벡Hanno Beck은 『경제학자의 생각법』(2009)에서 "모든 예금주들이 은행이 망할 것으로 믿고 행동하면 실제로 은행은 망한다. 뱅크런이나 증시 폭락은 나라 전체의 금융 시스템을 뿌리째 흔들 만큼 무서운 집단행동이다"며 다음과 같이 말한다.

"집단의 선택이 언제나 지혜로운 건 아니다. 대중의 선택에 귀를 기울이지 않는 편이 낫다는 걸 보여주는 이야기는 이외에도 많다. 가족들과 놀이공원에 갈 때는 어지간하면 날씨 좋은 주말은 피하는 게 낫다. 사람 구경만 하다고 올 가능성이 크기 때문이다. 겨울옷은 여름에 사야 가장 싸고, 비행기 표는 비수기에 사야 가장 싸다. 집단과 반대로 움직이는 전략은 여러 면에서 생활을 편하게 해준다."[59]

그러나 모든 경우에 다 그렇게 할 순 없으니 바로 그게 문제다. 특히 SNS 시대에 감정 전염은 일상사가 되었다고 해도 과언이 아니다. 2014년 6월 페이스북 코어데이터과학 팀은 미국 국립과학원회보 PNAS에 발표한 「사회관계망을 통한 대규모 감정 전염의 실험적 증거 Experimental Evidence of Massive-Scale Emotional Contagion through Social Networks」라는 논문에서 그 점을 입증했다. SNS에서 긍정적인 게시물을 많이 본 사람들은 더 긍정적으로, 부정적인 게시물을 많이 본 사람들은 더 부정적으로 반응하는 것을 확인했고, 사람 간의 직접적인 대면이 없이 글만으로 SNS를 통해 감정 전염이 이루어진다는 증거를 68만 9,000여 명을 대상으로 분석해 발견한 것이다.[60]

　　이 실험은 페이스북 이용자를 실험실용 쥐 취급을 했다는 비난을 받는 등 엄청난 사회적 논란을 불러일으켰지만, 동시에 감정 전염이 과거 그 어느 때보다 심각한 사회적 문제가 될 수 있다는 우려도 낳게 했다. 특히 한국처럼 국민 대다수가 감정을 밖으로 발산하는 기질을 갖고 있는 데다 '서울공화국'으로 일컬어지는 초일극 중앙집중체제를 갖고 있는 나라에선 쏠림 현상이 강하게 나타나기 때문에 SNS를 통한 감정 전염은 피하기 어렵다. 그로 인해 사회의 역동성은 기대할 수 있겠지만, 불안정은 감내해야 할 숙명인 셈이다.

제 7 장

개성
과
관심

왜 멀쩡한 사람도 예비군복을 입으면 태도가 불량해지는가?

몰개성화

"한국 사회의 현상 가운데 군복에 관한 미스터리가 있다. 멀쩡하던 완소남도 예비군복만 입으면 태도가 불량해진다는 사실이다. 제복의 심리학에 따르면 본래 제복을 입으면 사람이 행동과 말에 절도가 있고 점잖아진다는데 유독 예비군들은 복장을 풀어 헤치고, 아무 곳에서 노상방뇨까지 한다. 여기에 표정도 불량하고 내뱉는 욕설을 포함해 대부분 비속어이다."

김헌식의 말이다. 그는 '익명성 이론', 즉 예비군복을 입은 사람이 많으면 누가 누구인지 모르기 때문에 익명성에 기대어 평소에 억제되어왔던 행동과 말을 표출한다는 일반적인 설명과 더불어 '군대생활에 대한 상처와 트라우마'에서 그 이유를 찾는다. 정결하고 절도 있는 태도를 요구하던 군대의 틀에 저항을 하는 것인데, '다나까'의 절도 있는 말보다 비속어를 남발하고 정결한 복장 대신 불량스런 품새를 풍기려 한다는 것이다.

"이것은 자신이 진보적이라는 인식과도 쉽게 결합한다. 불량 복장은 권력과 전쟁에 대한 의식 있는 소견을 가진 하나의 상징 기호가 된다. 모범 복장은 오히려 권력과 전쟁을 용인하는 태도로 이해되기도 한다."[1]

전우영은 이런 예비군복 효과가 발생하는 이유에 대한 또 다른 설명을 '프라이밍priming'에서 찾는다. 프라이밍은 기억에 저장된 생각을 무의식적으로 활성화시키는 것을 말한다. 예비군에 대한 최초의 생각이 어떻게 형성되었는지는 알 수 없으나, 예비군복을 입는 순간 예비군과 관련된 지식이 무의식적으로 활성화되고 그 결과, 사람들은 프라이밍된 지식과 일치하는 방식으로 행동하게 될 가능성이 높아진다는 것이다.[2]

김정운은 '제복 페티시uniform fetish'로 설명한다. 제복 페티시란, 학생 교복이나 스튜어디스 복장 등과 같은 제복만 보면 성적으로 흥분하는 현상을 말한다. 그는 "제복 페티시는 왜곡된 권력에의 충동이다. 타인을 완벽하게 제압하거나, 반대로 타인의 통제에 완벽하게 제압될 때 성적으로 흥분한다"며 다음과 같이 말한다.

"현실에서 권력 충동이 좌절되고 억압될 때, 제복만 보면 흥분하는 제복 페티시가 나타난다.……술만 먹으면 공격적이 되고, 예비군복만 걸치면 모든 통제로부터 자유로워지려는 한국 사내들의 행동도 제복 페티시의 일종이다. 정치 이야기만 나오면 무조건 편을 나눠 싸우려고 달려드는 한국 중년 사내들의 일사불란한 심리 상태도 큰 틀에서 보자면 제복 페티시다. 왜곡되고 좌절된 권력 충동으로 인해 나타나는 현상이기 때문이다."³

다 설득력이 있는 주장이지만, 예비군복 효과의 기본은 익명성과 그에 따른 deindividuation(몰개성화, 탈개인화)에 있는 것 같다. 몰개성화는 집단 속에서 또는 익명일 때 개인으로서 정체감과 책임감을 상실하는 걸 뜻한다. 자신의 정체나 자아를 잃은 개인은 개인이라면 절대 하지 않았을 야만적이고 비도덕적인 행동을 쉽게 저지를 수 있다. 대량학살이나 온라인에서 일탈 행위를 설명하는 데에 적합한 개념이자 이론이다.

동조conformity나 권위에 대한 복종obedience to authority 등에 관한 심리학적 이론들은 모두 이 개념을 기반으로 삼는다.⁴ 미국 남부의 인종 편견을 다룬 하퍼 리Harper Lee, 1926-의 소설 『앵무새 죽이기To Kill a Mocking Bird』(1960)엔 몰개성화를 잘 설명해줄 수 있는 대목이 나온다.

밤중에 오빠와 함께 변호사 아빠를 만나러 간 딸 스카우트Scout는 군郡 교도소에 갇힌 흑인을 직접 처벌하려고 몰려든 백인 사내들과 이 흑인을 변호하는 아빠가 교도소 밖에서 대치하는 상황을 목격한다. 스카우트는 여름날 밤에 모자까지 깊숙이 눌러쓴 정체 모를 사내들 속에서 친구 아빠 커닝햄 아저씨를 발견하고 말을 건넴으로써 그들로 하여금 폭력 행위를 포기하고 돌아가게 만든다.⁵ 나중에 아빠는 두 남매에게 다음과 같이 말한다.

"그걸 보면 뭔가 알 수 있어-들짐승 같은 패거리들도 인간이라는 그 이유 하나만으로 멈추게 할 수 있다는 걸. 흠, 어쩌면 우리에겐 어린이 경찰대가 필요한지도 몰라.……어젯밤 너희들은 비록 짧은 시간 이었지만 월터 커닝햄 아저씨를 아빠의 입장에 서게 만들었던 거야. 그걸로 충분해."[6]

제복을 입으면 사람이 행동과 말에 절도가 있고 점잖아지는 반면 예비군복을 입은 사람들의 태도가 불량해지는 건 상반된 것 같지만, 어느 방향으로건 제복을 입으면 사람이 달라진다는 점에선 같은 현상 으로 볼 수 있다. 즉, 몰개성화가 이루어진다는 점에선 같다는 것이다.

미국 경제학자 리처드 플로리다Richard Florida는 『창조적 변화를 주 도하는 사람들The Rise of the Creative Class. And How It's Transforming Work, Leisure and Everyday Life』(2002)에서 "창조적인 사람들은 절대 유니폼을 입 지 않는다"고 했다. 실리콘밸리의 기업들은 이에 따라 조직의 드레스 코드를 캐주얼로 전환했다.[7]

그러다 보니 이런 일도 생긴다. 2012년 5월 7일 미국의 페이스북 Facebook 창업자 마크 저커버그Mark Zuckerberg, 1984-가 뉴욕에서 열린 월 스트리트 투자 설명회에 후드티에 청바지, 운동화 차림으로 나타나 논란을 빚었다. 웨드부시증권의 애널리스트 마이클 패처Michael Pachter 는 블룸버그 TV에서 "저커버그가 후드티를 입고 나온 것은 투자자들 을 크게 신경 쓰지 않고 있다는 점을 보여준 것"이라며 "이는 아직 그 가 성숙하지 못했다는 것을 보여주는 것"이라고 주장했다. 또한 "저 커버그가 투자를 요청하는 것인 만큼, 투자자들은 존중을 받아야 한 다고 생각한다"며 비난했다.

반면, 실리콘밸리는 저커버그를 옹호하는 입장을 보였다. 일간 『샌프란시스코크로니클San Francisco Chronicle』은 관련 보도에서 '앤젤투

자회사 500 스타트업'의 파트너 데이브 매클러Dave McClure의 예를 들었다. 그는 트위터에 '후드티 사랑, 게임 혐오'라는 계정을 만들어 월가의 비난에 대해 반박했다. 또한, 실리콘밸리 관계자들은 2011년 10월 사망한 애플의 공동창업자 스티브 잡스Steve Jobs, 1955-2011가 애플의 신제품 발표회 때마다 검정 터틀넥 티셔츠와 청바지, 운동화 복장을 고수한 것으로 유명했던 예를 들어 저커버그를 옹호했다. 관계자들은 "잡스의 티셔츠처럼 저커버그의 후드티도 상징적인 의미가 있다"며, "특히 실리콘밸리에서는 통상적으로 정장 대신 청바지와 티셔츠를 즐겨 입는다"고 강조했다.[8]

캐주얼 복장이 창조성을 키우는 데에 얼마나 효과가 있는지는 모르겠지만, 제복이 충동과 즉흥성을 강력 억제하는 경향이 있다는 건 분명하다. 충동과 즉흥성은 좋은 평가를 받지 못하지만, 그것 없인 창의성이나 창조성도 없다. "즉흥성은 창조 과정의 일부다. 다른 사람들에게는 아주 엉뚱하고 심지어 어리석어 보이는 일도 마찬가지다."[9]

예비군복은 충동과 즉흥성을 부추기지 않느냐는 반론도 가능하겠지만, 그게 창조성과 관련이 있는 충동과 즉흥성은 아닌 것 같다. 도덕 규범을 해치는 일탈로서 충동과 즉흥성은 몰개성화의 산물로 보아야 하지 않을까? 그런 점에서 노회찬이 이른바 '일베 현상'을 예비군복 효과와 같은 성격의 것으로 보는 게 흥미롭다. 그는 다음과 같이 말한다.

"일베는 극우 중에서도 굉장히 찌들고 병든 부류다. 이것은 병리학적으로 봐야 한다. 좀 병적이다. 나는 이것을 예비군 현상과 같은 것으로 본다. 멀쩡한 사람도 예비군복을 입으면 방종을 넘어 일탈까지 하는 것과 비슷하다. 그 익명의 세계 속에서 자기 분출을 그렇게 하는 것이다."[10]

몰개성화는 개인이 소속된 집단의 크기와 밀접한 관련이 있다. 집단이 크면 클수록 몰개성화가 많이 일어나고, 그에 따라 위험감수 risk-taking 성향도 증폭된다. 집단 성원의 몰개성화로 인해 집단이 모험적인 방향으로 나아가는 걸 가리켜 risky shift라고 하며, 개인이 집단이 되면 그런 이행이 일어난다는 점에서 groupshift라고도 한다.[11]

몰개성화에 대해선 비판적인 사람들도 디지털 세계의 익명성에 대해선 표현의 자유를 들어 옹호하는 경향이 있다. 그러나 미국 정보통신 잡지인 『와이어드』의 총괄 편집장 케빈 켈리Kevin Kelly는 "익명은 희토류rare-earth 금속과 같다. 이 원소들은 세포가 계속 살아 있도록 하는 데 필요한 요소이다. 그러나 필요한 양은 측정하기 어려울 만큼의 소량에 불과하다. 그 양이 조금 많으면, 이 중금속들은 지금까지 알려진 것들 중 가장 유독한 물질에 속하게 된다. 이 금속은 인간의 생명에 치명적이다"며 다음과 같이 주장한다.

"익명도 이와 같다. 아주 적은 미량의 원소처럼, 익명은 가끔 내부 고발자나 박해 받는 비주류파에게 기회를 주기 때문에 어떤 면에서는 유익하다. 그러나 익명의 양이 많으면, 언젠가 익명은 시스템을 독살하고 말 것이다. 사람들은 익명을 언제나 손쉽게 선택할 수 있어야 하며, 익명을 보장하는 것이 통제 기술에 대한 뛰어난 방어 수단이라고 믿는 경향이 있다. 그러나 이것은 위험한 생각이다. 이것은 당신 몸을 더 강하게 하려고 몸속의 중금속량을 늘리는 것과 같다. 모든 독소처럼, 익명은 가능한 한 계속 제로에 가까워야 한다."[12]

그러나 익명성이 진보의 이름으로 긍정되는 현실이 바뀔 것 같지는 않으니 그게 문제다. 신념으로 익명성을 옹호하는 이들도 있지만, 돈벌이 목적으로 익명성을 옹호하고 더 나아가 예찬하는 이도 많다. 익명성이 불가피하다면 몰개성화도 불가피한 일이다. 세상에 공짜가 어디 있겠는가.

왜 멀쩡한 사람도 예비군복을 입으면 태도가 불량해지는가?

32

왜
한국인들은 시선 관리에 서투른가?

시민적 무관심

길거리나 술집에서 일어나는 싸움의 대부분은 시선의 길이에서 비롯된다. 시선이 조금만 길어지면 "왜 째려봐?"가 되기 때문이다. 그래서 시선으로 인한 폭행 사건이 신문 1단 기사로 자주 오르내린다. 『한겨레』 2005년 3월 26일자 「무서운 여고생: "기분 나쁘게 쳐다본다" 3시간 동안 때리고 옷 벗겨」에 따르면, 17세 여고생 2명이 서울 지하철 신림역 화장실에서 "기분 나쁘게 쳐다본다"며 15세 여학생 3명을 인근 지하 주차장 창고에 가둔 뒤 3시간 동안 때리고 옷을 벗기기까지 했다. 이렇듯 시선으로 인한 폭행 사건은 매일 전국적으로 수 없이 많이 벌어지고 있다. 몇 가지 사례를 더 감상해보자.

"시내버스 안에서 눈길이 마주쳤다는 이유로 집에 가던 여고생을 인적이 드문 곳으로 끌고 가 교복을 벗긴 뒤 책가방까지 빼앗아 불태운 10대들이 경찰에 붙잡혔다. 인천 남동경찰서는 24일 여고생 이모 (16) 양을 폭행한 뒤 금품을 빼앗고 교복과 가방 등을 불태운 혐의(강도 상해)로 오모(18) 군을 구속하고 정모(15) 양 등 2명을 불구속 입건했다. 경찰에 따르면 오 군 등은 20일 오후 9시 45분경 인천 시내-옹진군 영흥도를 오가는 시내버스 안에서 처음 본 이 양이 자신들을 쳐다보자 '기분이 나쁘다'며 남동구 간석동에서 내린 이 양을 인근 상가 건물로 끌고 갔다." [13]

"서귀포경찰서는 12월 28일 오전 5시쯤 서귀포시 중앙동의 한 공원에서 주먹질을 한 A(17) 군 등 고교생 3명을 폭력혐의로 입건했다고 5일 밝혔다. 경찰에 따르면 이날 오전 S 고등학교 1학년 3명과 2, 3학년 3명이 각각 길을 지나다 후배들이 선배들을 째려본다는 이유로 선후배 간 싸움이 벌어졌다." [14]

"전주 덕진경찰서는 자신을 째려봤다는 이유로 폭력을 휘두른 32살 김모 씨를 불구속 입건했습니다. 김 씨는 지난달 26일 아중로의 한 술집에서 곽모 씨 등 20대 3명이 담배를 피우며 자신을 째려봤다는 이유로 주먹으로 얼굴과 배를 수차례 때린 혐의입니다. [15]

"자신을 쳐다봤다는 이유로 주먹을 휘두른 뒤 지갑까지 가져간 20대 2명이 경찰에 붙잡혔다. 부산 북부경찰서는 지나가던 남성을 폭행한 뒤 지갑을 가져간 혐의(특수절도)로 김모(21) 씨 등 2명을 불구속 입건했다. 이들은 지난 1월 26일 새벽 2시쯤 부산 북구 덕천동의 한 길가에서 A(25) 씨가 자신을 쳐다본다는 이유로 A 씨를 집단 폭행한 뒤 현금 20만 원이 든 A 씨의 지갑을 가져간 혐의를 받고 있다." [16]

때리려면 그냥 때리지 왜 자꾸 옷은 벗기는지, 지갑은 왜 가져가는지 모르겠다. 시선 하나 때문에 그런 봉변을 당하다니 '시선의 재앙'이라 할 만하다. 도대체 모르는 사람을 어느 정도 쳐다봐야 실례가 되지 않을까? 그 시간이라고 해봐야 몇 초거나 1초 미만일 수도 있지만, 그런 시간은 문화권별로 다르다. 서양학자들은 그런 시간을 가리켜 'moral looking time'이라고 했는데, '시선의 길이'라고 부르는 것이 좋겠다. 한국인은 시선의 길이가 긴 편인데, 그건 남의 일에 관심이 많은 습성 때문인 것으로 보인다. 좋게 말해, 정情이 워낙 많아서 그렇다고 볼 수도 있겠다.

이런 문제와 관련, 미국 사회학자 어빙 고프먼Erving Goffman, 1922-1982은 1963년에 출간한 『공공장소에서의 행동Behavior in Public Places』에서 'civil inattention(시민적 무관심, 예의 바른 무관심)'이라는 개념을 제시했다. 그는 공공장소에서 모르는 사람을 대하는 3가지 종류의 시선을 제시한다. 첫째, '증오의 시선hate stare'이다. 과거 미국에서 인종차별이 극심하던 시절 백인이 흑인에게 던지는 시선 같은 것이다. 둘째, 상대가 아예 존재하지 않는 것처럼 무시하는, 즉 'nonperson(존재하지 않는 것으로 간주되는 사람)'으로 대하는 시선이다. 시선이라고 했지만, 아예 눈길조차 주지 않는 대응법이다. 하인, 어린이, 정신병자 등을 대할 때 나타난다. 셋째, '시민적 무관심' 시선이다.[17]

시민적 무관심의 대표적 사례는 두 사람이 거리에서 스쳐 지나갈 때 잠깐 눈길을 교환할 뿐 상대의 눈길을 피해 딴 곳을 보는 경우다. 시민적 무관심은 상대를 응시하는 것도 아니면서 외면하는 것도 아닌, 그 어느 중간쯤에 해당하는 시선 처리법이다. 응시하는 것도 결례지만, 아예 보지 않는 것도 결례가 되므로, 시선을 한 번쯤 주되 빨리 거두어들임으로써 상대가 그 어떤 반감이나 불편함을 느끼지 않도록 배려하는 시선 처리법이라고 할 수 있다.

앤서니 기든스Anthony Giddens는 『현대성과 자아정체성: 후기 현대의 자아와 사회Modernity and Self-Identity: Self and Society in the Late Modern Age』(1991)에서 "거리를 지나가는 낯선 사람들 사이의 '시민적 무관심'의 준수는 공적 상황에서의 상호작용을 좌우하는 일반화된 신뢰의 태도를 지탱하는 데 이바지한다"며 다음과 같이 말한다.

"시민적 무관심은 현대 사회생활의 공적 상황에 참여하는 사람들이 맺는 상호 안전과 보호의 암묵적 계약을 나타낸다. 거리에서 다른 사람과 마주친 한 사람은 시선을 통제하여 다른 사람이 존중받을 가치가 있다는 것을 보이고 그다음 시선을 조절함으로써 자기가 다른 사람에게 위협적 존재가 아님을 보인다. 그리고 그 다른 사람도 같은 일을 한다."[18]

숀 무어스Shaun Moores가 잘 설명했듯이, "도시생활은 문자 그대로 하루에도 수백만 가지 사건이 벌어지지만 사람들은 그때마다 도시의 거리를 무심코 스쳐 지나간다. 그러면서도 어떤 적대적 의도가 없다는 신호를 보내기 위해 힐끗 쳐다보는 것으로 그친다."[19] 강현수·이희상은 "시민적 무관심은 단순히 상대편을 무시해버리는 것과는 전혀 다르다"며 다음과 같이 말한다.

"그것은 상대편에게 상대편의 존재를 인식하고 있음을 내비치는 것이지만, 단지 너무 무례하게 보일지 모르는 어떤 몸짓도 하지 않는 것이다. 타인에 대해서 시민적 무관심을 보이는 것은 대개 우리가 무의식적으로 행하는 것이기도 하지만, 우리의 사회생활이 성립하도록 하는 중요한 역할을 한다. 그것은 한 개인은 다른 사람에게 그의 의도를 의심할 생각이 전혀 없고, 그에게 적대적이거나 그를 특별히 회피할 이유가 없다는 점을 내비치는 셈이다. 결국 시민적 무관심은 일상생활의 상호작용에는 일정한 규칙, 질서, 의례가 있음을 뜻한다."[20]

'시민적 무관심'은 특히 남녀 관계에서 중요하다. 다음 두 사례를 보자. "#1. 회사원 김모(남) 씨는 얼마 전 지하철 안에서 한 여성을 무심코 바라봤다가 치한으로 몰릴 뻔했다. 그는 상대방 여성이 예쁘다고 생각해서 잠깐 쳐다봤을 뿐인데 그 여성이 마치 치한 보듯이 자신에게 눈을 흘겼던 일을 생각하면 아직도 억울하다. #2. 회사원 이모(여) 씨는 출근길 지하철에서 항상 눈을 감고 간다. 자신을 힐끔힐끔 쳐다보는 남성들의 시선이 불쾌하기 때문이다. 그는 '짧은 치마를 입고 출근할 때면 멀쩡한 차림을 한 남성들도 위아래로 훑어본다면서 남성의 본능이라고 넘기기엔 지나친 경우가 많다'고 말했다."

이에 대해 연세대학교 문화인류학과 교수 김현경은 "한국 사회에서 남자들이 여자들을 바라볼 때 '예뻐서 쳐다보는 데 뭐가 잘못이냐', '쳐다보는 게 싫으면 옷을 얌전하게 입으면 될 것 아니냐'라는 두 가지 생각이 있다"면서 "이런 담론은 시민적 무관심의 규범을 어기고 있고 규범을 어긴 책임을 오히려 상대방에게 전가시키고 있기 때문에 여성 입장에서는 불쾌할 수밖에 없다"고 지적했다.[21]

고프먼은 '시민적 무관심' 또는 '예의 바른 무관심'이 현대 도시생활을 가능하게 하는 장치라고 했는데, 이는 디지털 시대에 이르러 더욱 중요한 장치가 되었다. 이와 관련, 구본권은 "도시생활에서 대중

교통과 다중이용시설을 이용하면서 살이 부대끼고 눈길을 교환하더라도 짐짓 모른 척하는 것은 일종의 에티켓이 됐다. 상대의 익명성과 사생활을 보호해야 자신도 안전하다는 인식이 도시민들에게 암묵적으로 공유돼 있다"며 다음과 같이 말한다.

"인터넷은 기본적으로 공개되는 특성이 있지만, 사회관계망 같은 서비스를 통해 모든 게 연결되는 현실에서 인터넷을 공공적 공간으로 규정하면 사생활 영역은 사라진다. 남모르게 사진과 동영상을 찍을 수 있는 구글 안경 같은 기기는 우려를 가중시킨다. 사생활을 보호하기 위해서는 인터넷의 기술적 속성에 어울리는 새로운 에티켓이 요구된다. 사용자들도 누군가를 향한 관심을 신상털기와 정보 검색으로 연결시키는 대신, 평온한 삶을 위해 도시민들이 합의한 '예의 바른 무관심'을 배울 필요가 있다."[22]

한국인은 '시민적 무관심'에 매우 둔감한 편이다. 물론 글 첫머리에 소개한 사례들이 '시민적 무관심'을 지키지 않은 피해자들의 무례로 인해 일어난 사건이라는 뜻은 아니다. 폭력에 굶주린 가해자들은 어떤 식으로건 시비를 걸어 폭행을 가할 건수를 찾으려 했을 거라고 보는 게 옳을 것이다. 가해자들은 자신들의 평소 습관인 '시민적 무관심의 결여'를 상대방에게 투사projection하는 자격지심에서 그런 못된 짓을 저질렀다고 볼 수 있지 않을까?

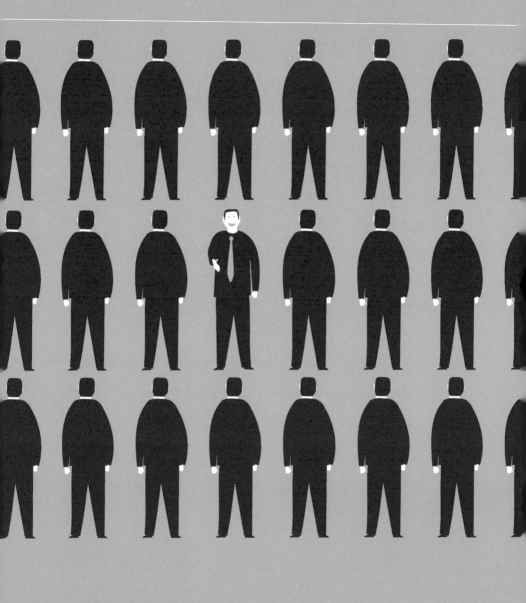

33

왜 우리는
"날 좀 봐달라"고 몸부림치는가?

관심 경제

attention(주의, 관심, 주목)은 '무언가를 향해 손을 뻗다', 비유적으론 '세상과 관계하면서 경험을 쌓아나간다'는 뜻의 라틴어 아텐데레 attendere에서 온 말이다. 인지과학자 앤 트라이스먼Anne Treisman은 주의 를 할당하는 방식이 우리가 무엇을 보는지를 결정한다고 말한다. 〈스 타워즈〉에 나온 요다의 말처럼 "집중이 곧 현실"이라는 것이다.**23**

 attention economy(관심 경제, 주목 경제)란 세인의 관심이나 주 목을 받는 것이 경제적 성패의 주요 변수가 된 경제를 말한다. 자신을 팔기 위해 남들의 주목을 받아야만 살 수 있다는 점에서 우리는 '주목 경제' 시대로 진입한 것이다. 대중문화·광고·홍보·PR은 전통적 인 주목 산업attention industry이지만, 이젠 전 산업의 '주목 산업화'로 나아가고 있다.[24] 에릭 슈밋Eric Schmidt은 꾸준히 사로잡고 통제할 수 있는 '안구eyeballs'의 수를 극대화해야만 재배적인 세계 기업이 될 수 있을 것이라고 말한다.[25] 우리는 바야흐로 "날 좀 봐달라"고 몸부림쳐야만 생존하고 성공할 수 있는 세상에 살게 된 것이다.

경제학자 허버트 사이먼Herbert Simon, 1916-2001은 1997년 관심 경제 이론을 통해 "정보사회가 발전할수록 정보는 점점 흔해지고, 관심은 점점 귀해진다"고 했다. 즉, "정보의 풍요가 관심의 빈곤을 야기한다"는 것이다.[26] 전통적인 지대地代가 주로 토지의 비옥도와 위치에 의해서 형성된 데 반해서, 정보 혁명으로 인한 지대는 주로 주목에 의해서 형성된다고 할 수 있다.[27] 일부 학자들은 경제 시스템의 핵심으로 '관심 거래attention transactions'가 '금융 거래financial transactions'를 대체할 것이라고 주장한다.[28]

찰스 데버Charles Derber는 『주목의 추구The Pursuit of Attention: Power and Ego in Everyday Life』(2000)라는 책에서 대중문화와 소비자본주의가 개인 수준의 주목에 대한 과도한 욕망을 갖게 했으며, 그 결과 사람들은 오직 자기 자신에 대해서만 말하고 싶어 하기 때문에 사람들 사이의 건전한 대화가 더는 불가능해졌다고 주장한다. 그는 대화를 하는 중에 더 관심을 받으려고 경쟁하는 사람들, 즉 남의 말을 끊고 끼어드는 사람들의 모습을 묘사하며 이렇게 말한다. "관심은 본래 '희소한' 것이 아님에도 불구하고, 그것을 마치 할당이라도 받아야만 하는 것으로 느끼는 개인의 입장에서는 희소한 것이 되어버린다."[29]

『관심의 경제학The Attention Economy: Understanding the New Currency of Business』(2002)의 저자인 토머스 대븐포트Thomas Davenport는 '관심'에 대

해 "희소가치가 폭등하면서 이제 돈만큼이나, 때로는 돈 주고도 못 살만큼 귀중해진 자원"이라고 평가한다. 그는 '관심 끄는 구체적 요령'을 다음과 같이 제시했다.

관심을 오래 유지시키려면 형식과 어조 등에 변화를 주어라. 줄거리를 적절하게 알려주어라. 편리하게 그만둘 수 있는 곳exit point과 언제든지 또 시작할 수 있는 곳entry point과 같은 출입구를 보여주라. 현실성과 선명함을 부여하라. 평범한 메시지 수천 번보다 독특한 메시지 한 번이 더 효과적이다. 음식과 섹스 · 어린이 · 건강 · 재해 등은 늘 관심을 끈다. '나'를 떠올리게 하거나 내가 닮고 싶은 사람, 유명 인사가 등장하는 이야기를 던져라. 미디어의 적극성에 유의하라.[30]

이와 관련, 프랑코 베라르디 '비포'Franco Berardi 'Bifo'는 『프레카리아트를 위한 랩소디: 기호자본주의의 불안전성과 정보노동의 정신병리』(2009)에서 "이처럼 주의력이라는 인지적 능력이 경제 담론 속으로 들어가고 그 담론의 일부가 된다는 것은 오늘날 그런 인지적 능력이 희귀한 자원이 됐음을 의미한다"며 다음과 같이 말한다.

"우리는 온갖 정보에 끊임없이 노출되어 있고 선택을 하기 위해서는 그것들을 평가해야만 한다. 그러나 정보의 흐름에 주의력을 기울이는 데 필요한 시간은 계속 부족해지고 있다. 이런 상황의 결과가 바로 우리 눈앞에 있다. 우리에게는 더이상 의식적인 관심을 위한 시간이 없기 때문에 이제 정보 처리와 의사 결정(또한 정치적 · 경제적 결정)은 점점 더 자동화될 필요가 있다. 우리는 장기적인 이성적 전략이 아니라, 양자택일적 상황 속에서 오직 단기적이고 즉각적인 이익에만 반응하는 결정 방식에 지배되곤 한다."[31]

이렇듯 관심에 집착하는 삶은 hyperattention(과잉주의)을 유발하기 십상이다. 한병철은 『피로사회』(2010)에서 "철학을 포함한 인류의 문화적 업적은 깊은 사색적 주의에 힘입은 것이다. 문화는 깊이 주의할 수 있는 환경을 필요로 한다"며 다음과 같이 말한다.

"그러나 이러한 깊은 주의는 과잉주의에 자리를 내주며 사라져가고 있다. 다양한 과업, 정보원천과 처리과정 사이에서 빠르게 초점을 이동하는 것이 이러한 산만한 주의의 특징이다. 그것은 심심한 것에 대해 거의 참을성이 없는 까닭에 창조적 과정에 중요한 의미를 지닌다고 할 수 있는 저 깊은 심심함도 허용하지 못한다."[32]

그런 상황에서 성황을 누리는 것은 자신의 인정욕구 충족을 위한 자기 과시 담론이다. 대학 동창들끼리 만나도 주요 화제는 누가 더 잘나가느냐 하는 것이다. "야, 나는 아직 대리인데 L은 벌써 차장이네. 부럽다 부러워." "야 그래도 연봉은 K 네가 더 많을걸?" "야, C는 이번에 외제차 뽑았다면서? 역시 금융권이 돈 많이 주는 모양이야." "H는 와이프가 억대 연봉이라면서? 너는 완전히 인생 풀린 거야." "야, 누가 뭐래도 우리는 J 못 따라가. 쟤는 부부가 다 공무원이니까 노후까지 그냥 끝난 거야." 이런 대화를 소개한 김준의 총평은 이렇다. "한국의 30대 남자는, 무슨 직장을 다니고, 무슨 차를 몰고, 몇 평의 아파트에 살며, 와이프가 누구인지 외에는 자신을 설명하는 방법이 없는 것일까."[33]

배달 알바족이라고 해서 어찌 주목을 받고 싶은 인정욕구가 없으랴. "어느 날 홍대 앞에 배달을 나갔는데 문득 서글퍼졌다. 남들은 연인이나 친구를 만나 이 시간을 즐기고 있는데 빵 하나를 배달한다고 오토바이를 타고 있는 나는 뭔가? 그러다 보니 오토바이를 세게, 시끄럽게 타게 되더라. 빵빵 막 소리를 내면서.……자기 존재가 사라지는 듯한 느낌, 즐겁게 돌아다니는 사람들 사이에 묻혀 있는 듯한 느낌이 드는데, 나라는 존재가 있다는 걸 스스로에게 강렬하게 인식시키는 방식이 오토바이 소음 내기다. 빵~ 하고."[34]

　　관심이나 주목을 받는 데에도 계급이 있나 보다. 이런 계급투쟁이 가장 적나라하게 펼쳐지는 곳이 바로 사이버공간이다. 이른바 'SNS 자기과시'에 중독된 사람이 많은 것도 다 관심 경제의 문법에 충실하고자 함이지, 다른 뜻이 있는 게 아니다.[35] 이제 우리는 '관심의 민주화'를 외쳐야 할 상황에 도달한 걸까?

왜 우리는 잠시도 쉬지 않고
뇌를 혹사시키는가?

ADHD

제발 "날 좀 봐달라"고 몸부림치는 게 기본적인 처세술이 되어가고 있는 세상에서 사람들이 '관심attention'에 대해서 관심을 갖게 된 건 당연한 일이다. 그런데 더글러스 러시코프Douglas Rushkoff는 『보이지 않는 주인: 인간을 위한 경제는 어떻게 파괴되었는가Life Inc: How Corporatism Conquered the World, and How We Can Take It Back』(2009)에서 그렇게 된 이유를 아동들의 주의력 결핍 장애 진단이 크게 증가한 것에서 찾고 있어 흥미롭다. 그는 "미디어 회사들은 대중의 관심을 빼앗으려고 새 전략을 채택했지만, 사람들은 관심을 엉뚱한 데로 분산시키는 방식으로 이에 대응했다"며 다음과 같이 말한다.

"아이들은 자신들의 관심을 얻으려는 총체적 공격에 응답하는 중이다. 나아가 아이들에게 내려진 이 진단은, 저항자를 병리 치료하고 무력한 상태로 만들기 위한 구조적 노력의 하나이다. 미디어가 주의력 부족을 자꾸 지적하면서 주의력 결핍 장애 치료제인 리탈린과 아데랄의 처방도 함께 늘어났다. 기업은 지난 반세기에 식민지에서 금을 캐냈듯 인터넷 사용자라는 땅에서 관심을 채굴하려 한다."[36]

주의력 결핍 장애ADD, Attention Deficit Disorder는 충동적인 행동, 부주의, 지나친 활동을 특징으로 하는 유아기, 아동기, 청소년기에 발생하는 장애를 말한다.[37] 성인이라고 해서 ADD가 없는 건 아니다. 미국 하버드대학 의대 교수 에드워드 할로웰Edward Hallowell은 ADD는 '마음속에 일어난 교통 체증'이라며 "이 증상의 특징은 '산만함, 초조함, 재촉, 충동적인 의사 결정' 등인 데 주로 할 일이 너무 많기 때문에 발생한다"고 말한다.[38]

병이냐 아니냐 하는 판정은 의사들이 내리겠지만, 현대의 생활 방식은 모든 사람에게 주의력 결핍을 강요하고 있다고 해도 과언이 아니다. 주의력 결핍을 그만큼 바쁘게 살고 있다는 증거로 여겨 그걸 자랑하는 사람도 많다.[39] 비유적 표현이겠지만, 아리아나 허핑턴Arianna Huffington은 저널리스트들에게는 주의력 결핍 장애가 있다고 말한다. 이들은 싫증나면 곧 다른 주제로 옮겨간다는 것이다.[40]

주의력 결핍 장애가 '행동과다증hyperactivity'을 동반하면 그건 주의력 결핍 과잉행동 장애ADHD, Attention Deficit Hyperactivity Disorder라고 한다. 포털사이트에 ADHD를 검색해보면 다음과 같은 제목의 기사가 1만 건 넘게 즐비하다.

「말이 안 통하는 우리 아이, 혹시 ADHD?」, 「멍 때리는 우리 아이, 혹시 ADHD 아닐까?」, 「윤다훈 '둘째딸, ADHD…아이 위해 유학 보내' 눈물」, 「유아 ADHD 증상 때 치료 시기 놓치면 성인기까지 계속될 수도」, 「흔들리지 않고 ADHD 아이 키우기」, 「ADHD 아동, 잘못된 양육 때문이 아니다」, 「아동 ADHD, 극복하려면 '맘껏 놀자'」.

도대체 ADHD가 무엇이길래 그렇게 많은 부모의 애를 태우는 걸까? ADHD는 지속적으로 주의력이 부족하여 산만하고 과다활동, 충동성을 보이는 상태를 말하는데, 이러한 증상들을 치료하지 않고 방치할 경우 아동기 내내 여러 방면에서 어려움이 지속되고, 일부의 경우 청소년기와 성인기가 되어서도 증상이 남게 된다. 영국 소아과 의사 조지 스틸George F. Still, 1868-1941이 1902년 반항적인 행동을 보이고 주의력이 아주 짧게 유지되는 43명의 소아를 묘사하면서 처음 사용한 말이다.[41]

ADHD 역시 아동들만의 병은 아니다. 강북삼성병원 소아정신과 교수 신동원은 "우리나라 성인의 2~4%가 ADHD로 추정된다"며 "병인 줄 모르고 대인 관계나 사회생활에 어려움을 겪다 충동 조절 장애나 조울증으로 잘못 진단하는 경우도 많다"고 말했다. 게다가 ADHD는 유전성이 매우 강해 부모가 ADHD면 자녀도 ADHD일 확률이 70퍼센트 가까이 된다고 한다.[42]

미국에선 성인 ADHD 환자가 빠르게 늘고 있다. ADHD 치료 약물 중 하나인 바이반스Vyvanse를 생산하는 다국적 제약사 샤이어Shire에 따르면 2014년 미국에서 ADHD로 치료제를 처방 받은 성인들의 숫자는 630만 명으로 전체의 53퍼센트를 기록했다(2007년 370만 명, 39퍼센트) 샤이어의 바이반스 판매는 2014년 14억 달러로 전년 대비 18퍼센트 증가했으며, 존슨앤드존슨J&J의 ADHD 치료제 콘서타Concerta는 5억 990만 달러를 기록했다.[43]

미국 심리치료사 대니얼 골딘Daniel Goldin은 ADHD 진단을 받는 성인들이 폭발적으로 증가하는 원인을 '현대인의 생활'에서 찾는다. "누구든 불안에 시달리면서 한 번에 백 가지 일을 하려고 한다면 주의가 산만해질 수밖에 없습니다. 계획을 세우고 목표에 집중하는 능력도 점점 쇠퇴합니다. ADHD 진단을 받는 수많은 여성들은 사실 그냥 시간에 쫓기고 있는 겁니다."[44]

일부 연구자들은 ADHD가 자폐증과 마찬가지로 유전적인 원인에 의한 것일지 모른다고 말한다.[45] 남녀 차이도 유전적인 이유 때문인 것으로 추정된다. ADHD 장애를 겪는 소녀들은 소년들에 비해 그 수가 월등히 적으며, 행동 과잉 장애나 산만함을 겪는 소녀들은 거의 없다.[46] 한국 건강보험공단에 따르면 2013년 ADHD로 병원 진료를 받은 전체 환자 5만 8,121명에서 남성 환자가 80.1퍼센트(2013년 기준)로 여성의 4배 정도며, 10대 남성이 52.6퍼센트(3만 556명)를 차지했다.[47]

미국을 비롯한 여러 선진국에선 ADHD로 인해 상황이 악화되는 것을 막아보고자 수많은 청소년에게 리탈린Ritalin 등의 약물을 처방했지만, 상황이 호전될 기미는 보이지 않고 오히려 더 심각해질 뿐이다.[48] 조앤나 몬크리프Joanna Moncrieff는 『영국의학저널British Medical Journal』에 기고한 논문에서 ADHD는 질병이 아니라고 주장했다. 제약 회사들이 '신경증' 약물 시장을 확대하기 위해 ADHD라는 꼬리표가 남발되고 있다는 것이다.[49] 서민도 "제약 회사와 의사의 결탁으로 없던 병이 만들어지고, 진단이 남발되고는 한다"며 그 사례 중 하나로 ADHD를 들면서 다음과 같이 말한다.

"이 병이 어느 순간 생기더니 미국 아이들 10명 중 1명이 이와 관련된 약을 먹고 있어요. 약을 먹으면 효과가 조금 있기는 한데, 그 약의 부작용도 만만치 않거든요. 과연 부작용을 감수하고 아이들한테 약을 줘야 하느냐, 의문이 들죠. 이것도 한 예지만, 요즘에는 병을 만드는 주도권이 제약 회사로 넘어간 것 같아요. 아무래도 제약 회사는 자본이 집중되어 있기 때문에 돈을 쓰기 유리하고, 의사는 파편화되어 있기 때문에 그런 것 같아요."[50]

사실 ADHD 치료제는 부작용이 많다. 2014년 5월 미국 필라델피아 드렉셀대학교 의과대학 신경과학 연구진은 시중에 유통되고 있는 ADHD 치료제가 잘못 사용되면 오히려 뇌에 장애를 끼칠 수 있다는 연구 결과를 발표했다. 연구진이 제시한 약물은 메틸페니데이트Methylphenidate, 리탈린Ritalin, 콘서타Concerta 등으로 모두 ADHD 치료제들이다.

연구진은 ADHD 치료제를 말 그대로 치료 목적이 아닌 다른 용도로 과다 사용할 경우, 기억력 손상, 사고력 장애 등 영구적 뇌 손상으로 이어질 수 있다고 경고하면서 의사 처방 없이 함부로 남용하지 말 것을 강조했다. 조우상은 "문제는 이런 약물 특성이 시험 공부 스트레스로 고통 받는 미국 내 청소년들에게 일명 '구세주'로 널리 통용되고 있다는 점이다"며 다음과 같이 말했다.

"이유는 해당 약물을 복용하면 단기간 내 암기 능력이 향상되어 시험 전날 벼락치기 공부에 요긴하게 사용되기 때문이다. 뿐만 아니라 이 약물들이 주의력 및 숫자 계산 능력을 높여준다는 것 때문에 고도의 집중력을 발휘해야 하는 미 공군 조종사들에게도 인기를 끌고 있다. 국내의 경우 해당 약물들은 부작용으로 인해 의사 처방 없이는 함부로 약국에서 구입할 수 없다. 하지만 미국에서는 별다른 제재 없이 구입이 가능한데 통계 자료에 따르면, 지난달에만 미국 청소년 130만 명이 '메틸페니데이트'를 사용한 것으로 드러났다."[51]

ADHD는 새로운 정보통신기술이 크게 보급된 지역이나 나라일수록 많이 나타난다.[52] 제러미 홀든Jeremy D. Holden은 "다른 어떤 집단보다 10대 청소년 집단이 빠르게 빨아들이는 소셜 미디어 및 게임 산업의 번성과 함께 미국에서 주의력 결핍 장애ADD와 과잉행동 장애ADHD가 재앙적인 규모로 증가했다는 사실은 결코 우연이 아니다"며 다음과 같이 말한다.

"인간의 유전자 구성과 기본적인 화학적 구성은 과거에 비해 크게 변하지 않았지만, 인간의 뇌는 과거에 비해 압도적일 정도로 엄청나게 많은 정보를 처리해야 한다. 예컨대 『뉴욕타임스』 주말판은 17세기에 살았던 평균적인 사람이 평생 동안 습득했을 정도의 많은 정보를 담고 있다."[53]

그 어느 곳에서건 틈만 나면 스마트폰에 고개를 처박고 사는 사람들을 보라. 이전 같으면 그런 자투리 시간에 이런저런 생각을 하거나 하다못해 '멍 때리기'라도 했으련만, 오늘날엔 거의 모든 사람이 글이건 그림이건 동영상이건 스마트폰을 통해 각종 정보를 소비하기에 바쁘다. 뇌의 혹사다. 관심을 놓고 벌어지는 전쟁이다. 그로 인해 ADHD가 증가한다는 것은 결코 놀랄 일은 아니겠다.

35

왜
멀티태스킹을 '사기'라고 하는가?

멀티태스킹

"두 가지 일을 동시에 한다는 것은 둘 다 안 한다는 뜻이다." 푸빌리우스 시루스Pubilius Syrus, B.C.85-B.C.43라는 로마 시대 작가가 한 말이다.[54] 이 말은 오늘날에도 유효한가? 멀티태스킹multi-tasking(다중처리 능력)은 그런 고전적 지혜 또는 고정관념에 도전하는 개념이다.

사람이 한번에 두 가지 이상의 일을 할 수 있다는 발상은 1920년 대부터 심리학자들의 연구 주제였으나 '멀티태스킹'이라는 용어가 본격적으로 쓰이기 시작한 건 1960년대 이후였다.[55] 멀티태스킹은 원래 컴퓨터에서 다수의 작업이 중앙처리장치CPU와 같은 공용 자원을 나누어 사용하는 것을 뜻했지만, 이용자 관점에서 그 의미가 확대되었다. 처음엔 컴퓨터를 사용할 때, 한 가지 작업에서 다른 작업으로 왔다 갔다 하면서 동시에 여러 가지 일을 할 수 있는 걸 의미했고, 오늘날엔 꼭 컴퓨터가 아니더라도 다른 여러 가지 일을 동시에 하는 걸 가리키는 말로 쓰인다.

한때 멀티태스킹은 예찬의 대상이었다. MIT대학 심리학과 교수 셰리 터클Sherry Turkle은 『외로워지는 사람들: 테크놀로지가 인간관계를 조정한다Alone Together: Why We Expect More from Technology and Less from Each Other』(2010)에서 다음과 같이 말한다.

"한번에 여러 가지 일을 할 수 있는 젊은이들은 명사나 다름없는 대접을 받기에 이르렀다. 전문가들은 멀티태스킹이 단순한 기술이 아니라 디지털 문화에서 성공적일 일과 학습에 꼭 필요한 기술이라 선언하는 데까지 나아갔다. 한번에 한 가지 일만 할 수 있는 고리타분한 교사는 학생의 학습에 방해가 될 거라는 우려마저 나왔다. 우리가 얼마나 쉽게 매료되고 말았는지, 놀라움을 금할 수 없다."[56]

그러나 적어도 2000년대 중반 이후 멀티태스킹 비판론이 우세해졌다. 시간의 흐름에 따라 그간 나온 주요 비판들을 살펴보자.

2005년 미국 캘리포니아대학UC-Davis 신경생물학자 레오 찰루파Leo Chalupa는 멀티태스킹에 대한 요구와 엄청난 시청각 정보가 우리 두뇌에 오랫동안 영구적인 손상을 입힐 가능성이 있다고 주장했다. 이로 인해 '지속적인 단편적 주의CPA, Constant Partial Attention' 현상이 생길 수 있다는 것이다.[57]

2006년 『타임』은 하버드대학 의대 교수 에드워드 할로웰Edward M. Hallowell 등의 연구 결과를 근거로 멀티태스킹이 사람의 정신 건강과 일의 능률, 생산성 향상 등에 부정적인 영향을 끼치는 것은 아닌지에 대해 의문을 제기했다. 할로웰은 멀티태스킹으로 인해 뇌가 과부하 상태에 놓여 여러 가지 부정적인 심리 현상을 보인다고 지적했다. 그는 일중독에 빠져 있으면서도 '주의력 결핍 증세ADT, Attention Deficit Trait'를 호소하는 환자들이 최근 10년 새 10배나 증가했다고 밝혔다 (ADT는 할로웰이 1994년에 만든 말이다).

이 증세를 호소하는 환자들은 대체로 초조한 성격 때문에 치밀함이 떨어지고 생산성도 떨어진다. 주어진 일에 적절한 사고를 하기보다는 흑백 논리적인 의사 결정을 하거나 깊이 생각하지 않고 함부로 말을 하거나 행동하는 경향이 있다. 왜냐하면 일을 빨리 마무리해야겠다는 강박관념을 갖고 있기 때문이다. 주의력 결핍 장애ADD, Attention Deficit Disorder는 유전적 소인이 있는 반면 ADT는 직장에서 일을 한다든지, 가정 일을 한다든지 특별한 상황에서만 나타나며 다른 상황에선 사라질 수도 있다. 할로웰은 ADT 증상을 갖고 있는 사람들은 무자비할 정도로 일의 우선순위를 매기고 생각하고 명상하는 데 하루 30분 정도를 할애하는 것이 좋다고 말했다.[58]

할로웰은 2006년에 출간한 『창조적 단절: 과잉정보 속에서 집중력을 낭비하지 않는 법CrazyBusy: Overstretched, Overbooked, and About to Snap! Strategies for Handling Your Fast-Paced Life』에선 멀티태스킹이 헛된 일이라고 단언하면서 그럼에도 사람들이 멀티태스킹을 하는 것은 "이것저것 하는 일은 많은데 어떤 일에서도 재미를 느끼지 못하기 때문이다. 그러니 빨리빨리 잇달아 해서라도 짜릿한 쾌감을 맛보고 싶은 것이다"며 다음과 같이 말했다.

"이런 사람들은 처음 시작한 일이 어렵다 싶으면 곧바로 다른 일로 잽싸게 옮겨간다. 어려운 고비를 참고 견디고, 얽히고 꼬인 일들을 어떻게든 풀어보려고 죽을힘을 다해 애쓰거나, 아니면 차분히 앉아서 문제점을 따져볼 생각은 하지 않는다. 너무도 쉽사리 새로운 일로 냉큼 뛰어든다. 그러면서 하루 종일 이리 뛰고 저리 뛸 뿐 정작 아무것도 이루지 못한다. 무의미한 다중 작업은 흔히 바쁜 사람들이 효과가 있기를 간절히 바라면서 저지르는 잘못이다. 그러나 중요한 일일수록, 한 가지 일에 최선을 다하는 것이 좋다. 그래야 오롯이 집중할 수 있다."[59]

매기 잭슨Maggie Jackson은 『집중력의 탄생Distracted: The Erosion of Attention and the Coming Dark Age』(2008)에서 여러 작업을 이리저리 오가는데 소요되는 '변환 비용'을 들어 멀티태스킹에 대해 비판적 자세를 취했다. 우리 뇌가 목표를 바꾸고, 새로운 작업에 필요한 룰을 기억하고, 아직도 잔상이 선명한 이전 활동들이 인지 능력에 가하는 방해를 차단해야 하는 등의 비용이 너무 크지 않느냐는 것이다.[60]

잭슨은 "오늘날 평균적인 지식 근로자들은 3분마다 집중하는 대상이 바뀐다. 한 번 주의력을 잃었다가 원래 했던 일을 다시 시작하기까지는 30분 가까이 걸린다. 이 같은 주의력 산만은 사회에 큰 비용이 될 뿐 아니라 위험하기까지 하다"며 다음과 같이 말한다.

"두뇌는 집중 대상이 바뀌면 추가 시간이 반드시 필요하기 때문에 결국 멀티태스킹은 업무 속도를 저하시킵니다. 더욱 위험한 것은 멀티태스킹이 깊은 학습을 방해한다는 점입니다. 멀티태스킹 능력을 높일 수는 있지만 절대로 한 가지 일에 집중해서 하는 만큼 성과를 낼 수 없습니다."[61]

멀티태스킹

가이 스탠딩Guy Standing은 『프레카리아트: 새로운 위험한 계급』 (2011)에서 멀티태스킹을 하는 사람은 프레카리아트precariat: precarious+proletariat, 즉 불안정 노동에 종사하는 비정규직이 될 으뜸이 되는 후보라며, 다음과 같이 말한다.

"그런 사람은 무언가에 초점을 모으는 데 애로가 더 많고 무관하거나 주의를 산만하게 하는 정보를 차단하는 데 애로가 더 많기 때문이다. 그런 사람은 자신의 시간 사용을 통제할 수 없어서 스트레스를 겪으며, 더 장기적인 안목에서 그 스트레스는 발전적인 심성을 유지할 수 있는 역량을 좀먹는다." [62]

게리 켈러Gary Keller와 제이 파파산Jay Papasan은 『원씽: 복잡한 세상을 이기는 단순함의 힘The ONE Thing: The Surprisingly Simple Truth Behind Extraordinary Results』(2012)에서 "거의 모든 사람들이 멀티태스킹이 효과적이고 효율적이라고 믿고 있지만 절대 그렇지 않다.……이는 망상에 불과하다. 멀티태스킹은 사기다.……우리는 멀티태스킹을 완전히 몸에 익히고 있다고 믿지만 사실은 스스로를 미친 듯 몰아가는 것에 불과하다"며 다음과 같이 말한다.

"우리는 종종 우리의 일상적인 업무가 심장 수술처럼 생사를 좌우하는 일이 아니라는 이유로 '집중'의 중요성을 간과하곤 한다. 그러나 비행기 조종사나 의사의 일이 집중하지 않고는 성공적일 수 없듯이 우리의 일 또한 그러하다. 당신의 업무 역시 똑같이 존중 받을 권리가 있다." [63]

구본권은 『당신을 공유하시겠습니까?』(2014)에서 "스마트폰 사용자는 스스로 멀티태스킹을 하고 있다고 생각하지만 사실 그가 이것

저것 기웃거리는 것은 집중력 결핍의 결과인 경우가 대부분이다"고 말한다. "그는 다양한 작업을 동시에 수행하는 유능한 사람이 아니라 실제로는 주의력 결핍 과잉행동 장애ADHD, Attention Deficit Hyperactivity Disorder 환자와 유사하다.……멀티태스킹은 주변의 자극 요소를 제대로 통제하지 못하기 때문에 생겨나는, 집중력과 주의력 결핍에 따른 행위라는 것이 연구자들의 대체적인 결론이다."[64]

미래학자 리처드 왓슨Richard Watson은 멀티태스킹에 반발해 슬로 푸드slow food 운동에서 착안한 '싱글 태스킹single tasking'이라는 트렌드가 생길 것이라고 예측했지만,[65] 그 어떤 문제가 있더라도 멀티태스킹은 사라지지 않을 것 같다. '멀티태스킹 사기론'은 전문가들의 주장일 뿐, 멀티태스킹을 하는 주체의 입장에서 볼 때에 그것은 꼭 생산적이거나 바람직한 결과를 얻기 위해 하는 것은 아니기 때문이다.

MIT의 신경과학자 얼 밀러Earl Miller는 "멀티태스킹을 잘한다고 말하는 사람은 사실 자신을 속이고 있는 것이다"고 했지만,[66] 그런 자기기만에도 그 사람 나름의 이유가 있다면 어찌할 것인가? 한 미국 학생은 "TV를 켜놓지 않고서는 숙제에 집중할 수가 없다. 침묵은 나를 미치게 만든다"고 말했다는데,[67] 이게 바로 멀티태스킹을 하는 멀티태스커multitasker들의 기본 정서가 아닐까? 공백을 견딜 수 없어 발작적으로 하는 행위라면, '사기'라는 진단은 번지수를 완전히 잘못 찾은 게 아닐까?

제8장

열림
과
닫힘

36

왜 "하나를 보면 열을 안다"는
속담은 폭력적일 수 있는가?

환원주의

어느 심리학자가 피실험자들에게 신문 한 부씩을 나눠주면서 신문에 나온 사진의 개수를 전부 세어보라고 지시했다. 대부분의 피실험자들은 2분 내에 사진의 개수를 모두 셌다. 그런데 이 심리학자가 신문의 2면에 "세는 것을 중단하시오. 이 신문에는 모두 43개의 사진이 있습니다"라고 대문짝만 하게 써놓은 것을 발견한 참가자는 아무도 없었다.

영국 심리학자 리처드 와이즈먼Richard Wiseman, 1966-이 한 실험이다. 이 실험은 무엇을 말하기 위한 실험이었을까? 와이즈먼은 환원주의적 관점이 얼마나 우리의 시각을 좁게 만드는지 증명하기 위해 이 실험을 했다. 즉, 환원주의는 전체를 기술하고 전체를 깨닫는 데 부적절한 패러다임이라는 것이다. 쉽게 말하자면, 숲은 보지 못하고 나무

만 보게 만든다고나 할까.[1]

환원주의還元主義, reductionism란 다양한 분야에서 다양한 방식의 개념으로 쓰이기 때문에 한마디로 정의를 내리긴 어렵지만, 간단한 사전적 정의에 따르자면, "다양한 현상을 하나의 기초 원리나 개념으로 설명하는 방식" 또는 "복잡한 자료와 현상을 좀더 단순하게 설명할 수 있다고 믿는 것"이라고 할 수 있다. 관찰이 불가능한 이론적 개념이나 법칙을 직접적으로 관찰이 가능한 명제命題의 집합으로 바꾸어놓으려는 실증주의적實證主義的 경향을 말하기도 한다.[2]

유정식은 "환원주의는 전체를 잘게 쪼개어 각 부분의 메커니즘을 밝혀내면 전체를 이해할 수 있다고 믿는 패러다임이다. 다시 말해, 부분을 모두 합하면 전체가 되고 전체는 다시 부분으로 '환원'될 수 있다는 믿음이다"며 다음과 같이 말한다.

"물리 현상을 몇 개의 간단한 방정식으로 정리해내면서 뉴턴이 고전역학을 완성한 이래로 환원주의적 경향은 과학계 전반에 걸쳐 뿌리 깊게 내려오고 있다. 모든 것은 물질로 이루어졌다는 '물질 일원론一元論'과, 인간의 심리적 작용이 성적 콤플렉스에서 비롯된다고 생각한 프로이트의 신념 등이 그 대표적인 예이다."[3]

환원주의는 워낙 많이 사용되는 개념인지라 남용도 심하다. 대니얼 데닛Daniel Dennett, 1942-은 환원주의의 부적절한 사용을 가리켜 '탐욕스러운 환원주의greedy reductionism'라고 했다.[4] 예컨대, 빅터 프랭클Victor Frankl, 1905-1997은 정신의학 분야에서 환원주의가 어느 정도까지 이르렀는지를 다음과 같이 풍자했다.

"많은 예술가들은 '화가가 엄격한 배변 훈련을 극복하기 위하여

자유로이 붓을 놀림으로써 그림을 그린다'라고 말한 것에 분개하여 정신과 의사의 사무실을 떠났다.……정신분석학자들은 괴테의 저작이 이상과 미의 가치를 위한 것이 아니라, 조루라는 당혹스러운 문제를 극복하기 위한 것이다, 라고 말한다."[5]

많은 문제가 있긴 하지만, 환원주의가 반드시 부정적인 것만은 아니다. 불가피한 점이 있다. 『가이아Gaia』(1979)의 저자 제임스 러브록James Lovelock, 1919-은 "어느 단계까지 환원주의적으로 연구하지 않으면 과학은 아예 불가능하다"고 말한다.

"예를 들어 생물체의 구성 물질과 그것들 사이의 상호관계는 너무나 복잡하기 때문에 전체적인 시각으로 연구하는 것은 분명 한계가 있다. 그러므로 생물학은 개체를 기관으로, 기관을 세포로, 세포를 분자로 잘게 나누어 연구하는 방향을 지속할 수밖에 없었으며, 그 결과 인간의 게놈 지도를 완성하는 등 놀랄 만한 지식의 축적을 이루어냈다."[6]

리처드 도킨스Richard Dawkins, 1941-는 "환원주의란 사물이 어떻게 움직이는지 이해하고 싶은 솔직한 욕망의 다른 이름일 뿐이다"고 말하면서, 복잡한 대상을 연구하고 설명하는 데 환원주의의 실용주의적인 이점을 무시하지 말라고 주문한다.[7] 환원주의가 "20세기의 과학적 연구를 배후에서 이끌어간 주된 원동력이었다"는 평가를 받는 것도 그런 이유 때문일 것이다.[8]

그렇긴 하지만, 문제는 자주 본말의 전도가 일어난다는 점이다. 심지어 알베르트 아인슈타인Albert Einstein, 1879-1955이나 존 로버트 오펜하이머John Robert Oppenheimer, 1904-1967와 같은 거물 과학자들도 그런 함정에서 자유롭지 못했다. 아인슈타인은 자신의 '일반상대성이론theory of general relativity'(1915)이 모태 역할을 한 블랙홀black hole 개념을 혐오했으며, 오펜하이머 역시 자신의 가장 중요한 과학적 업적이 블랙홀임에도 말년에는 블랙홀에 냉담했다. 왜 그랬을까? 프리먼 다이슨Freeman Dyson은 『과학은 반역이다The Scientist as Rebel』(2006)에서 이들이 진정한 이론물리학자라면 반드시 물리학의 기본 방정식을 발견해야 한다고 생각했기 때문이라고 말한다.

"정확한 기본 방정식을 발견하는 것, 오로지 그것만이 중요했다. 그것만 발견되면, 그 방정식의 개별적인 해들을 찾는 것은 삼류 물리학자나 대학원생들에게도 누워서 떡 먹기가 될 터였다. 오펜하이머가 보기에, 자신과 아인슈타인이 개별적인 해들의 자잘한 부분까지 신경 쓰는 것은 귀중한 시간을 낭비하는 일이었다. 이런 식으로 오펜하이머와 아인슈타인은 환원주의 철학에 빠져 길을 잃었다. 그들은 모든 물리적 현상들을 몇 개의 기본 방정식들로 환원하는 것을 물리학의 유일한 목표로 삼았다. 그러니 블랙홀과 같은 특정한 해들을 찾는 일은 원대한 목표에 집중하지 못하게 만드는 방해물일 뿐이었다.……그들은 근본적인 문제들을 한번에 해결하려는 꿈에 젖어 있었다. 그러나 그들도 결국 말년에는 단 한 문제도 해결하지 못했다."[9]

환원주의는 과학이나 철학을 넘어서 다른 분야에서도 자주 활용되는 개념이다. 찰스 랜드리Charles Landry는 『크리에이티브 시티 메이킹 The Art of City-Making』(2006)에서 도시학에서 '환원주의의 해로움'을 경고한다. 즉, 건축물, 공간 계획, 사회 문제 등 체계를 이루는 하부 체계의 세부 사항을 갖고 어떤 장소나 도시 같은 체계의 세부 사항을 구성하는 접근법은 위험하다는 것이다.

"환원주의의 강점은 가령 수학공식처럼 단순한 사항을 바라볼 때는 당연해 보인다는 사실이다. 2+2=4는 맞다. 하지만 거기에는 단순화의 위험이 있다. 이렇게 근사해 보이는 단순함을 도시처럼 복합성을 띤 '살아 있는 유기적 조직체'에도 적용하려 든다면 곤란하다."[10]

이덕희는『공자가 다시 쓴 자본주의 강의: 어떻게 냉혹한 자본주의를 변화시킬 것인가?』(2015)에서 "왜 애덤 스미스가 역설한 '보이지 않는 손'은 작동하지 않는가?"라는 질문을 던지면서, '자유롭고 독립적인 행동'이라는 전제 자체가 문제라고 말한다.

그는 "'보이지 않는 손'을 주재하는 차가운 머리는 바로 '환원주의'를 향합니다. 나의 원리가 곧 전체의 원리로 환원되며 그 반대로 마찬가지라는 뜻의 환원주의는 고전과학의 주된 패러다임입니다. 다시 말해 나의 이익 극대화가 사회 전체의 이익 극대화로 연결된다는 뜻으로 '보이지 않는 손'은 바로 이 환원주의에 기초합니다"라면서 다음과 같이 말한다.

"그러나 다른 사람과의 관계 속에서 존재하는 인간은 애초 완전히 자유롭고 독립적인 행동이 불가능합니다. 현대 사회에서는 더욱 그렇지요. 어찌 남의 영향을 받지 않고 순전히 자기만의 선택 행위를 할 수 있을까요? 어찌 사회적 흐름을 무시한 채 홀로 행위를 할 수 있을까요? '보이지 않는 손'은 부분과 전체 간 관계를 지나치게 단순화시킨 환원주의에 뿌리를 두고 있으며, 그 불가능한 상태가 우리가 추구해야 할 기준으로 오랫동안 자리 잡아왔습니다."[11]

유정식은 경영에서 나타나는 환원주의의 대표적인 예는 직무 중심으로 모든 인사 제도를 개편하려는 시도라고 말한다. 직무 분석을 통해 개별 직무의 내용과 요건을 면밀하게 규명할 수 있겠지만, 초점 자체가 직무에 맞춰져 있기 때문에 직무 간의 상호 연관성과 의존성에 관한 정보는 제대로 밝혀내지 못하는 치명적인 결점이 존재한다는 것이다.

그는 "우리가 평소 알고 있다시피, 회사 내 모든 업무는 유기적으로 연관되어 일정한 의존관계로 묶여 있으며 섬처럼 혼자 뚝 떨어진 업무란 절대 존재하지 않는다. 하지만 직무 중심의 인사 제도들은 직무들이 여기저기 흩어져 서로 왕래가 없는 섬들의 집합으로 간주하는 직무 분석의 틀 위에서 구축되기 때문에 전체적인 시각이 아닌 미시적 관점에서 인력을 운용하는 오류에 빠지고 만다"며 다음과 같이 말한다.

"이 때문에 많은 기업들이 운영하고 있는 목표관리제도MBO, Management by Objective는 좋은 면보다는 어두운 면이 더 자주 나타나는 실정이다. 달성하기 용이한 목표를 설정한다든지, 업무 전체를 포괄하지 않고 일부 업무에 국한된 목표를 잡아서 그것 이외에는 신경 쓰지 않으려 한다든지, 자신의 목표 달성과 관련이 없거나 방해가 된다고 판단되면 동료의 협조 요청을 거부하는 이기주의적 경향 등이 목표 관리의 문제점으로 지적되고 있다. 개인의 평가 점수가 제아무리 높아도 팀의 성과나 회사의 성과로 원활히 이어지지 않는 것은 바로 직무 중심 인사가 '부분의 극대화로 전체 성과의 극대화'를 이루려는 환원주의적 관점을 가지고 있기 때문이다."[12]

물론 소비자를 상대하는 일에서는 달리 볼 수도 있다. 김민주는 "일반 소비자들이 기업과 상품에 대해 어떻게 인지하고 있는가 하는 점은 기업 경영 차원에서 매우 중요하다"며 이렇게 말한다. "'하나를 보면 열을 안다'는 속담을 좀더 학문적으로 표현하면 환원주의 reductionism라 할 수 있을 것이다. 각 부분에 전체가 축약돼 있다는 논리다. 기업 입장에서 보기에는 하찮은 것 같지만 소비자들은 그러한 세세한 것을 확대해석해 기업 전체에 대한 이미지로 보게 된다. 그리고 이러한 이미지는 상품 구입에 영향을 미치게 마련이다." [13]

환원주의가 인간들끼리의 상호작용에까지 적용되면, 특히 한 사람의 정체성을 단 하나의 소속으로 환원해 파악하고자 하면 엄청난 비극이 발생할 수 있다. 아민 말루프Amin Maalouf는 『사람 잡는 정체성』 (1993)에서 그런 시도는 "사람들에게 편파적이고 파당적이고 불관용적이고 남을 지배하려고 하고 때에 따라서는 자살적이기도 한 태도를 심어놓는다"고 말한다. [14]

아마르티아 센Amartya Sen은 『정체성과 폭력: 운명이라는 환영 Identity and Violence: The Illusion of Destiny』(2006)에서 수많은 정체성 중 오직 하나의 정체성에만 의거해 인간을 이해하는 것은 아주 조잡한 지적 활동이며, 그런 단일 정체성의 환영은 대결을 획책하는 사람들의 폭력적 목적에 봉사하며, 박해와 학살의 명령자들에 의해 능란하게 양성되고 선동된다고 말한다. 즉, "환원주의라는 고급 이론이 의도치 않게 폭력이라는 하위 정치에 주요한 기여를 할 수 있는 것이다". [15]

우리는 "하나를 보면 열을 안다"는 말을 즐겨 하는데, 사실 그런 경우가 많다. 포털사이트에서 이 속담이 언론 기사에서 사용된 수많은 사례를 검색해보면, 하나같이 고개를 끄덕이지 않을 수 없을 정도로 설득력이 높다. 그래서 우리는 "하나를 보면 열을 안다"는 말을 거

의 진리처럼 간주하는 경향이 있다.[16] 하지만 어떤 경우엔, 특히 정체
성과 관련된 일에선 매우 폭력적일 수 있으니, '탐욕스러운 환원주
의'의 유혹을 자제하는 게 좋겠다.

37

왜 바보 세 사람이 모이면
문수보살의 지혜가 나오는가?

창발

2001년 3월 15일 한국교원단체총연합회는 한완상 부총리 겸 교육부 장관이 지난 1월 취임사를 시작으로 자주 사용하고 있는 '창발성'이라는 용어가 북한에서 자주 쓰는 법률 용어와 일상용어라며 문제를 제기하고 나섰다. 교총은 성명을 내고 "창발성, 창발적이라는 용어는 대한민국에서는 일상적으로 잘 사용되지 않고 교육학에서도 다뤄지지 않는 개념"이라며 "북한에서 중요하게 사용되는 용어가 한 부총리의 취임과 더불어 아무런 검증 없이 우리 교육정책의 핵심 용어로 사용되고 있는 것은 유감이며 앞으로 사용을 중단해야 한다"고 주장했다.

이에 교육부 관계자는 "창발이라는 용어는 표준국어대사전에도 '남이 모르거나 하지 않은 것을 처음으로 또는 새롭게 밝혀내거나 이루는 일'이라고 풀이돼 수록돼 있으며 한 부총리의 취임 이전 저서에서도 사용됐다"고 밝혔다. 이 관계자는 "한 부총리가 창발성 창발력 등은 뉴턴의 사과, 콜럼버스의 달걀처럼 엉뚱한 생각으로 새로운 일을 이루는 능력으로, 창의력보다는 좀더 역동적인 개념이라고 설명했다"고 말했다.[17]

과학문화연구소장 이인식은 당시 『동아일보』에 연재하고 있던 「이인식의 과학생각」 칼럼에서 "개개의 개미는 집을 지을 만한 지능이 없다. 그럼에도 불구하고 흰개미의 집합체는 역할이 서로 다른 개미들의 상호작용을 통해 거대한 탑을 만들어내는 것이다. 이처럼 하위계층(구성 요소)에는 없는 특성이나 행동이 상위계층(전체 구조)에서 자발적으로 돌연히 출현하는 현상을 창발성이라고 한다. 창발성을 영어로는 '불시에 솟아나는 특성emergent property' 또는 이머전스emergence 라고 한다"며 다음과 같이 말했다.

"창발성은 국내 학계에서 오래전부터 사용된 용어이다. 가령 마음을 연구하는 인지과학의 경우 12명의 학자가 펴낸 『인지과학』(1989년)에 신경세포의 집합체인 뇌에서 마음이 출현하는 현상을 창발성으로 설명하는 글이 실려 있다. 또한 여러 교수가 함께 집필한 『현대생태학』(1993년)에는 창발성 원리가 생태학의 기본 개념으로 소개돼 있다. 예컨대 숲을 이해하려면 나무 하나하나에 대한 지식뿐만 아니라 완전한 기능을 갖춘 삼림의 특성을 알지 않으면 안 된다는 것이다.……창발성의 개념에 비춰볼 때 한 장관의 해명처럼 콜럼버스적인 발상 같은 창조적 발상을 교육 목표로 삼기 위해 창발이라는 용어를 사용한 것은 아무래도 적절치 못했던 것 같다."[18]

창발

이게 바로 15년 전에 일어났던 그 유명한 '창발성 논란'이다. 참으로 격세지감隔世之感이다. 그때와 달리 지금은 창발성이 많이 쓰이는 인기 용어가 되었으니 말이다. 창발emergence은 '진화'와 비교하면 좀 더 쉽게 이해할 수 있다. 더 단순한 형태에서 생물학적으로 복잡한 것이 생겨날 때 이를 '진화', 복잡한 체계에서 인간의 의식처럼 완전히 예기치 못한 속성이 생겨날 때 이를 '창발'이라고 부른다.[19] 창발은 각 부분을 따로 떼어내 생각하는 환원주의reductionism를 비판하는 주요 논거이기도 하다. 창발은 하나의 체계는 각 부분과 그 관계를 나열한 것 이상의 존재라고 보기 때문이다.[20]

생물학자 최재천은 영국의 자연철학자 윌리엄 휴얼William Whewell, 1794-1866이 만든 '통섭consilience' 개념은 "각 합류점마다 이른바 창발성 emergent properties의 가능성을 열어놓은 점을 장점으로 들고 있지만 창발성은 사실 매우 비겁한 개념이다"고 말한다. "현재의 지식으로 해결할 수 없는 부분을 비겁하게 뭉뚱그리는 행위에 지나지 않는다. 나는 창발성도 언젠가 반드시 설명되어야 할 개념이라고 생각한다."[21]

창발은 언젠가 반드시 설명되어야 할 개념이겠지만, 예기치 못한 속성이 생겨난다는 점이 매력으로 작용해 생물학, 물리학, 화학을 넘어 사회학과 예술 등 여러 분야에서 다양한 방식으로 쓰이고 있다. 즉, 창발을 "아무 관련도 없는 것들이 만나 화합을 이루고 질적으로 다른 새로운 부가가치를 낳는 것"으로 해석해 적용 범위를 넓혀간다는 이야기다.[22]

"모아 놓으면 다르다"는 말은 창발의 슬로건이라고 할 수 있다. 왜 모아 놓으면 달라지는 걸까? 어떻게 부분의 합보다 전체가 더 많을 수 있을까? 에릭 바인하커Eric D. Beinhocker는 창발은 아직도 약간 신비주의적인 느낌을 던져주지만 실제로는 매일 경험하는 일이라고 말한다.

"예를 들어, 두 개의 수소와 한 개의 산소 원자로 이루어진 단일 물 분자는 젖은 느낌이 없다(당신이 단일 분자를 느낄 수 있다고 가정할 경우). 그러나 컵에 있는 수십억 개의 물 분자들은 젖은 느낌을 준다. 그 이유는 젖었다는 느낌은 특정한 온도 범위에서 물 분자들 사이의 미끄러운 상호작용 결과 나타나는 집단적 특성 가운데 하나이기 때문이다."[23]

창발 개념을 왕성하게 원용하는 분야가 바로 조직학이다. 예컨대, 구글은 '창발적 리더십emergent leadership'을 부르짖는데, 이는 형식적인 위계를 무시하는 리더십을 말한다.[24] 이와 관련, 스티븐 존슨Steven Johnson은 『창발Emergence』(2001)에서 낮은 단계의 규칙이 높은 단계의 것으로 정련되어가는 움직임을 '창발'이라고 정의하면서 중앙집중식 통제가 필요하다는 믿음을 "집단적 행동 뒤에는 중앙집중적 권위가 있다는 가정이 자리 잡고 있다"는 점에서 '여왕개미의 미신'이라고 불렀다. 개미 집단과 같은 체계에는 실질적인 지도자가 없으며 '여왕' 개미라는 개념은 잘못된 것이라는 의미에서다.[25]

니시나리 가쓰히로西成活裕는 "바보 세 사람이 모이면 문수보살文殊菩薩의 지혜가 나온다"는 불가佛家의 말을 창발의 슬로건으로 보면서, 이는 기업의 새로운 조직 만들기에도 이용할 수 있다고 말한다. 조직은 톱다운top-down(위에서 아래로)과 바텀업bottom-up(아래에서 위로)의 두 종류로 크게 분류할 수 있는데, 창발은 구성원들의 소통이 새로운 아이디어를 창안해내는 기초가 되기 때문에 바텀업 방식의 조직에서 생

겨난다는 것이다.[26]

앤드루 스마트Andrew Smart는 이른바 '자기조직화self-organization'를 '외적 행위자가 부여하지 않은 구조나 질서가 출현하는 현상'으로 정의하면서, 자기조직화의 다른 이름이 바로 창발이라고 말한다. 부분에는 없던 고차원적 질서가 전체에서는 출현하는 것, 또는 스스로 조직되어 더 높은 차원의 질서가 출현하게 하는 것이 창발이라는 이야기다.[27] 앨버트 라즐로 바라바시Albert-Laszlo Barabasi는 창발하는 네트워크를 '거미 없는 거미줄web'이라고 했다. 중앙에서 모든 일을 지시하는 존재 없이 짜인 그물망이라는 뜻이다. "거미가 없기에 이 네트워크의 배후에는 정교한 설계도 따위 없다. 그저 자기조직화되는 셈이다."[28]

인터넷을 창발성의 보고寶庫로 보는 돈 탭스콧Don Tapscott은 『위키노믹스: 웹2.0의 경제학』(2006)에서 "오늘날 창발성 개념에서 중요한 점은 여기저기 흩어져 있고 비교적 느슨하게 결합된 웹 기반 도구의 지원을 받은 협업 행위자들의 활동들로부터 기묘하게도 정교한 결과물이 탄생되는 것을 보고 있다는 것이다"고 말한다.[29]

맞다. 협업의 아름다운 성공을 말해주는 수많은 증거가 있다. 그러나 그 반대도 생각해볼 필요가 있지 않을까? 인터넷과 SNS가 증오와 저주에 주력하는 '악마'들을 양산해내는 건 어떻게 보아야 할까? 바보 세 사람이 모이면 문수보살의 지혜가 나올 수도 있지만, 선량한 세 사람이 모이면 악마의 심장도 나올 수 있다는 것일까? 집단적 사이버 폭력으로 고통을 받거나 심지어 죽음까지 택한 이들이 던지고 싶은 질문일 게다.

38

왜 "당신 80년대에 뭐했어?"에
매달리면 안 되는가?

특이점

"오늘날의 학생들은 과거의 학생들과 비교해 크게 변했으며 정말로 그들 사이에는 건널 수 없는 단절이 일어났다. 이를 너무나 근본적인 변화가 일어나 절대로 되돌릴 수 없는 사건을 일컫는 '특이점 singularity'이라 부르는 사람도 있을 것이다."[30]

'디지털 원주민digital natives'이란 말을 처음 사용한 미국 교육학자 마크 프렌스키Marc Prensky, 1946-의 말이다. 이런 식으로 사용되는 '특이점' 개념의 원조 저작권자는 1950년대, 즉 미국 수학자인 존 폰 노이만John von Neumann, 1903-1957으로까지 거슬러 올라갈 수 있지만, '특이점'이라는 용어는 1983년 미국 수학자이자 과학소설 작가인 버너 빈지Vernor Vinge, 1944-가 1983년에 만든 '기술적 특이점technological singularity'

이라는 말에서 유래한 것이다. 빈지는 다음과 같이 예측했다.

"우리는 곧 자신보다 더 뛰어난 지능을 지닌 존재를 창조할 것이다.……그 일이 일어날 때, 인류 역사는 일종의 특이점에 도달해 있을 것이다. 블랙홀의 중심에 있는 뒤얽힌 시공간처럼 불가해한 지적 전이가 일어나는 시점에 도달할 것이며, 세계는 더이상 우리가 이해할 수 없는 곳이 될 것이다."[31]

요컨대, 특이점은 인공지능의 가속적인 진화로 탄생하게 되는 슈퍼 지능에 대한 미래 예측이 불가능해지는 극적 상황을 말하며, 좀더 넓게는 기술이 인간을 뛰어넘어 새로운 문명을 생산해가는 시점을 말한다. 단순화시켜 말하자면, '기술이 인간을 초월하는 순간'이라고 해도 좋겠다. 빈지를 비롯한 많은 이가 '무어의 법칙Moore's law'에 힘입어 우리가 그런 특이점을 향해 나아가고 있다고 주장한다.

무어의 법칙은 인텔의 공동 설립자인 고든 무어Gordon Moore, 1929-가 처음 주장한 것으로 컴퓨터의 파워가 18개월마다 2배씩 증가한다는 법칙이다. 이 법칙은 18개월마다 같은 값으로 2배로 성능이 좋은 컴퓨터를 살 수 있다거나, 18개월마다 컴퓨터 가격이 절반으로 떨어진다는 식으로도 해석할 수 있다. 이 법칙은 540년간 유효했으며, 기술 발전의 융합 덕분에 앞으로 10~20년은 더 유효할 것으로 평가받고 있다.[32]

'특이점' 개념을 대중화시킨 미국의 미래학자이자 발명가인 레이 커즈와일Ray Kurzweil, 1948-은 2005년에 출간한 『특이점이 온다The Singularity Is Near: When Humans Transcend Biology』에서 2045년을 그런 전환의 시점으로 예측했다.[33] 무어의 법칙과 관련, 커즈와일은 수그러들 줄 모르는 컴퓨터 발전에 대해 다음과 같이 말했다.

"오늘날 휴대폰에 구현된 컴퓨터 기능은 내가 학생 때 사용했던 컴퓨터보다 가격은 100만 배 더 저렴해지고 성능은 1,000배나 더 강력해졌다. 이는 가격 대비 성능에서 10억 배의 증대를 보인 것이다. 더구나 그 추세는 지금 상태에서 멈출 기미를 보이지 않는다."[34]

커즈와일은 2019년이 되면 100달러 정도에 인간의 두뇌와 대등한 처리 능력을 가진 상자를 하나 살 수 있을 거라면서 특이점이 오는 것은 피할 수 없으므로 그것을 받아들일 수 있게 우리 스스로 준비해야 한다고 주장한다. 커즈와일이 구글의 지원을 받아 2009년 '특이점 대학Singularity University'을 설립한 것도 바로 그런 이유 때문이다. 특이점 대학은 학제적 교육기관으로 미래의 파괴적 기술 트렌드를 활용해 물 부족, 방치된 열대성 질병, 기후변화 같은 문제들을 해결할 발명가와 기업가, 투자가를 양성한다는 목표를 갖고 있다. 커즈와일은 2012년 12월 아예 구글에 입사해 직원이 되었다.[35]

그런데 커즈와일은 스스로 로봇이 되려고 한다는 비난을 받을 정도로 괴짜다. 심지어 자신의 뇌에 나노 로봇을 집어넣고 싶어 한다. 뇌를 헤집고 다니는 나노 로봇은 세포 차원에서 뇌 기능을 들여다볼 수 있는 새로운 통찰을 제공할 뿐 아니라, 궁극적으로 가상현실을 경험하게 해준다는 이유 때문이다.[36]

또한 커즈와일은 앞으로 인간 수명이 길어질 거라고 장담하면서 자신의 영생을 위해 몸소 하루 30알 넘는 영양제를 먹고 스스로 짠 식단에 따라 식사를 하며 이 모든 과정을 꼼꼼히 기록한다. 이런 건강 강박엔 그럴 만한 이유가 있다. 패트릭 터커Patrick Tucker는 "커즈와일은 무미건조하지만 재치가 넘치는데다 인공지능체를 전혀 닮지 않은 무척이나 인간적인 유머를 구사한다"며 다음과 같이 말한다.

"작곡가였던 그의 아버지가 비교적 젊은 나이에 심장병으로 사망했으며 콜레스테롤 수치가 높아지기 쉬운 유전적 소인을 아들인 커즈와일에게 물려주었다는 사실을 아는 사람도 드물다. 커즈와일 역시 1980년대 중반에 제2형 당뇨병이라는 진단을 받았다.……커즈와일은 지금까지 거의 30년 동안 스스로에게 실험을 하면서 그 결과를 세세하게 기록해왔다. 2012년 10월 샌프란시스코에서 열린 한 행사에서 우연히 만났을 때 그는 자가 측정이 심장병과 당뇨병이 주는 위협을 극복하는 데 도움이 되었다고 말했다. 최소한 자가 측정 덕분에 그는 58세에 사망한 아버지보다 오래 살 수 있었다."[37]

특이점 개념이 대중화되다 보니 오남용도 없지 않다. 반려 로봇, 섹스 로봇을 보도한 미국의 어느 텔레비전 뉴스 기자는 로봇 개발자에게 "특이점이 도래하면 그녀(그 로봇)가 어디까지 갈 수 있을지 아무도 모르지 않습니까?"라고 질문한다. 이런 종류의 특이점 타령에 대해 MIT 교수 셰리 터클Sherry Turkle은 다음과 같이 말한다.

"특이점? 이는 공상과학 소설에서 공학으로 넘어온 개념이다. 기계 지능이 임계점을 넘어서는(허구적이지만, 일단 믿어야 한다) 순간을 말한다. 믿는 사람들이 말하길, 특이점을 지나는 순간, 인공지능은 우리가 현재 상상할 수 있는 어떤 수준도 다 넘어설 거라 한다.……특이점에서는 모든 것이 기술적으로 가능해질 것이다. 사랑을 하는 로봇까지 포함해서 말이다. 농담이 아니라, 특이점에서는 우리가 로봇적인 성질과 융합해 불멸의 단계에 이르게 될지도 모른다. 특이점은 기술의 황홀경이다."[38]

정색을 하고 특이점을 비판하는 이도 많다. 이들은 2010년에 열린 비공개 회의에서 특이점과 관련한 주장이 엄밀한 과학이 아니라 뉴에이지식의 괴상한 이론이 되었다고 주장했다. 이론물리학자인 제프리 웨스트Geoffrey B. West, 1940-는 특이점이 완전히 '헛소리'라고 했으며, 기술 비평가인 에브게니 모로조프Evgeny Morozov, 1984-는 '디지털 광신자의 헛소리'라고 일축했다. 그러나 2011년 『타임』(2월 19일)은 특이점에 관한 내용을 커버스토리로 다루면서 「2045년은 인간이 불멸의 존재가 되는 해2045: The Year Man Becomes Immortal」라는 제목을 내걸고 특이점을 긍정하는 자세를 보였다. 이 기사를 쓴 레브 그로스먼Lev Grossman은 커즈와일의 주장과 관련해 다음과 같이 말했다.

"컴퓨터의 능력이 이토록 놀라운 속도로 발전하고 있다면……인간의 뇌가 의식을 발휘하여 하는 모든 활동을 모방하는 데에 그 모든 컴퓨터 능력을 사용할 수 있을 것이다. 단순히 계산을 빨리 하고 피아노 음악을 작곡하는 것뿐만 아니라 자동차를 운전하고, 책을 쓰고, 윤리적 결정을 내리고, 훌륭한 그림을 감상하고, 칵테일파티에서 재치 있는 발언을 하는 것과 같은 모든 활동을 말이다."[39]

특이점을 과학으로 보는 이들은 특이점이 인간과 인간 주변 사이의 상호관계를 돌이킬 수 없을 정도로 바꿔놓을 거라는 점에 대해 우려를 표하고 있다. 하지만 특이점을 지식의 관점에서 보는 새뮤얼 아브스먼Samuel Arbesman은 "인간은 적응력이 매우 뛰어나며, 지식이 어떻게 변하는지를 이해할 능력이 있다"며 '조심스러운 낙관론'을 제시한다.

"이제 지식은 항상 변하는 것이 되었고, 이러한 변화의 배후에 있는 규칙성에 대해 우리 자신과 우리의 아이들을 가르쳐야 한다. 단순히 지식을 습득하는 것보다 더 중요한 일은 변화하는 지식에 어떻게 적응해야 할까를 배우는 것이다.⋯⋯지식은 아무렇게나 변하는 것이 아니다. 복잡한 변화 속에서도 한 가지 놀라운 사실은 지식이 규칙적으로 변한다는 것이다. 지식은 반감기가 있으며, 수학의 법칙을 따른다. 일단 이 점을 인식하고 나면 눈부시게 돌아가는 세상을 살아갈 준비가 된 것이리라."[40]

특이점을 어떻게 보고 어떻게 평가하건, 우리가 특이점 논의와 논쟁에서 배워야 할 건 분명한 것 같다. 세상을 너무 앞질러 가려는 것도 문제지만, 적어도 뒤로 후퇴하지는 말아야 한다는 게 아닐까? 그런 점에서 『한겨레』 정치부 정치팀장인 이태희가 2015년 8월 「당신 80년대에 뭐했어?」라는 칼럼에서 지적한 게 가슴에 와 닿는다. 그는 "새정치연합에서 정체성을 묻는 질문은 바로 30년 전인 '80년대에 뭐했느냐'는 질문으로 연결되곤 했다"며 다음과 같이 말한다.

"지금, 한국의 미래를 위해서는 30년 전의 '80년대에 뭐했느냐'고 묻는 이들이 아니라, 30년 뒤에 올 그런, 싱귤래리티 시대를 대비해 '무엇을 할 것인가'를 고민할 이들이 우리 정치권에 필요하지 않을까? 새누리당도, 새정치연합도 그런 변화에 대비할 수 있는 이들에게 손을 내미는 일이 우선돼야 하지 않을까 싶다."[41]

"당신 80년대에 뭐했어?"는 꼭 1980년대의 행적에 대해서만 묻는 게 아니다. "너 우리 편에 대해 어떻게 했어?"라는 '우리 편 정체성 테스트'를 가리키는 말이다. 근본주의fundamentalism의 발호가 세계화 이후에 이루어졌듯이,[42] '우리 편 정체성 테스트'를 정치 세력화의 주요 조건으로 삼는 시대착오적인 행태는 오히려 싱귤래리티 시대의 부산물일 수도 있겠다. 기술이 인간을 초월할 수 있다고 하니, 그럴수록 우리는 인간의 원초적인 편 가르기 정서에 더 충실해야 하지 않겠느냐는 생각을 했을 법하다. "너 우리 편에 대해 어떻게 했어?"라는 구호를 행동 강령으로 삼는 사람들의 행태를 달리 이해할 길이 없어 해 본 생각이다.

왜 "당신 80년대에 뭐했어?"에 매달리면 안 되는가?

39

왜 한국을
'퍼지 사고력의 천국'이라고 하는가?

퍼지식 사고

"흑과 백 사이에도 다양한 명도의 회색이 있다. 이 다양성을 수용하는 것이 바로 퍼지식 사고이다. 기업의 전략이 양에서 질로 바뀌었다는 것을 흑백논리로 본다면 양을 버리고 질만 추구하는 것으로 이해된다. 그러나 퍼지 사고로 보면 양과 질을 동시에 추구하는 것을 의미한다. 결국 퍼지 사고는 모든 요인을 총체적으로 보고, 복합적으로 판단하며 동시에 창조적인 발상을 할 때 가능하다."[43]

1997년에 출간된 『이건희 에세이: 생각 좀 하며 세상을 보자』에 나오는 말이다. 삼성이 과연 그런 퍼지식 사고fuzzy thinking에 충실한가 하는 의문을 제기할 수 있겠지만, 말인즉슨 백번 옳다. 퍼지식 사고의 모태가 된 퍼지 논리fuzzy logic는 1965년 미국 캘리포니아대학(버클리)

의 컴퓨터 공학자 로트피 자데Lotfi A. Zadeh, 1921-가 '이것 아니면 저것'이라는 전통적인 2진 논리의 결함을 보완하기 위해 개발한 것이다.

제대로 이해하려면 어려운 이야기지만, 잭 보웬Jack Bowen의 쉬운 설명이 귀에 쏙 들어온다. 그는 "이 덕분에 수학자를 비롯한 많은 학자들은 특정 대상을 더욱 정량定量적인 방식으로 기술함으로써 범주화의 함정을 피할 수 있게 되었다. 가령 어떤 사람이 가스통이 '텅 비었다'고 말하며 거기에 불붙은 성냥을 넣는 경우를 생각해보자"며 다음과 같이 말한다.

"이 경우 가스통이 '0.9 정도 비었다'는 사실을 안다면 상황을 훨씬 정확하게 파악하는 것이 된다. 또 흙이 쌓여 있는 무더기를 '흙더미'나 '흙더미가 아닌 것'이라고 이름 붙이는 대신에 '0.7 흙더미'라고 표현할 수 있다. 마찬가지로 누군가를 '내성적'이라고, 또는 '아이'라고, '착하다'거나 '나쁘다'고 규정 짓는 대신에 '0.6 내성적인', '0.8 아이' 하는 식으로 표현하는 것이 퍼지 논리의 관점이다. 그 누구도 특정한 특징을 완벽하게 100퍼센트 갖고 있지는 않으므로, 사람들을 '흑' 아니면 '백'이라는 이분법적 카테고리에 집어넣으려고 시도하면, 각자가 지닌 '회색' 측면을 드러낼 수 없기 때문이다."⁴⁴

fuzzy란 '흐릿한, 애매모호한, 명확하지 않은'이란 뜻이다. 아니 흐릿한 논리도 있단 말인가? fuzzy logic은 형용모순인 셈인데, 바로 그런 이유 때문에 퍼지 논리가 받아들여지기까진 오랜 시간이 걸려야 했다. 미국 서던캘리포니아대학의 전기공학과 교수 바트 코스코Bart Kosko는 『퍼지식 사고Fuzzy Thinking: The New Science of Fuzzy Logic』(1993)에서 "자데는 현대 과학의 눈에 침을 뱉기 위하여 '퍼지'란 단어를 선택했다. '퍼지'란 용어는 과학의 분노를 불러들였으며 지탄을 받았다"며 다음과 같이 말한다.

"정부 기관들은 퍼지 연구에 연구비를 한 푼도 주지 않았다. 몇 안 되는 학술 잡지들과 학술회의들에서만 퍼지에 대한 논문이 받아들여졌다. 그리고 대학에서는 퍼지 연구를 했던 사람, 특히 퍼지만 연구했던 사람은 교수진으로 승진시키지 않았다. 그 당시의 퍼지 연구에 대한 움직임은 작은 유사종교였으며, 지하로 숨어들었다. 퍼지 연구는 보조금을 받는 과학과 달리 일상적인 지원 없이 성장했으며, 성숙했다. 그것이 퍼지 연구를 더 튼튼하게 하였다."[45]

코스코는 "퍼지 논리는 서양의 논리가 끝나는 곳에서 시작한다"며 이렇게 말한다. "아인슈타인의 상대성이론은 '모든 것이 상대적이다'라는 주장에 새로운 힘을 주었다. 퍼지 논리와 이것을 사용하는 기계는 '회색이 좋다' 그리고 '모든 것은 정도의 문제이다'라는 것을 우리에게 일깨워준다. 우리는 흑과 백의 옛날을 그리워하게 될지도 모른다. 그러나 그것을 그리워하겠지만, 그들이 완전히 사라졌다는 것을 그리워하지는 않을 것이다."[46]

자데가 동서양 문화를 동시에 체득한 경계인이었기 때문에 퍼지 논리의 개발이 가능했던 게 아닐까? 그는 과거 소련 치하의 아제르바이잔에서 이란 출신의 아버지와 러시아계 유대인 어머니 사이에서 태어났다. 10세 때 이란으로 옮겨가 살다가 1944년 미국으로 유학을 가 MIT 석사를 거쳐 1949년 컬럼비아대학에서 전기공학으로 박사 학위를 받고 이듬해부터 교수 생활을 하게 되었다. 즉, 그의 정체성 자체가 퍼지fuzzy한 것이다. 그는 미국, 러시아, 이란, 아제르바이잔 중 자신이

어느 하나에 귀속된다고 할 수는 없으며, 이 모든 문화의 융합에 의해 자신이 형성되었다고 말한다.[47]

이건희에 이어 미국 GEGeneral Electric의 회장인 제프리 이멜트Jeffrey Immelt, 1956-도 2009년 GE의 관리자들에게 모호함을 불편하게 여기지 않는 시스템 사상가system thinker가 될 것을 주문했다. 미국 대통령 버락 오바마Barack Obama도 2008년 비슷한 이야기를 했다. 이와 관련, 러시아 출신의 영국 저널리스트 아나톨 칼레츠키Anatole Kaletsky는 『자본주의 4.0: 신자유주의를 대체할 새로운 경제 패러다임Capitalism 4.0: The Birth of a New Economy in the Aftermath of Crisis』(2010)에서 다음과 같이 말한다.

"정치와 경제 지도자들이 합리적 예측가능성의 세계에서 애매모호함·예측불가능성·퍼지 이론fuzzy theory으로 특징이 드러나는 세계로의 전환을 인정하고 있지만, 경제학자들은 더 완강하게 금융위기 이전의 합리적·효율적 시장이론을 고수하고 있다. 그래서 경제이론과 비즈니스 현실과의 간격은 당분간 더 벌어지겠지만, 궁극적으로는 좁혀지게 될 것이다."[48]

한국은 퍼지와 친화성이 높다. 퍼지 사고는 한국 특유의 적당주의나 대충주의와 통하는 개념이기 때문이다. 강인선은 길을 알려주는 방식에서 한국인은 미국인과는 달라 적당히 알려주지만 그게 의외로 잘 맞아떨어지더라는 경험을 거론하면서 "나는 이것이야말로 한국 특유의 모호하게 생각하는 '퍼지한 사고방식의 승리'라고 감탄할 수밖에 없었다"고 말한다. "퍼지한 사고의 세계에도 강점은 있다. 융통성이 있고 창의성을 발휘할 여지가 생긴다. 그러나 구체적으로 수치화하는 사고방식에는 또 다른 힘이 있다. 비교와 판단의 근거를 제공하고 거기서 예측가능성과 대책 마련의 기반이 나오기 때문에."[49]

조벽은 『인재 혁명: 대한민국 인재 교육을 위한 희망선언』(2010)에서 한국은 '퍼지 사고력의 천국'이라고 말한다. 우리말에는 '두서넛'이 아예 하나의 명사인 반면, 영어권에는 'two or three or four'라고 여러 단어를 갖다 붙여야 된다. 서양인은 말을 모호하게 하는 한국인을 비합리적이라고 비판하지만, 이제부터는 우리가 로직logic의 한계를 뛰어넘지 못하는 서양인을 가엾게 여길 수 있는 복잡한 세상을 맞이했다는 게 그의 주장이다.

"뭐 하나 확실한 게 없이 변화무쌍하고 얽히고설킨 사차원 세상입니다. 우리말의 '예닐곱, 여덟아홉, 여남은' 등 넉넉함과 유연성을 포함한 개념은 꼭 숫자에 국한되어 있지 않습니다. 우리가 가장 흔히 사용하는 단어 중에 '대충'이 있습니다. 이 역시 우리 한국인의 대표적인 퍼지 사고력을 드러냅니다. 요즘같이 현상이 복잡한 세상에서는 대충 보는 능력이 있어야 합니다. 큰 구조만 '대충' 보고 나머지는 눈치로 재고 '어림짐작으로 찍어야' 합니다. 그러지 못하고 모든 면을 샅샅이 다 살피고 정밀하게 재고 빈틈없이 분석한 후에야 판단하고 결정한다면 한 치 앞으로 나갈 수 없습니다."[50]

요즘 남녀 사이에선 썸을 탄다는 말이 유행이지만, 따지고 보면 그것 역시 퍼지다. 임경선은 "사람을 좋아하는 느낌을 한 단어로 표현해보라고 한다면 나의 대답은 이미 준비되어 있다"며 '퍼지'를 제시한다. "나에게 연애 감정이란 명료함 속에서 생기지 않고 애매함과 몽롱한 분위기, 즉 짙은 안개와도 같은 공기감 속에서 생겨났다. 전혀 아무렇지도 않게, 당연하게 생각했던 일상의 공기 농도가 짙어지면 아뿔싸 그것이 시작됐음을 알았다."[51]

　　정치도 그렇게 썸을 타듯 하면 좋으련만, 우리 현실은 전혀 그렇지 못하다. 한국은 '퍼지 사고력의 천국'이라지만, 정치만큼은 흑백논리가 완강하게 판을 친다. 퍼지를 저주하는 것 같다. 왜 그럴까? 일상적인 삶의 영역에서 퍼지 사고가 만연해 있기 때문에 생기는 흑백논리에 대한 갈증을 정치를 통해 해소하려는 것일까? 전라도에서 많이 쓰이는, 이제는 당당하게 표준어의 지위에 오른 '거시기'라는 말을 좀 더 많이 쓰는 게 작은 해법이 될지도 모르겠다.

40

왜 초연결사회가 국가를 파멸의 위기에
빠뜨릴 수도 있는가?

연결 과잉

"상경한 근로자들은 농촌공동체에서 고립된 생활을 접고 세계 경제의 일부가 될 수 있었다. 서울은 한국인들만을 서로 연결해주는 것은 아니다. 서울은 오랫동안 한국과 세계 국가들 사이의 연결고리 역할을 해왔다. 서울은 한국과 아시아 국가들, 그리고 유럽과 미국을 연결하는 관문이다. 서울의 교통 인프라는 사람들뿐 아니라 그들의 머릿속에 담긴 아이디어가 한국의 안팎으로 흐를 수 있게 해준다."[52]

미국 하버드대학 경제학과 교수 에드워드 글레이저Edward Glaeser가 『도시의 승리Triumph of the City: How Our Greatest Invention Makes Us Richer, Smarter, Greener, Healthier, and Happier』(2011)에서 혁신과 학습을 조장하는 데 도시가 가진 우위의 대표적 사례로 서울이 이룬 성공을 들면서 한

말이다. 서울은 수십 년 동안 전국 각지에서 많은 인재를 끌어오며 번영한 도시로서 위상을 높였는바, 서울의 크기와 범위는 서울을 위대한 혁신의 집합소로 만들었다는 것이다.

도시의 그런 힘을 가리켜 '네트워크 효과network effect'라고 한다. 사실 서울이라고 하는 초일극 중앙집중화의 터전 위에 선 '아파트 공화국'이야말로 네트워크를 깔기에 가장 적합한 체제였다. 한국은 이미 2000년대 중반 국민의 반 이상이 아파트에 거주할 뿐만 아니라 전화국 반경 4킬로미터 내에 거주하는 인구가 93퍼센트라 인터넷 서비스 공급에도 매우 유리한 위치를 확보해 하드웨어에선 세계적인 인터넷 강국이 되었다.[53]

그러나 대도시가 제공하는 네트워크 효과엔 그만한 비용과 희생이 따르기 마련이다. 네트워크 효과로 성장한 거대 기업들이 독과점의 횡포를 저지르듯, 네트워크 효과는 그 효과에서 배제된 사람들에게 부당한 희생을 강요한다. 예컨대, "네트워크 효과가 상승 작용을 일으켜서 마이크로소프트는 독점을 누리게 되었고, 그 독점이 너무 강력해진 나머지 소비자들은 마이크로소프트가 부리는 변덕의 포로가 되고 말았다."[54] 마찬가지로 서울이 정치, 경제, 사회, 문화 전반에 걸쳐 독점적 지위를 누리면서 지방은 '내부 식민지'로 전락하고 말았다.[55]

미국의 기술 전문가인 윌리엄 데이비도William H. Davidow는 『과잉 연결시대: 일상이 된 인터넷, 그 이면에선 어떤 일이 벌어지는가 Overconnected: The Promise and Threat of the Internet』(2011)에서 인터넷 시대에 네트워크 효과를 낳게 하는 overconnectivity, 즉 '과잉 연결' 또는 '연결 과잉'은 통제 불능 등과 같은 수많은 부작용을 낳으면서 사회

전체를 파멸의 위기에 빠뜨릴 수도 있다고 경고한다.[56]

데이비도는 "연결 과잉이란, 어떤 시스템이 내외부에서 연결성이 급격히 높아질 때 일어나는 현상을 가리키며, 이때 시스템 전체는 아니라 해도 그 일부는 적응 불능 상태에 빠진다는 사실을 의미한다.……연결 과잉은 때로 폭력을 부른다. 심각한 사고의 원인이 되기도 한다. 한 회사, 심지어는 한 국가를 파멸의 위기에 빠뜨릴 수도 있다"며 다음과 같이 말한다.

"오늘날엔 연결성이 강화될수록 문제는 커지기만 한다. 지역적 문제가 국가적 문제로, 국가적 위기가 국제적 위기로 전개된다. 인터넷의 영향으로 모든 형태의 상호연결성이 높아지고 견고해지면서, 사회는 점점 상호의존 상태에 놓이게 되었다. 하지만 그 변화가 항상 나은 방향으로 진행된 것은 아니다. 2008년 경제 위기가 닥쳤을 때 이러한 상호의존성은 그 어느 때보다 더 두드러졌다.……나는 우리가 겪은 금융위기의 근본적 뿌리가 바로 '연결 과잉' 현상에 있다고 자신 있게 말할 수 있다."[57]

연결 과잉으로 인한 '문화 지체cultural lag'의 가속화 문제도 심각하다. 이와 관련, 데이비도는 상호연결성의 급작스러운 증가는 2가지 가능성을 안고 있다고 말한다.

첫째, 상호연결성으로 말미암아 매우 급격한 변화가 일어날 가능성이다. '문화 지체'라는 말을 만든 미국 사회학자 윌리엄 오그번 William F. Ogburn, 1886-1959은 "문화의 한 요소가 변화하면서 지금까지 보조를 맞추어왔던 주위 환경이 그 변화를 따라잡지 못하는" 현상이 발생한다고 했는데, 주변 환경이 기술의 변화를 따라잡지 못한다는 사실은 연결 과잉 현상이 상당한 문화 지체를 일으킬 수 있음을 의미한다.

둘째, 우리의 주변 환경은 우리와 연결된 여러 존재로 구성되는데, 연결성의 과도한 증가는 그 연결 존재를 갑작스럽게 변화시키며, 그에 따라 우리의 제도나 사회적·경제적 기관들 또한 급격한 환경 변화를 겪게 될 가능성이다. 엄청나게 민첩한 움직임을 보이지 못하는 한, 제도나 기관들은 환경 변화를 따라잡지 못하며, 이는 또다시 상당한 문화 지체 현상을 낳는다.[58]

어디 그뿐인가. 연결 과잉은 금융위기 이상의 재난을 불러올 수도 있다. "우리는 이미 사고이론가인 찰스 페로가 내린 결론을 알고 있다. 복잡하고 긴밀하게 연결된 시스템은 결코 100퍼센트의 안전을 보장할 수 없다는 것 말이다. 페로는 문제가 발생했을 때 커다란 위험을 초래할 가능성이 있는 복잡계는 구축하지 말아야 한다고 주장했다. 그는 원자력발전소 건설을 강력히 반대했다."[59]

데이비도는 "인터넷에 힘입은 포지티브 피드백 과정의 영향으로 극단을 향해 치닫는 분야는 수천 가지나 된다. 금융 시스템, 자유무역, 이메일, 사생활, 소셜 네트워킹, 사업 독점 등은 그 일부일 뿐이다"고 말한다.[60] 그렇다면 우리는 어떻게 해야 연결 과잉의 문제에서 벗어날 수 있을까? 데이비도는 3가지 사항을 유념해야 한다고 말한다.

"첫째, 포지티브 피드백의 수위를 낮추어야 한다. 포지티브 피드백이 유발하는 사고, 포지티브 피드백이 확산시키는 전염, 그 결과 빚어지는 의도치 못한 결과를 최소화하기 위함이다. 둘째, 시스템을 더 견고하고 사고에 견딜 수 있게 설계해야 한다. 셋째, 이미 존재하는 더 높은 수위의 연결을 인지하고 기존의 경제적·사회적 기관들을 좀더

효과적이고 적응력을 높이는 방향으로 재편해야 한다."⁶¹

그러나 자본 논리에 휘둘리는 세상은 그 어떤 위험에도 아랑곳하지 않고 연결 과잉으로 치닫고 있다. 이른바 '초연결사회hyper-connected society'의 장밋빛 비전만이 요란스럽게 외쳐지고 있다. 2014년 5월 미래창조과학부가 '초연결 창조한국'을 전망으로 내세우면서 발표한 '정보통신진흥 및 융합 활성화 기본계획(ICT 기본계획)'의 핵심은 모든 사람과 사물, 기기를 정보통신 네트워크로 연결하는 '사물인터넷Internet of Things'과 '똑똑해진' 네트워크, 즉 스마트 네트워크의 활용이다.⁶² 이와 관련, 김재섭은 "정부가 사물인터넷을 너무 너그러운 눈으로 보는 게 우려스럽다"며 다음과 같이 말한다.

"미래부는 옛 정보통신부 시절 이메일의 마케팅 활용 및 기업들의 주민등록번호 이용과 관련해 '산업 육성'을 명분으로 너그러운 자세를 가졌다가 온 국민을 스팸메일 및 개인정보 유출 노이로제에 시달리게 했다. 시스코·엠에스·구글 등 세계적인 정보기술 업체들이 한국 사람들의 신기술 수용 능력이 세계 최고 수준이라며 엄지손가락을 치켜세우는데, 뿌듯해할 필요 없다. 미국에서는 프라이버시 침해 등의 문제로 엄두도 못 내는 신제품 테스트를 한국에서는 쉽게 해볼 수 있는 데 대한 립서비스에 지나지 않기 때문이다."⁶³

이른바 '접속 중독connectivity addiction'이 심화되면서 '축복받은 단절 상태blessedly disconnected'를 그리워하는 사람들이 늘고 있다.⁶⁴ 하지만 경제 시스템 자체가 '초연결 경제hyper-connected economy'로 질주하고 있는 상황에서,⁶⁵ 생존에 급급한 사람들에게 단절 상태는 결코 축복일 수 없으며 이미 성공한 사람들만이 누릴 수 있는 사치일 뿐이다.

문명사적 차원에서 내려와 우리가 현실적으로 주목해야 할 것은 우리가 연결 과잉으로 인해 빚어지는 문제의 원인을 전혀 다른 곳에서 찾으려 드는 건 아닌가 하는 점이다. 연결 과잉이 낳는 새로운 유형의 인정투쟁struggle for recognition이 한국 디지털 문화를 지배하는 가장 큰 동력은 아닐까?[66] 악플의 난무와 일베의 성장 등도 그런 관점에서 이해할 수 있는 건 아닐까? 그렇다면, 연결 과잉이 초연결사회의 미덕으로 칭송받는 한 그 어떤 해법도 존재할 수 없다는 이야긴데, 차라리 이런 의심이 과도한 것이라고 자위하는 게 나을지도 모르겠다.

제 9 장

능력 과
우연

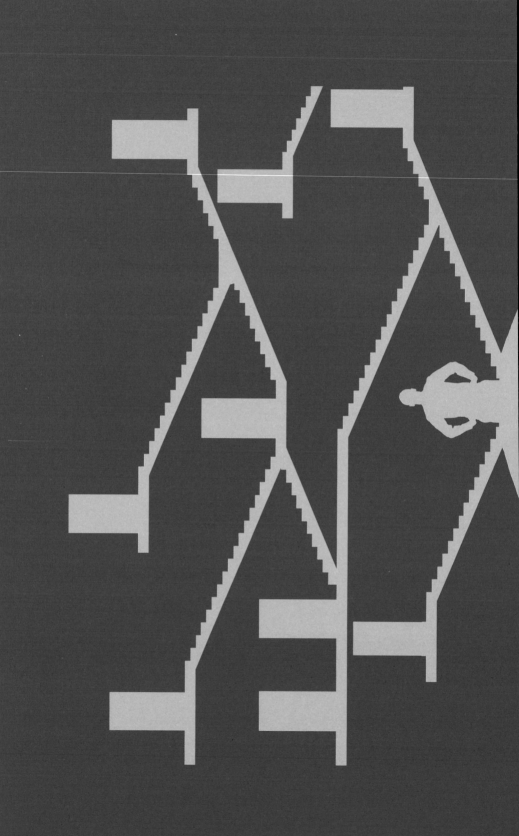

41

왜 빌 게이츠, 스티브 잡스, 에릭 슈밋은
1955년생일까?

아웃라이어

캐나다에선 1월 1일을 기준으로 나이를 헤아리고 그에 맞춰 하키 클래스를 짠다. 캐나다 온타리오 주니어 하키 선수들의 출생일을 살펴보았더니 흥미로운 결과가 나타났다. 1월에 태어난 선수가 가장 많고, 그다음은 2월생, 3월생 순이었다. 어떤 엘리트 하키 선수 팀의 선수 40퍼센트는 1~3월생, 30퍼센트는 4~6월생, 20퍼센트는 7~9월생, 10퍼센트는 10~12월생이었다. 캐나다 하키를 지배하는 '철의 법칙'이다.

　캐나다에만 이런 법칙이 있는 건 아니다. 미국에서 학교 외 야구리그는 7월 31일을 기준으로 선수의 연령을 구분하고 일찍부터 선수를 선발한다. 그래서 메이저리그에 출전한 선수들을 보면 유난히 8월생이 많다. 영국 축구에서 기준이 되는 날짜는 9월 1일인데 프리미어 리그에 출전한 선수들 중 9~11월생이 압도적으로 많다.

왜 이런 결과가 나올까? 우리나라의 학부모들은 귀신 같이 그 이유를 잘 알고 있다. 자녀가 10~12월생일 경우 일부러 한 해 늦춰 초등학교에 입학시키는 부모가 많다. 1~3월생과 10~12월생 사이엔 신체 발달의 차이가 크다는 걸 잘 알고 있기 때문이다. 행여 자녀가 큰 아이들에게 눌려 기를 못 펴고 주눅들까봐 염려하는 것이다.

사춘기 이전에는 열두 달이라는 기간이 엄청난 신체 발달의 차이를 낳는다. 몇 달간 더 숙달될 수 있는 기회를 누린 아이들이 더 크고 재능이 있어 보이는 것은 당연한 일이다. 문제는 신발 방식에서 비롯된 초기의 이런 차이가 내내 지속된다는 데에 있다.[1] 이른바 '경로의 존path dependency' 현상이다.[2]

미국 저널리스트 맬컴 글래드웰Malcolm Gladwell의 『아웃라이어 Outlier』(2008)에 나오는 이야기다. '아웃라이어outlier'는 '본체에서 분리되거나 따로 분류되어 있는 물건' 또는 '표본 중 다른 대상들과 확연히 구분되는 통계적 관측치'를 말한다. 각 분야에서 큰 성공을 거둔 탁월한 사람들을 가리키는 걸로 보면 되겠다.

우리는 아웃라이어들의 성공 이유를 그들의 타고난 재능으로 돌리는 경향이 있다. 『아웃라이어』는 이런 상식에 이의를 제기한 책이다. "그들의 역사를 구분 짓는 진정한 요소는 그들이 지닌 탁월한 재능이 아니라 그들이 누린 특별한 기회이다"라는 게 글래드웰의 주장이다.[3]

신경과학자인 대니얼 레비틴Daniel Levitin, 1957-은 어느 분야에서든 세계 수준의 전문가가 되려면 1만 시간의 연습 시간이 필요하다는 연구 결과를 내놓았다. 1만 시간은 대략 하루 3시간, 일주일에 20시간씩 10년간 연습한 것과 같다.[4] 이에 대한 여러 사례를 제시한 글래드웰은 타고난 천재성보다는 여건과 노력이 성공의 비결이었다고 말한다.

"우리가 살펴본 모든 아웃라이어는 평범하지 않은 기회를 누렸다. 그렇다고 그러한 평범하지 않은 행운을 통한 성공이 소프트웨어 백만장자나 록 스타, 유명한 하키 선수에게만 주어지는 것은 아니다. 그것은 모든 분야의 아웃라이어에게서 보편적으로 발견되는 하나의 법칙이다."[5]

글래드웰이 "웬만큼 똑똑하면 다 거기서 거기"라고 주장하는 건 이와 같은 논리의 당연한 귀결이라 하겠다. 심리학자 배리 슈워츠Barry Schwartz, 1946-는 엘리트 학교에 복잡한 입학 과정 대신 일정한 범위에 속하는 사람들을 무작위로 추첨할 것을 제안했는데, 글래드웰은 "그는 완벽하게 옳다"고 맞장구를 친다.[6]

왜 한국을 비롯한 동아시아권 학생들은 수학을 잘하는가? 글래드웰은 한국·중국·일본의 숫자 체계가 매우 논리적인데다 간편하고 쉬운 반면 영어는 그렇지 않다는 점에 주목한다. 또한 쌀농사를 지으며 다듬어진 문화권에서 자란 것이 수학을 잘하는 데 도움이 된다고 보았다. 쌀농사는 부지런해야 하는데다 일이 까다로워 끈질긴 인내심이 필요한데, 이런 특성이 수학 공부에 도움이 된다는 것이다. 한국의 학교 수업 일수가 미국보다 훨씬 많다는 점도 긍정 평가했다. 2009년 3월 미국 대통령 버락 오바마Barack Obama가 "미국 어린이들은 한국 어린이들보다 학교에서 보내는 시간이 연간 1개월이나 적다"며 미국 어린이들도 학교에서 더 많은 시간을 공부할 수 있게 해야 한다고 촉구한 건 이 책에서 영향을 받은 게 아닌가 싶다.

글래드웰이 아웃라이어들에 대해 내린 결론은 이렇다. "그들은 역사와 공동체, 기회, 유산의 산물이다. 그들의 성공은 예외적인 것도 신비로운 것도 아니다. 그들의 성공은 물려받거나, 자신들이 성취했거나 혹은 순전히 운이 좋아 손에 넣게 된 장점 및 유산의 거미줄 위에 놓여 있다. 이 모든 것은 그들을 성공인으로 만들어내는 데 결정적인 요소였다. 아웃라이어는 결국, 아웃라이어가 아닌 것이다."[7]

자신의 분야에서 큰 성공을 거둔 사람들이 겸손해야 할 이유다. 성공을 열망했지만 성공하지 못한 사람들이 좌절하거나 자학을 해선 안 될 이유이기도 하다. 학교에 순위를 매기는 발상은 난센스라는 것도 우리가 얻어야 할 교훈이다. 특히 달인의 경지에 오르려면 적어도 1만 시간 이상은 투자해야 한다는 '1만 시간의 법칙'을 명심하는 게 좋겠다.

'1만 시간의 법칙'은 '절반의 진실'일 뿐이라는 반론도 있기는 하다. 전문 분야에 대한 연구를 통해 '1만 시간의 법칙'을 도출했던 플로리다대학 심리학자 앤더스 에릭슨Anders Ericsson은 "기계적인 반복은 도움이 안 됩니다. 목표에 도달하기 위해서는 끊임없이 수정해야 합니다"라고 말한다. 즉, 항상 실수를 파악하고 이를 바로잡을 수 있도록 하는 피드백 과정이 수반되어야 한다는 것이다.[8]

필 로젠츠바이크Phil Rosenzweig는 글래드웰이 똑같이 연습해도 똑같이 성공하지 못한 다수의 사람이 있다는 사실을 간과하고 있다고 비판한다. 스티븐 핑커Steven Pinker는 글래드웰의 이런 접근법에 분노를 터뜨린다. "원하는 것만 골라 뽑은 일화들과 이미 지난 일들을 근거로 드는 궤변, 잘못된 이분법으로 점철돼 있는 『아웃라이어』의 추론을 읽다가 나도 모르게 킨들Kindle(아마존의 전자책 단말기)을 물어뜯고 말았습니다."[9]

　아닌 게 아니라 학계엔 글래드웰의 글쓰기를 곱게 보지 않는 이가 많다. 과학자도 아니면서 과학 논문이나 서적을 광범위하게 활용해 과잉단순화를 범하고, 흥미 위주의 에피소드에 치중하며, 선별적 자료 수집으로 편향적이라는 비판과 더불어 '지적인 탭댄서'라는 비아냥도 있다.[10] 그러나 대중과의 소통이라는 관점에서 보자면, 교수들이 그 점을 소홀히 했던 과오는 글래드웰의 글쓰기 방식과 관련된 과오보다 큰 게 아닐까? 즉, 종합적으로 보건대, 글래드웰이 출판의 '블루오션'을 개척했다고 보는 게 공정한 평가가 아닐까?

　영국의 임상심리학자 스티븐 브라이어스Stephen Briers는 '1만 시간의 법칙'의 위험성을 지적한다. 삶의 모든 것이 인내심과 지구력의 싸움이며 이것들을 이겨내는 것이 바람직하다는 식의 문화가 과연 바람직하냐는 것이다. 그는 다음과 같이 주장한다.

　"이런 문화가 확산되면 우리는 만성적인 불편함을 경고의 징후가 아니라 당연한 현실로 받아들이고 이를 맞서나가는 것이 우리의 의무라고 느끼게 된다. 그러나 고통이란 항상 정면으로 돌파하기 위해 존재하는 것이 아니다.……또 한 가지 일에 미친 듯이 몰입하다 보면 삶의 다른 영역은 받아들일 여유가 없어지기도 한다. 그렇게 되면 우리는 자신도 모르는 사이에 친구, 가족 등등 목표로 삼을 일을 제외한 모든 것을 방치하게 될 것이다. 그러면 삶이 꽃피기는커녕 시들어가게 된다."[11]

이런 일련의 비판이나 한계에도 『아웃라이어』는 세대론의 재인식에 큰 도움을 준다. 이와 관련된 글래드웰의 주장을 음미해보자. 인류역사상 가장 부유한 75인의 명단엔 19세기 중반에 태어난 미국인이 14명이나 포함되어 있다. 우리도 이름을 잘 아는 존 D. 록펠러(1839년생), 앤드루 카네기(1835년생), J. P. 모건(1837년생) 등 14명은 모두 1830년대에 출생했다. 왜 그럴까? 1860년대와 1870년대에 미국 경제가 역사상 가장 큰 변화를 겪었다는 사실에 주목할 필요가 있다. 그시기에 철도가 건설되기 시작했고 월스트리트가 태어났으며, 전통적인 경제를 지배하던 규칙이 무너지고 새로운 규칙이 만들어졌다. 누군가가 1840년대 후반에 태어났다면 그는 이 시기의 이점을 누리기엔 너무 어리고, 반대로 1820년대에 태어났다면 너무 나이가 많다.[12]

개인컴퓨터 혁명의 역사에서 가장 중요한 해는 1975년이다. 이혁명의 수혜자가 되려면 1950년대 중반에 태어나 20대 초반에 이른 사람이 가장 이상적이다. 실제로 미국 정보통신 혁명을 이끈 거물들은 거의 대부분 그 시기에 태어났다. 마이크로소프트의 빌 게이츠, 애플의 스티브 잡스, 구글의 에릭 슈밋 등은 1955년생이며 다른 거물들도 1953년에서 1956년 사이에 태어났다.[13] 개인컴퓨터 혁명이 미국에 비해 10여 년 늦은 한국에선 서울대학교 공대 86학번 3인방(김범수 카카오 의장, 이해진 네이버 의장, 김정주 NXC 대표)이 사실상 인터넷을 지배하고 있는데,[14] 이들은 모두 1966년에서 1968년 사이에 태어났다.

각 분야에서 큰 성공을 거둔 이들은 탁월한 재능이 아니라 그들이 누린 특별한 기회 때문에 성공했다는 게 글래드웰의 논지다. 당연한 이야기인 것 같으면서도 의외로 우리가 놓치고 있는 부분이다. 특별한 기회의 중요성에 대한 인식은 세대론의 가치를 부각시킨다. 과거 한국 정치권에 4·19세대와 6·3세대가 많았던 건 4·19혁명과 6·3사태라고 하는 역사적 기회 때문이다. 386세대는 5·18광주민주항쟁의 자식들이다. 이제 우리는 '88만원 세대'가 당면한 고통스러운 현실을 목도하고 있다.

특별한 기회의 중요성에 대한 인식은 사회적 연대에도 도움이 된다. 공동체주의 철학자인 마이클 샌델Michael Sandel은 재능이 은총으로 주어진 것임을 깨달을 때 그 재능에 대한 보상이 그런 재능을 갖지 못한 사람들과 공유해야 할 의무를 지닌다고 여기게 된다는 점을 강조한다. 즉, 운명의 우연적 본성에 민감하면 할수록 우리는 우리 운명을 다른 사람들과 공유하는 동시에 공적 사안에 대해 연대해야만 하는 이유를 더 갖게 된다는 것이다.[15] 사소한 차이에 집착하고 그 차이에 엄청난 의미를 부여하면서 자신의 누리는 엄청난 특권을 정당화하는 심리를 가진 사람들이 경청해야 할 말이 아닐까?

42

왜 야구에선 더이상
'4할 타자'가 나오지 않는가?

기량의 역설

지난 2002년 국내에 번역·출간된 스티븐 제이 굴드Stephen Jay Gould, 1941-2002의 『풀하우스: 진화는 진보가 아니라 다양성의 증가다Full House: The Spread of Excellence From Plato to Darwin』(1996)는 좀 엉뚱한 책이다. 고생물학자의 책임에도 15개 장 중에 6개 장이 '4할 타자의 딜레마'에 할애되어 있다. 저자가 '야구광'이라고 이래도 되는 건가? 그런데 읽고 보면 이해가 간다.

오늘날 미국 야구에 4할 타자는 없다. 과거엔 꽤 있었지만, 마지막 4할 타자가 나온 게 1941년이다. 보스턴 레드삭스의 테드 윌리엄스Ted Williams, 1918-2002가 그해에 기록한 타율 4할 6리가 마지막이었다. 왜 더이상 4할 타자가 나오지 않는가? 물론 한국과 일본의 사정도 마찬가지다. 수많은 야구 전문가가 다양한 답을 내놓았다. 언론까지 가세해 엄청나게 많은 설명이 쏟아져나왔다. 크게 보아 6가지 설명으로 요약할 수 있겠다.

첫째, 예전만큼 좋은 타자가 없다. 둘째, 현대 야구의 상업적인 현실로 선수들이 혹사당하고 있다. 셋째, 투구 실력의 향상이다. 넷째, 수비 실력의 향상이다. 다섯째, 타자에 대한 컴퓨터 분석 등과 같은 구단의 관리 능력 향상이다. 여섯째, 선수들에게 스트레스를 주는 언론의 방해다.

그런데 굴드는 이게 다 헛소리라고 일축한다. 그는 타자들의 기량도 똑같이 향상되었으며, 모든 선수의 평균 타율은 2할 6푼으로 20세기 내내 그대로 유지되었다는 점을 지적한다. 그렇다면 그의 답은 무엇인가? 그는 좋은 것이 사라진 것을 무엇인가 잘못되었다는 의미로 해석하는 플라톤적 사고를 버리라면서, "4할 타자가 사라진 것은 역설적으로 어떤 것의 퇴보가 아니라 오히려 경기 수준의 전반적인 향상을 뜻하는 것"이라고 주장한다.

"최고의 선수들이 오랫동안 같은 규칙으로 경기할 때 그 시스템의 수준은 향상되며, 그것의 향상과 함께 변이 정도는 차츰 줄어들고 전체적으로 평준화된다.……이는 안정된 규칙 아래에서 승리라는 포상을 놓고 경쟁하는 개체들로 이루어진 시스템 전체의 일반적인 성질이다."

이어 굴드는 "어떤 사람은 나의 이론을 슬픈 이야기라고 말한다. 경기의 전반적인 향상이 나쁜 것일 리는 없으나 그로 인해 평준화가 가속되는 것은 스포츠의 재미와 드라마를 많이 감소시켜버리기 때문이라고 한다"며 다음과 같이 말한다.

"야구가 최적 상태로 조율된 시계처럼 작동한다는 의미에서, 그 어느 때보다 더욱 '과학적'으로 되면서 경기의 '극적 요소'가 사라진 것은 사실이다. 야구의 초창기에는 실제 거인은 없었을지 모르지만 최고 선수들은 보통 선수들보다 훨씬 위로 솟아오를 수 있었기 때문에 그들의 기록은 정말 영웅적이고 거인처럼 보였다. 그러나 오늘날의 챔피언들은 엄청나게 올라간 평균 때문에 거인처럼 우뚝 솟아오르기가 거의 불가능해졌다.……그렇다고 아무도 다시는 4할 타율을 치지 못할 것이라고 주장하는 것은 아니다. 단지, 그것이 야구 초기에 그렇게 흔하던 최고 기록이 아니라 이제는 100년 만의 홍수처럼 한 세기에 한 번 성취될까 말까 할 정도의 극도로 희귀한 사건이 되었다는 말이다."[16]

미국 컬럼비아대학 경영대학원 교수 마이클 모부신Michael J. Mauboussin은 굴드의 설명을 '기량의 역설paradox of skill'로 부른다. 기량이 향상될수록 기량의 변량varience(분포도에서 각 수치가 얼마만큼 떨어져 분산되는지 나타내는 척도)은 줄어들어서 운의 영향력이 더 커진다는 의미로 붙인 이름이다.

"모든 이의 기량이 향상하고 있기 때문에 그 누구도 예전만큼 획기적인 승리를 거둘 수 없게 되었다. 윌리엄스는 당대에 최정예 타자였다. 하지만 그가 그처럼 높은 타율을 기록할 수 있었던 것은 변량이 그만큼 컸기 때문이다. 오늘날에는 변량이 급감하여 최정예 타자라도 윌리엄스의 기록에 상응하는 타율을 올릴 가능성이 극히 낮다. 윌리엄스가 1941년과 동일한 기량으로 현재 메이저리그에서 활약한다면

3할 5푼 이상의 타율엔 얼씬도 하지 못할 것이다."

기량의 역설은 야구 선수들의 기량은 전에 없이 향상했으나, 과거에 비해 타율을 결정짓는 데 기량이 미치는 영향력이 줄어들었음을 보여준다는 게 모부신의 주장이다. 모든 선수의 기량이 하나같이 우수하므로 그 어느 때보다도 운이 장난을 부릴 가능성이 더 커졌다는 것이다. 그는 기량의 역설은 다른 경쟁적인 활동 분야에도 적용될 수 있다고 말한다.

"예를 들어 어떤 회사가 실적을 획기적으로 개선해도 경쟁 업체가 동일한 수준으로 실적을 개선하면, 경쟁 우위를 확보하지 못하고 경쟁 등위competitive parity를 얻는 데 그칠 수밖에 없다. 주가가 시장에서 효율적으로 평가되더라도, 향후 주가가 상승할지 하락할지를 투자자가 정확히 예측하는 것은 운이 결정한다. 경영, 스포츠, 투자업계에 종사하는 모든 이가 다른 이의 최우수 사례를 모방할 경우, 그들의 성과를 결정짓는 데는 운의 역할이 더 커진다." [17]

모부신이 '기량의 역설'을 통해 던지고자 하는 메시지는 "대성공은 기량과 큰 행운이 결합할 때 거둘 수 있다"와 "운과 더불어 살아가는 법을 터득하라"는 것이다. [18] 기량의 역설은 우리에게 많은 것을 시사해준다. 이 원리를 우리의 실제 삶에 적용해보는 건 어떨까? "요즘엔 인물이 없다"는 말이 널리 떠돌고 있다. 그게 마치 진실이라도 되는 양 언론의 정치 해설 기사에 버젓이 등장한다. 과연 인물이 없는 걸까? 오히려 정반대로 쟁쟁한 인물이 많아진데다 한국 사회의 수준이 전반적으로 향상되었기 때문에 발군의 인물이 나오기 어렵다고 생각해볼 수는 없을까?

'지역 인물론'도 마찬가지다. 인물이 없는 게 아니다. 오히려 좌중을 압도하는 인물을 기대하는 심리에 문제가 있다. 지도자가 모든 문제를 쾌도난마快刀亂麻처럼 해결해주길 바라는 자세로는 그 어떤 개혁도 이룰 수 없다. 오히려 '전 국민의 인물화'와 '전 지역민의 인물화'가 훨씬 더 실현 가능한 대안이다. 이제 제발 '인물 타령' 그만 하고 우리 스스로 인물이 되어 상호 대등한 관계에서 타협과 협력을 소중히 하는 쪽으로 나아가는 게 어떨까?

43

왜 아름다움은
'지뢰밭과 같은 영역'인가?

미모 효과

미국인들은 매년 1,000만 건 이상의 미용 성형수술을 받으며, 이들이 매년 지출하는 금액은 125억 달러에 이른다. 2000년대의 10년 동안 총 미용 성형수술 건수는 465퍼센트나 증가했다.[19] 물론 미국만 그런 건 아니다. 전 세계가 성형수술에 열광하는 가운데 한국은 세계에서 성형이 가장 성행하는 '성형 왕국'으로 떠올랐다. 국제미용성형외과 의사협회ISAPS의 2011년 조사 결과를 보면, 21조 원에 이르는 세계 성형 시장에서 한국이 차지하는 규모는 5조 원으로 약 4분의 1을 차지했다.[20]

미국 법 윤리학자 데버러 로드Deborah L. Rhode는 전 세계적으로 외모 가꾸기에 투자되는 돈이 136조 8,500억 원에 달하고, 미국인은 다

이어트에만 47조 6,000억 원을 쏟아붓고 있지만, 외모에 대한 투자는 여느 소비처럼 지속적인 만족을 주지 못하는 탓에 '쾌락의 쳇바퀴hedonic treadmill'에 갇히고 만다고 말한다.[21]

그럼에도 사람들은 그 쳇바퀴를 타는 걸 멈추지 않는다. 남들에게 "나 이런 사람이야!"라는 신호를 보내기 위한 처절한 몸부림이라고나 할까? 이런 집단적 몸부림의 가장 큰 수혜자인 성형외과 의사들은 성형의 당위성을 위한 이데올로기 개발에도 열심이다.

2007년 국제성형재건미용수술연합 회의엔 전 세계에서 온 수백 명의 성형외과 의사가 참석했다. 사무총장인 성형외과 의사 마리타 아이젠만 클라인Marita Eisenman-Klein은 강연에서 메이요클리닉의 창업자인 윌리엄 메이요William Mayo, 1819-1911 박사의 말을 인용해 성형수술을 '인간답게 보이기 위한 신성한 권리'라고 주장했다. 그녀가 "이상적인 육체는 자연에서 발생할 가능성이 거의 없습니다"라고 말하자, 우레와 같은 박수가 쏟아졌다.[22]

남녀를 막론하고 잘생긴 얼굴은 돈이 된다. 잘생긴 MBA 졸업생들은 더 많은 급여를 받고, 잘생긴 변호사는 더 많은 고객을 끌어모은다. 이 같은 원리는 운동선수에서부터 대학교수에 이르기까지 모든 직종에 다 해당하는 것으로 입증되었다. 웨이트리스의 팁에 관한 연구에선 웨이트리스 가슴 크기와 팁 액수 사이에 비례관계가 성립하는 것으로 나타났다. 이를 가리켜 '미모 효과beauty effect'라고 한다.[23]

미모 효과는 자선에도 영향을 미친다. 연구 결과, 자선기금 모금 시 모금자의 외모가 뛰어날수록 돈이 더 많이 걷히는 것으로 나타났다. 연구자들은 "우리가 흥미롭게 생각한 것은 외모 효과가 존재한다

는 사실 자체가 아니라 외모 효과의 정도였다"고 했다. 즉, 효과가 매우 컸다는 것이다.[24]

시부이 마호澁井眞帆는 『아름다움도 권력이다』에서 같은 능력을 가진 사람들이라면 호감이 가는 스타일의 사람에게 더 많은 기회가 돌아간다고 주장한다. "여성은 일을 통해 더욱 아름다워지고, 그 아름다움은 더 많은 기회를 불러오고, 그 기회는 또 다른 기회와 아름다움을 얻을 수 있게 해준다."[25]

우리는 이런 주장에 대해 "아름다움이란 보는 사람의 눈에 있다Beauty lies in the eye of the beholder"는 반론을 내놓는다. 미美의 기준은 주관적이란 의미다. 그러나 여러 연구 결과 아름다움을 이루는 요소는 임의적이지도 않고 문화에 속박되어 있지도 않은 것으로 밝혀졌다. 인종과 문화를 초월한, 아름다움에 대한 보편적 기준이 존재한다는 것이다.[26]

미국 하버드대학 의대 교수이자 심리학자인 낸시 에트코프Nancy Etcoff는 『가장 예쁜 것이 살아남는다: 미의 과학Survival of the Prettiest: The Science of Beauty』에서 미모에 대한 갈망과 선호는 유전자에 새겨져 있는 뿌리 깊은 것으로 인류의 생존과 깊은 관계가 있다고 주장한다.

에트코프는 부모나 패션 잡지 등의 영향을 받기 전인 생후 3개월 된 아기들을 상대로 실험을 했다. 이들에게 여러 장의 얼굴 사진을 보여주자 아기들은 어른들이 가장 매력적이라고 생각하는 사람의 사진을 모두 가장 오랫동안 쳐다보았다. 이 실험 결과는 인간이 매력적인 외모를 감지하는 요소를 갖고 태어난다는 사실을 시사한다는 것이다.[27]

독일의 과학 전문 저술가 울리히 렌츠Ulrich Renz도 『아름다움의 과

학: 미인 불패, 새로운 권력의 발견』에서 "아름다움이란 절대 상대적인 개념이 아니다"고 단언한다. "계층·문화·지역을 넘어서, 또 나이·직업·성性과는 별개로, 아름답다고 인식되는 얼굴은 어디서나 같다. 물론 기호의 차이나 유행, 변덕은 있을 수 있다. 확고하게 규정된 '이상적인 아름다움'이란 존재하지 않는다. 60억 개의 아름다움이 있을 뿐이나, 그 60억 개의 아름다움은 놀랄 정도로 겹치는 부분이 많다. 그것들은 다 공통적인 핵심, 즉 모든 시대와 문화를 연결하는 보편적인 일치를 포함하고 있다. 결국 아름다움의 방언에는 어느 정도 구분이 있을지 몰라도 그들의 언어는 언제 어디서나 똑같다는 것이다."[28]

영국 사회학자 캐서린 하킴Catherine Hakim은 『매력 자본Honey Money: The Power of Erotic Capital』(2011)에서 아예 '매력 자본erotic capital'이라는 개념을 제시했다. 그는 매력 자본을 "아름다운 외모, 성적 매력, 활력, 옷 잘 입는 능력, 매력과 사회적 기술, 성적 능력을 모두 아우르며, 신체적 매력과 사회적 매력이 혼합된 것"으로 정의하면서 다음과 같이 말한다.

"부르디외를 비롯한 사회과학자들은 매력 자본을 간과했지만 그것은 돈이나 교육, 연줄만큼 소중하다.……젊은 사람들은 경제적으로는 가난할지 모르지만 매력 자본이 풍부해서 생기 있고 매우 매력적일 수 있다. 나이 든 사람들은 금전적으로는 부유하지만 신체적으로는 매력이 없을 수 있다. 이제껏 매력 자본이 무시되어온 한 가지 이유는 그 자본을 독점할 수 없는 엘리트층이 자신들에게 이익이 되도록 그것을 하찮게 여기고 열외로 취급했기 때문이다."[29]

이 같은 주장에 페미니스트들이 가만히 있을 리 만무했다. 하킴은 "많은 페미니스트들은 매력 자본에 대한 나의 이론이 여성에게 노동시장의 임금 생활자가 되어 존엄성과 자율성을 얻는 대신 결혼을 통해 몸을 팔거나 랩 댄스lap dance(누드 댄서가 관객의 무릎에 앉아 추는 선정적인 춤)를 추는 일로 되돌아가라고 유인한다고 주장한다. 그들은 여성이 독립적인 소득을 올리는 대신 남성에게 눈요깃감을 제공하기 위해 교육을 통한 자격증보다 화장품과 섹시한 옷에 투자하게 만들려는 남자들과 내 이론이 공모하고 있다고 생각한다"며 다음과 같이 말한다.

"포스트페미니즘을 포함하여 사실상 앵글로색슨계 페미니즘의 모든 분파를 아우르는 한 가지 주제가 존재하는데, 이는 바로 성 공포증과 아름다움 및 쾌락에 대한 적대감이다. 청교도적인 앵글로색슨계 페미니즘은 섹슈얼리티를 매우 거북해하고 가차 없이 부정적인 관점에 끼워 맞춘다. 따라서 이 페미니즘은 매력 자본이라는 개념을 본래부터 싫어하고 어떻게 매력 자본이 자의로 사슬을 차고 있는 노예 같은 여성에게 올가미가 아니라 자산이 될 수 있는지 이해하지 못한다. 여성 사회과학자들은 신체적인 매력과 섹슈얼리티가 남성에 맞선 여성의 강력한 자산이라는 생각을 꾸준히 묵살한다.……영국의 페미니스트 실비와 월비는 남성이 여성을 지배한다는 측면에서만 섹슈얼리티를 다루고 여성이 남성을 지배하는 데 섹슈얼리티를 이용하는 사실은 간과한다."[30]

이런 사상의 현대적 원조는 프랑스 사회학자 장 보드리야르Jean Baudrillard, 1929-2007다. 그는 페미니스트들이 다이어트, 성형수술 등으로 여자를 성적 대상으로 만드는 걸 비판하는 것을 비판한다. 그는 포르

노마저도 여성의 신장된 지위 향상을 나타내는 것이라고 주장한다. 그는 여성이 남성 권력에 도전해서 이길 수는 없다며 "여성의 힘은 유혹의 힘"이라고 단언한다. 여성은 전투적인 자세를 버리고 남성을 유혹해야 한다는 것이다. 그는 "다른 모든 힘에 대등하거나 그보다 탁월한 이 유일한 힘을 부인하는 것은 있을 수 없는 무분별한 행위"라고 질타한다.[31]

보드리야르의 다분히 위악적인 공세보다는 "아름다움은 지뢰밭과 같은 영역"이라고 말하는 렌츠의 말이 가슴에 더 와 닿는다. "모든 사람들은 동등한 기회를 갖고 삶을 시작하지만, 아름다움은 성스런 가치들을 모욕한다. 또한 아름다움은 우리 이성을 모욕하기도 한다. 우리는 아름다움이라는 것에 이성, 비판력, 세상인심들을 모두 던져넣는다. 아름다움은 우리를 속이고 또 우리는 그것에 속아 넘어간다."[32]

지뢰밭은 피아彼我를 구분하지 않는다. '미모 효과'로 피해를 볼 수 있는 사람들은 아름다운 외모가 좋은 것만은 아니라는 연구 결과도 있다는 걸 위안의 근거로 삼는 게 어떨까. 『8가지 성공 비결The 8 Traits Successful People Have in Common: 8 to Be Great』(2010)의 저자인 리처드 세인트 존Richard St. John에 따르면, 우리 주위에서 성공한 사람들의 외모를 10년 동안 장기간 추적 조사한 결과 평범한 외모의 사람들이 뛰어난 외모를 가진 사람들보다 높은 성공을 거두었다. 이에 대해 범상규는 다음과 같이 말한다.

"이는 외모적 매력이 오히려 걸림돌이 되는 경우도 있다는 사실을 보여준다. 혁신의 아이콘인 리처드 브랜슨 버진 그룹 회장이나 스티브 잡스 애플 창업자가 매우 뛰어난 외모의 소유자는 아니지 않는가.……결국 평균 또는 약간 못 미치는 평범한 외모를 지닌 사람들은 타인으로 하여금 쉽게 경계를 낮출 수 있게 하기 때문에 성공 가능성이 더 높을 수 있다는 얘기다. 평범함은 아름다움에 비해 시대를 초월한 보편적 호소력을 지닌다.……더 재미있는 사실은 사람의 외모와 그 사람에 대한 신뢰 사이에 상관관계가 존재한다는 점이다. 한 연구 결과에 따르면, 외모가 뛰어난 사람보다는 외모가 평균 정도인 사람에게 자신의 집 열쇠를 맡기고 싶다는 비율이 67퍼센트로 더 높게 나타났다. 또한 외모가 덜 매력적인 사람이 낯선 사람을 더 잘 도와줄 것 같다는 비율 역시 71퍼센트로 높게 나타났다."[33]

그래도 위로가 안 되는 사람은 신약성서 「사도행전Acts」 10장 34~35절을 읽어보는 것도 좋을 것 같다. "하나님은 사람의 외모를 보지 아니하시고 각 나라 중 하나님을 경외하며 의를 행하는 사람은 다 받으신다." 아니면 이런 속담은 어떨까? "Beauties die young." 즉, 가인박명佳人薄命이라고 하니, 가늘고 길게 살도록 하자.

44

왜 아이들은 "나는 특별해, 나는 특별해, 나를 봐줘"라고 노래하는가?

자존감 운동

"나는 특별해, 나는 특별해, 나를 봐줘I am special, I am special, look at me." 미국 전역의 유치원에서 많이 불리는 노래 중 하나다. 1980년대 이후 미국에 불어닥친 '아이 자존감self-esteem 키워주기 열풍'을 상징적으로 잘 드러내주는 노래라 할 수 있겠다.[34]

self-esteem은 "자존감, 자부심"으로, 미국 심리학자이자 철학자인 윌리엄 제임스William James, 1842-1910가 1890년대에 처음 사용한 말이다. self-esteem은 자신이 그 자체로 사랑 받을 만한 가치가 있는 소중한 존재라고 여기는 것이며, 어떤 성과를 이루어낼 만한 유능한 사람이라고 생각하는 것이다.[35] self-esteem은 있는 그대로의 나 자신을 존중하고 사랑하는 마음인 반면 pride(자존심)는 내가 아닌 타인

에게 존중받고자 하는 마음이라는 점에서 차이가 있다.[36]

그래서 많은 전문가가 자존감의 중요성을 강조해왔다. 1969년에 출간한 『자존감의 심리학The Psychology of Self-Esteem』이 베스트셀러가 되면서 '미국 자존감 운동Self-esteem movement의 아버지'로 불린 너새니얼 브랜든Nathaniel Branden, 1930-2014은 "불안감과 우울증에서부터 학교나 직장에서의 성적 부진, 배우자 폭행이나 아동 학대에 이르기까지 모든 심리적 문제의 원인은 낮은 자존감이다"고 주장했다. 그는 자기 자신을 사랑하는 것이 아주 중요하다며 "인간이 자기 자신에게 내리는 평가보다 더 중요한 가치 판단은 없다"고 했다.[37]

심리학자와 교육자들은 그의 견해를 받아들이고 더욱 확장함으로써 '아이 자존감 키워주기 열풍'을 부추겼다. 1977년에서 2006년까지의 30년간 심리학 전문 저널에 실린 논문 중에서 제목에 '자존감'이라는 단어가 포함된 것은 1만 7,000편이 넘었다. 1980년대에 캘리포니아에서 제출된 「자존감의 사회적 중요성The Social Importance of Self-Esteem」이라는 제목의 보고서는 "우리 사회를 괴롭히는 주요한 문제점들 중에서 전부는 아니더라도 많은 문제점들이 사회 구성원들의 낮은 자존감에 그 뿌리를 두고 있다"고 주장했다.[38]

심리학자 캐럴 드웩Carol Dweck에 따르면, "1990년대에 부모들과 교사들은 자존감이 세상에서 가장 중요하다고, 아이에게 자존감만 있다면 나머지는 저절로 따라올 거라고 확신했다".[39] 미국에서 1,000만 부 넘게 팔린 『영혼을 위한 닭고기 수프Chicken Soup for the Soul』(1993)의 저자 잭 캔필드Jack Canfield는 "자존감은 사치가 아니다"며 "누구든 자존감을 통해 자신만의 목표를 설정해야 한다"고 말했다.[40]

자존감 운동

그러나 '아이 자존감 키워주기 열풍'은 그런 바람직한 수준을 넘어서 지나친 이기주의와 자기도취를 확산시키는 결과를 초래하고 말았다. 미국 샌디에이고주립대학 심리학과 교수 진 트웬지Jean M. Twenge의 『자기중심주의 세대Generation Me』(2006)에 따르면, 미국에서 "나는 잘났다"는 말에 걸맞은 사람이라고 여긴 10대는 1950년대엔 12퍼센트에 불과했지만, 1980년대엔 무려 80퍼센트로 늘었다.[41]

사이가 좋지 않을 뿐만 아니라 서로 경멸하면서도 공개적으론 서로 칭찬하는 위선을 상습적으로 저지르는 사람들이 있다. 이런 사람들이 모인 집단을 가리켜 mutual admiration society라고 한다. 직역을 하자면, '서로 칭찬하는 집단' 또는 '서로 칭송하는 사회'지만, 위선을 꼬집는 의미로 많이 쓰인다. 미국의 초월주의 작가 헨리 데이비드 소로Henry David Thoreau, 1817-1862가 1851년 처음 이 말을 썼을 땐 상호 존중을 강조하는 긍정적 의미였지만, 오늘날엔 그 의미가 이와 같이 변질되었다.[42]

그러나 아이들의 자존감 키워주기 열풍이 불면서 또 한 번 그 의미가 달라졌다. 로이 바우마스터Roy F. Baumeister와 존 티어니John Tierney는 『의지력의 재발견: 자기 절제와 인내심을 키우는 가장 확실한 방법 Willpower: Rediscovering the Greatest Human Strength』(2011)에서 "아이들이 '난 정말 잘해'라고 스스로 생각하도록 용기를 줌으로써 학업을 향상시키고자 하는 수백만 부모들은 집에서 아이들에게 더 많은 칭찬을 쏟아붓는다"며 다음과 같이 말한다.

"스포츠 팀의 코치는 승자뿐 아니라 모든 아이가 트로피를 받을 수 있도록 배려하고, 걸스카우트는 '독창적인 나!uniquely ME!'라는 프로

왜 아이들은 "나는 특별해, 나는 특별해, 나를 봐줘"라고 노래하는가?

그램을 창조해냈다. 학교에서는 자신의 가장 멋진 점을 열거하고 친구들끼리 서로 어떤 점을 좋아하는지 토론한다. '서로 칭송하는 사회'는 한때 험담으로 여겨졌지만, 요즘의 젊은이들은 그것을 마치 사회적 규약처럼 받아들이며 성장한다.……레이디 가가는 콘서트에서 팬들에게 이렇게 외쳤다. '당신이 누구건 어디서 왔건 당신은 슈퍼스타에요. 그렇게 타고난 거랍니다!' 팬들은 곧 환호했고, 레이디 가가는 밝은 손전등을 객석에 골고루 비추며 이들의 환호에 답했다. 그리고 외쳤다. '여러분, 오늘 돌아가서 나를 더 사랑하기보다 여러분 자신을 더 많이 사랑하세요!'" [43]

레이디 가가Lady Gaga, 1986-의 '자존감 운동'은 힙합 뮤지션인 리틀 재키Little Jackie가 2008년에 내놓은 노래에 비하면 애교스럽게까지 느껴진다. 리틀 재키는 〈나를 중심으로 세상은 돌아가야 한다The World Should Revolve Around Me〉에서 "은하계에서는 내가 유일해, 나는 멸종동물이야"라고 자신의 독특함을 강조한다. [44]

이렇듯 하늘을 찌를 정도로 높아진 젊은이들의 자존감은 과도한 '기만적 우월감 효과illusory superiority effect'로 나타난다. [45] 미국 경제학자 토드 부크홀츠Todd G. Buchholz는 『러쉬!: 우리는 왜 도전과 경쟁을 즐기는가Rush: Why We Thrive in the Rat Race』(2011)에서 "젊은 세대는 태어날 때부터 '특별하다'는 소리를 들으며 자랐다"며 다음과 같이 말한다.

"미국 전역의 회사에서 보고되는 자료를 보면 당혹스럽기 그지없다. Carebuilder.com에서 조사한 설문에서 인사 담당자의 85퍼센트가 하는 말에 따르면, 이십대 직원들은 자신들이 일 년 안에 승진할 것이며 다른 누구보다 자신에게 그럴 자격이 있다고 믿었다. 그러니 그들이 처음부터 좋은 직장에서 일하고 싶어 하는 것은 당연한 노릇이다."[46]

부크홀츠는 한때 자신의 룸메이트였고 지금은 하버드대학 법대에서 학생을 가르치는 친구에게 자신들의 학창시절과 비교해서 학교 분위기가 어떻게 달라졌냐고 물었더니, 이런 답이 돌아왔다고 말한다. "20년 동안 자존감 훈련을 받은 이들을 만나고 있지. 소크라테스 산파술을 사용하거나 학생들 논리에 반론을 제기할 수 없어. 그러면 그들 마음이 다치니까. 마음이 다친다고? 변호사가 될 사람들 아닌가! 그리고 때로 사건에서 패할 수도 있음을 알아야 그들로서도 좋은 것이 아닌가!"[47]

자존감 운동은 미국에서만 벌어진 게 아니다. 다소의 차이는 있을망정, 아이들의 의사를 존중하고 자율적으로 키우는 스웨덴식 육아법이 오히려 아이들을 망치고 있다는 목소리도 나온다. 스웨덴 정신과 의사 다비드 에버하르드David Eberhard는 『아이들은 어떻게 권력을 잡았나How Children Took Power』(2014)에서 "스웨덴은 버릇없는 아이들 때문에 '떼쟁이 공화국'이 되고 있으며, 이는 아이나 사회에 모두 해를 끼친다"고 주장했다.[48]

과연 무엇이 문제였을까? 영국 임상심리학자 스티븐 브라이어스Stephen Briers는 『엉터리 심리학Psychobabble』(2012)에서 "어쩌면 우리의 가장 큰 실수는, 자존감이란 우리가 무언가 유용하거나 가치가 있는 것을 성취하고자 희망하기 전에 반드시 갖춰야 하는 것, 마치 실질적으로 목적지에 도착하기를 바란다면 언제나 맨 위까지 꽉 채워야 하는 일종의 연료 탱크인 것처럼 생각하는 것일지도 모른다"며 다음과 같이 말한다.

"그저 자존감이란 우리를 발전하게 해주고 지혜롭게 행동하도록 지속적으로 일깨워주는 여러 요인 중 하나 정도로만 생각하는 것이 우리 인생에 더 도움이 되지 않을까? 자존감을 눈동자의 색깔이나 지문처럼, 어떤 사람의 영구적인 특징이라 생각해서는 안 된다. 그렇게 여기는 것은 우리 삶에 별다른 도움이 되지 않을 것이다."[49]

예일대학 법대 교수 에이미 추아Amy Chua와 제드 러벤펠드Jed Rubenfeld는 자존감 개념의 원조인 윌리엄 제임스William James, 1842-1910가 자존감을 유지하기 위해서는 성취가 필요하다고 했던 것을 상기시키면서 이렇게 말한다. "새로운 자존감 운동에서는 인과관계가 바뀌어, 성취를 이루기 위해서는 자존감이 꼭 필요한 것으로 간주되었다. 즉, 성취보다 자존감이 '선행되어야' 한다는 것이다. 아이들은 자존감이 있어야 뭐라도 성취할 수 있다. 바꾸어 말하면, 자존감 운동은 존중받을 만한 행동과 자존감을 분리시켜버렸다."[50]

이어 이들은 "지금은 많은 이들이 잘 알고 있는 사실이지만, 자존감을 키운다고 해서 성적이 올라가는 것은 아니다. 아시아계 미국인 학생들은 미국의 모든 인종 집단 가운데 자존감이 가장 낮지만, 성적은 가장 좋다. 흑인 학생들은 자존감이 가장 높지만, 성적은 항상 좋지 않다"며 다음과 같이 말한다.

"미국 학생들의 전반적인 자존감은 세계적으로 높은 편이고, 성적은 세계적으로 낮은 편에 속한다. 한 통제된 실험에서, 자존감을 높여주는 메시지를 받은 학생들은 다른 학생들보다 더 나쁜 성적을 받았다. 또 다른 연구에서, 똑똑하다는 말을 들은 학생들은 표준화된 검사에서 더 낮은 점수를 받았고, 몇 문제를 맞혔느냐는 질문에 거짓말을 했다. 반사회적 행동이 낮은 자존감에서 비롯된다는 주장 역시 거짓으로 증명되었다.……심리학자들은 높은 자존감을 주입받으며 자란 아이들이 성인이 되었을 때 우울증과 불안감, 자기애성 인격 장애에 시달리는 경우가 많다고 보고한다."[51]

그럼에도 왜 자존감 운동이 그토록 선풍적인 인기를 얻었던 걸까? 마이클 르고Michael LeGault의 답은 간단하다. "자존감 운동의 엄청난 성장은 그 자체가 미국의 많은 성인들이 삶의 보람을 찾지 못하고 있음을 보여주는 신호이며 자신의 자녀들에게 자신의 삶을 투자함으로써 보람을 찾으려는 것을 의미한다."[52]

사실 '자존감 운동의 아버지'인 브랜든도 자존감 예찬론을 극단으로 밀어붙였을망정 1994년에 출간한 『자존감의 여섯 기둥Six Pillars of Self-Esteem』에서 이런 경고를 한 바 있다. "자존감의 근원은 내면에 있으며, 타인이 아닌 자신의 행동에 달려 있다. 우리가 외부, 즉 타인의 행동과 반응에서 자존감을 찾는다면 비극적인 결과를 초래할 것이다."[53]

타자지향적인 의식과 행태가 이미 삶의 문법으로 굳어진 사람들에게 그런 경고가 귀에 들어올 리는 만무했을 게다. 그 가장 중요한 메시지는 쏙 빼놓은 채 무조건 자존감만 키우고 보자는 식으로 아이들을 키워댔으니, 이미 비극적인 결과는 초래되고 만 게 아니고 무엇이랴. 미국의 그런 자존감 운동이 '아이 기 살려주기 운동'으로 변환되어 나타난 한국에서도 자존감이란 단어를 예전처럼 좋은 의미로만 대하기가 어렵게 되었으니, 이 또한 비극이 아니고 무엇이랴.

왜 아이들은 "나는 특별해, 나는 특별해, 나를 봐줘"라고 노래하는가?

45

왜 '나를 증명할 필요가 없는 공간'이 필요한가?

가스등 효과

잉그리드 버그먼Ingrid Bergman, 1915-1982이 열연해 아카데미 여우주연상을 수상한 영화 〈가스등Gaslight〉(1944)에서 남편은 아내 폴라Paula의 유산을 빼앗기 위해 그녀를 정신병자로 몰아간다. 그가 폴라의 이모가 남긴 보석을 찾기 위해 다락방에 불을 켜면, 그 때문에 폴라의 방에 있는 가스등이 희미해진다. 폴라가 아무 이유 없이 흐릿해지는 가스등에 대해 이야기하면, 남편은 그녀가 미쳤기 때문에 환각을 보는 것이라고 매도한다. 폴라는 혼란스럽고 겁에 질린 나머지 점차 히스테릭하게 행동하고, 남편이 끊임없이 이야기하는 것처럼 실제로도 무기력하고 방향 감각이 없는 사람이 되어간다. 〈가스등〉은 이처럼 자신감 없고 소심한 사람이 자기보다 강한 영향력을 가진 누군가로 인해 어

떻게 조종되는지를 보여준 영화다.[54]

이 영화로 인해 1960년대부터 gaslighting이라는 신조어가 쓰이기 시작했는데, 이는 상대방의 현실 인식을 통제하고 조작하는 영향력 행사 또는 그로 인한 정신적 학대를 뜻한다. 소시오패스sociopath가 즐겨 쓰는 수법이며, 부부간 또는 부모–자식 간의 관계에서도 자주 나타난다.[55] gaslight effect(가스등 효과)라는 말도 쓰였는데, 이는 의식적으로, 또는 무의식적으로 상대방을 조종하려는 가해자와 그를 이상화하고 그의 관점을 받아들이는 피해자가 만들어내는 병리적 심리 현상을 뜻한다.

미국의 심리치료사 로빈 스턴Robin Stern이 2007년에 출간한 『가스등 이펙트: 지금 누군가 나를 조종하고 있다!The Gaslight Effect: How to Spot and Survive the Hidden Manipulation Others Use to Control Your Life』(2007)는 센세이셔널한 반응을 불러일으켰다. 상대방의 영향력 행사gaslighting로 고통을 겪는 사람이 그만큼 많았다는 이야기다. 스턴은 영향력의 정체에 대해 다음과 같이 말한다.

"영향력이란 두 사람 사이의 관계에서 나타나는 것으로, 자신이 항상 옳다고 여기며 자존심을 세우고 힘을 과시하는 가해자gaslighter와 상대방이 자신의 현실감을 좌우하도록 허용하는 피해자gaslightee 사이에서 일어난다. 피해자들은 가해자를 이상화하고, 그들의 인정이나 사랑, 관심이나 보호 등을 받기 위해 가해자가 자신의 생각이나 행동에 영향력을 행사하도록 허용한다."[56]

가스등 효과는 성별에 구분 없이 모든 관계에서 발생할 수 있지만, 가해자는 남성인 경우가 많고 피해자는 여성인 경우가 많다. 조종

자엔 매력적인 유형, 선량한 유형, 난폭한 유형 등 3가지 유형이 있다. 아마존에 오른 어느 독자의 다음과 같은 서평이 말해주듯이, gaslighting은 보통 사람들의 일상적 삶에서 자주 일어난다.

"이 책은 우리 모두 겪었지만, 어떻게 설명해야 할지 몰랐던 경험에 대해 '가스등 이펙트'라는 용어로 명쾌하게 설명해준다. 여러 번 전화를 걸었지만, 통화를 못했던 사람이 어느 날 갑자기 전화해서 '정말 오랜만이야'라고 호들갑스럽게 반가워할 때, 돌아버릴 것 같지 않은가? 당신의 마음을 갖고 게임을 하려는 사람들, 당신을 조종하려는 사람들을 내버려 두지 말라." [57]

가스등 효과는 기억의 신빙성에 관한 문제이기도 하다. 안혜리는 "어린 시절 TV에서 잉그리드 버그먼 주연의 스릴러 영화 〈가스등〉(1944년)을 본 이후 진작부터 사람의 기억이 얼마나 취약한지에 대해 어렴풋이나마 알고 있었다. 상속녀인 아내를 정신병자로 만들려는 남편이 집 안 물건을 하나씩 숨겨놓고는, 아내가 기억하지 못하는 거라고 아내의 기억을 조작하지 않았던가 말이다"라며 다음과 같이 말한다.

"이렇게 장황하게 기억에 얽힌 사연을 끄집어내는 건 최근 표절 시비에 휘말린 작가 신경숙이 한 신문 인터뷰 때문이다. '아무리 기억을 뒤적여봐도 (표절했다는 작품을) 안 읽은 것 같은데, 지금은 내 기억을 믿지 못하겠다.……대조해보는 순간 나도 그걸 믿을 수가 없었다.' 표절을 아예 부인하던 입장을 바꿔 표절을 시인하고 사과했는데도 이런 표현이 알려지면서 비난 여론이 잠잠해지기는커녕 오히려 점점 더 거세지는 모양새다. 인터뷰 형식을 빌려 사실상 대국민 사과를 하면서 이런 언급을 한 게 과연 적절했는가, 라고 묻는다면 아니라고 답하겠다. 하지만 들끓는 여론처럼 그가 말도 안 되는 유체이탈 화법으로 정직하지 못한 변명, 즉 거짓말을 하는 것이라는 비난엔 섣불리 동의하지 못하겠다."[58]

왜 미국 사회엔 gaslighting 현상이 만연하게 된 걸까? 스턴은 3가지 이유를 제시한다.

첫째, 성 역할의 근본적인 변화와 그에 대한 반발이다. "여성들에게 더 많은 선택의 여지를 주었던 여성해방 운동은 역설적으로 다른 한편으로는 남성들의 학대에서 자유로울 수 있도록 강하고 독립적인 여성이 되어야 한다는 압박을 여성 스스로에게 가했다. 그 결과, 상대방의 영향력이나 학대를 받은 여성들은 이중적으로 수치심을 느끼게 되었다. 우선 상대방과의 나쁜 관계 때문에 상처받고, 다른 한편으로는 강하고 독립적인 삶이라는 기준에 미달되는 삶을 산다는 것에 수치심을 느끼게 되었다. 아이러니하게도, 강하고 독립적이어야 한다는 바로 그 생각이 그들로 하여금 다른 사람의 도움을 청하지 못하게 만들었다."[59]

둘째, 개인주의 만연과 개인의 고립이다. "전통적인 문화에서, 우리는 스스로가 안정되고 정착했다고 느끼는 데 도움이 되는, 폭넓은 범위의 정서적 유대감을 가지고 있었다. 현대 사회에서, 우리는 일반적으로 지극히 제한된 관계만을 갖는다. 그리고 제한된 관계를 통해서는 우리가 다른 사람들과 깊은 이해와 유대감을 형성하는 데 충분히 만족스러운 결과를 얻을 수 없을 것이다. 자신이 좋은 사람이고, 유능하고, 사랑할 줄 아는 사람이라는 확인을 받고 싶은 마음과 다른 한편으로는 사회로부터 점차 고립되어가는 현상이 우리를 다른 사람의

영향력에 쉽게 노출되게 만든다." [60]

셋째, 사회의 압력과 세뇌다. "우리는 직장에서나 가정에서, 소위 각 분야의 전문가라는 사람들이나 정치가들, 대중매체들이 사실이 아닌 데도 진짜처럼 포장한 정보 속에 살고 있다.……우리는 스스로의 현실 인식을 발전시키고 고무하기보다는 우리의 생각을 무시하고, 우리의 요구나 견해가 쓸모없다는 것을 받아들이라는 수많은 요구들에 휩싸여 있다." [61]

스턴은 외부에서 받는 영향력에 휘둘리지 않을 수 있는 방법을 이렇게 제시한다. "자신이 이미 좋은 사람이고, 유능하고, 사랑할 줄 아는 사람이므로 상대방의 인정을 받을 필요가 없다는 것을 스스로 이해하는 일이다. 물론 이것이 말하는 것만큼 쉽지는 않다. 하지만 우리가 상대방이 어떻게 생각하더라도 사랑을 받을 자격이 있는 훌륭한 사람이라는 자아 정체감을 가질 때, 우리는 자유를 향한 첫발을 내딛게 된다. 일단 우리의 자아 정체감이 상대방의 인정에 의존하지 않는다는 것을 이해하면, 상대방의 영향력을 끝낼 의지를 가지게 된다. 그리고 우리 스스로 사랑을 받고 행복한 삶을 누릴 자격을 부여받았다는 것을 알기 때문에, 자신의 입장을 고수할 수 있다." [62]

한국에서 가스등 효과는 만만치 않다. 아니 남의 눈을 의식하는 문화가 강한 만큼 세계 최고 수준이라고 보아야 하지 않을까? 정성훈은 가스등 효과는 주로 사랑과 존경으로 맺어진 두 사람 사이에서 발생한다며, 우리 주변에서 가스등 효과를 유발하는 표현 몇 가지를 이렇게 제시한다. "그렇게 생각하는 건 네가 이기적이기 때문이야." "그런 식으로 입는 것은 천박하기 짝이 없어." "네 능력을 내가 더 잘 알

아." "이건 다 너 잘되라고 하는 소리야." [63]

결국 문제는 상대방의 인정인 셈인데, 바로 그렇기 때문에 가스등 효과를 벗어날 수 있는 길도 우리의 기존 인정투쟁struggle for recognition 방식에 대한 성찰에서 찾을 수 있지 않을까? [64] 그런 점에서 김찬호가 지금 우리에게 필요한 것은 안전한 관계라고 말하는 것이 가슴에 와 닿는다.

"나를 있는 그대로 받아들여주는 사람들, 억지로 나를 증명할 필요가 없는 공간이다.……내가 못난 모습을 드러낸다 해도 수치스럽지 않고, 다른 사람들이 그것을 가지고 뒷담화를 하지 않으리라고 믿을 수 있는 신뢰의 공동체가 절실하다. 그를 위해서는 자신과 타인의 결점에 너그러우면서 서로를 온전한 인격체로 승인하는 마음이 있어야 한다." [65]

나를 있는 그대로 받아들여주고, 억지로 나를 증명할 필요가 없는 공간을 만드는 것이 결코 쉬운 일은 아니겠지만, 우리는 지금 그런 공간의 필요성조차 느끼지 못하고 있으니 일단 마음속으로나마 동의를 표하는 것이 그런 공간 형성의 출발점이 아닐까? 그렇게 생각하는 사람이 많아지면 세상은 달라지게 되어 있다. 지금 우리가 지키고 있는 그 어떤 삶의 문법도 자연의 질서는 아니니까 말이다.

제10장

탐욕
과
서열

46

왜 미국 대기업의 CEO는
일반 근로자 연봉의 500배를 받는가?

고독한 영웅 이론

2006년 1월 『월스트리트저널』은 경제 주간지 『포천』이 선정한 500명 CEO의 평균 보수를 분석한 결과 1960년에는 미국 대통령 연봉의 2배에 그쳤지만, 지금은 30배에 달한다고 보도했다. 2005년 연간 매출 5억 달러 수준의 미국 기업 CEO들의 평균 보수는 216만 달러(21억 원)로 스위스(139만 달러), 독일(118만 달러), 캐나다(107만 달러), 멕시코(100만 달러), 일본(54만 달러), 베네수엘라(47만 달러), 인도(29만 달러), 중국(21만 달러) 등을 크게 웃돌았다. 이 신문은 미국 CEO와 일반 근로자의 평균 보수 격차는 475배로 영국(22배), 남아프리카공화국(21배), 캐나다(20배), 프랑스(15배), 일본(11배)에 비해 지나치게 높다고 지적했다.[1]

『비즈니스위크』가 20년 이상 추적해온 CEO들의 연봉 조사 결과도 비슷하다. 1980년 『포천』이 선정한 200대 기업의 CEO는 일반 노동자의 42배에 해당하는 소득을 올렸지만, 이 비율은 2000년까지 500배 이상으로 증가한 것으로 나타났다.[2]

미국이 처음부터 그랬던 건 아니다. 1980년대 레이건 시대를 거치면서 격차가 급격히 벌어졌다. 1980년 미국에서 연봉을 가장 많이 받던 10명의 CEO가 매년 평균 350만 달러를 벌었지만, 2000년이 되었을 때 이 수치는 1억 5,400만 달러로 늘어나 20년 사이에 무려 44배가 되었다.[3]

한국은 어떨까? 개정된 자본시장법이 2013년 11월부터 시행되면서 사업 보고서만으로도 주요 기업 고위 임원들이 얼마나 받았는지 파악할 수 있게 되었지만, 아직 자료가 축적되질 않아 미국처럼 소상히 파악하기는 어렵다. 전국경제인연합회 산하 한국경제연구원은 2014년 8월 미등기 임원의 보수 공개 의무화와 연 4회 공시 규정에 반대하는 보고서를 내면서 국내 100대 기업의 최고경영자와 근로자 간 보수 격차는 평균 51배라고 주장했다(이는 미국의 354배, 독일의 147배, 일본의 67배보다 작다는 뜻으로 한 말이다).[4]

삼성전자만 놓고 보자면, 삼성전자 등기 임원의 평균 보수는 약 52억 원으로 수당을 포함한 직장인들의 연봉 총액 평균 3,800만 원(2012년 기준)의 137배에 이른다.[5] 삼성전자 사장 신종균은 2014년 상반기(1~6월) 총 113억 4,500만 원의 급여를 받아 국내 주요 기업 최고경영자 가운데 1위를 차지했는데, 이는 하루에 6,268만 원을 번 셈이다.[6]

유럽에선 대기업 임원들의 고액 연봉에 대해 비판의 목소리가 높은데, 그 선두 주자가 바로 스위스다. 2013년 11월 직접민주주의를 실시하는 스위스는 기업 내 최고 임금이 최저 임금의 12배를 넘지 못하도록 제한하는 이른바 '1대 12 법안'을 국민투표에 부쳤다. 비록 이 법안은 65.3퍼센트의 반대로 부결되었지만, 찬성이 34.7퍼센트였다는 건 고액 연봉에 대한 국민적 반감이 만만치 않다는 걸 말해준다.[7] 이런 반감은 유럽 전역으로 확산되고 있다.[8]

그럼에도 가장 큰 연봉 격차를 보이고 있는 미국은 비교적 조용한 편이다. 오히려 고액 연봉을 옹호하는 목소리가 더 크게 들리는 것 같다. 보수적 경제학자인 하버드대학 교수 그레고리 맨큐Gregory N. Mankiw, 1958는 1퍼센트가 버는 엄청난 소득이 나머지 모든 사람을 위해 가치를 창조하는 이들에게 돌아가는 보상을 반영하는 것이라면, 그것을 굳이 문제라고 여길 이유가 없다고 주장한다.[9] 이어 그는 최고 경영자들이 높은 보수를 받는 것은 비범한 자질 덕택이라고 주장하지만,[10] 도대체 어떤 자질이길래 그것이 500배의 연봉 격차를 정당화할 수 있단 말일까?

하버드대학 경제학자 마이클 젠센Michael Jensen과 케빈 머피Kevin Murphy는 "기업의 중역이 받는 연봉은 왜 그렇게 높은가?"를 "왜 기업의 중역이 받는 연봉은 그렇게 낮은가?"로 재구성해 실증 분석했다. 이들은 아무리 연봉이 높더라도 성과와 긴밀히 연관된 연봉을 지불하는 것이 주주에게 훨씬 낫다고 주장했다. 보상과 처벌은 둘 다 커야 한다는 것이다.[11]

뉴욕 로체스터대학 경제학자 스티븐 랜스버그Steven E. Landsburg는

"기업 중역이 받는 일반적인 연봉 수준은 실패한 중역에 대한 적절치 못한 처벌만큼이나 언론의 조롱 대상이다. 나는 이런 조롱의 근거가 되는 반지성주의에 놀랐다"며 다음과 같이 말한다.

"주주는 중역이 더 많은 위험을 감수하기를 원한다는 사실을 상기하자. 한 사람이 위험을 감수하도록 장려하는 한 가지 방법은 그를 부자로 만드는 것이다. 다른 사정이 동일하다면, 백만장자는 자식의 대학 등록금을 어떻게 마련할지 고민하는 사람보다 직업을 잃는 것을 덜 염려한다. 주주가 기업 사장을 호주머니에 접어 넣을 수 있는 컴퓨터 개발에 좀더 적극적으로 관여하도록 만들려면 백만장자의 여유로움을 장려할 필요가 있다. 높은 임금은 위험한 사업을 택하도록 만드는 데 도움이 된다."[12]

거액의 연봉은 경영자들에게서 더 많은 노력을 이끌어낼 수 있는 강력한 동기가 될 뿐만 아니라 직원들에 대한 동기부여도 된다는 주장도 있다. 경영자들의 고액 연봉이 다른 직원들에게 강한 동기를 부여할 수 있다는 것이다. 거액의 연봉을 받는 CEO를 보면서 다른 직원들도 언젠가는 그 위치에 오르기 위해 열심히 일을 한다는 것이다. 이에 대해 행동경제학자 댄 애리얼리Dan Ariely는 다음과 같은 의문을 제기한다.

"만약 이 이론이 옳다면, 우리는 CEO들에게 엄청난 액수의 연봉뿐 아니라 더 많은 자유 시간을 주어, 그들이 가족이나 친구들과 여가를 즐길 수 있도록 하고 비싼 해외여행도 제공해야 할 것이다. 그래야 완벽한 인생이라는 그림이 완성되고, 주변 사람들에게 열심히 일해 CEO가 되어야겠다는 더욱 강력한 동기부여를 할 수 있지 않겠는가."[13]

주식의 시장가치를 들어 고액 연봉을 옹호하는 주장도 있다. 조지메이슨대학의 경제학자 월터 윌리엄스Walter E. Williams는 잭 웰치Jack Welch, 1935-가 제너럴 일렉트릭GE의 CEO로 머문 20년 동안 그 회사 주식의 시장가치는 14억 달러에서 5,000억 달러로 뛰었다면서, "웰치가 GE의 주식가치 증가분의 100분의 1의 반만 가져가더라도, 그가 벌어들인 총소득은 약 25억 달러가 되어야 한다. 그런데도 그는 고작 몇백만 달러 정도만을 받았을 뿐이다"고 주장한다.

이런 논리를 가리켜 '고독한 영웅 이론Lone Ranger theory'이라고 한다. Lone Ranger는 정의를 위해 싸우는 미국 대중문화의 아이콘이다. 1933년 라디오에 등장한 이래로 텔레비전(1949~1957), 만화, 잡지, 영화 등에 의해 미국인을 사로잡은 픽션의 영웅이다. CEO를 기업의 Lone Ranger로 간주한 이 이론은 CEO가 그 회사의 주식가치를 결정하는 일차적인 요인이라는 사실에 근거하고 있다.

스티브 잡스Steve Jobs, 1955-2011와 애플의 관계가 '고독한 영웅 이론'의 대표적 사례로 거론된다. 애플에서 잡스의 역할은 절대적이었기 때문이다. 그러나 그런 예외를 제외하고 보자면 회사의 성공 중 얼마만큼이 CEO에 의해 이루어진 것이고 또 얼마만큼이 운 때문인지를 구별해내는 게 쉽지 않다는 것이 이 이론의 한계라고 볼 수 있다.[14]

1981년 시카고대학의 경제학자 서윈 로젠Sherwin Rosen, 1938-2001은 『미국경제리뷰American Economic Review』에 20세기의 기술혁신이 어떻게 슈퍼스타들의 수입을 극대화시켰는지에 관한 논문 「슈퍼스타 경제학The Economics of Superstars」을 발표함으로써 이른바 '슈퍼스타 경제학'의 창시자가 되었다. 특히 저렴하면서도 효과적인 커뮤니케이션 기술 덕분에 소수의 스타들은 예전보다 더 빨리, 그리고 더 강력하게 세계적인 인기를 얻으면서 엄청난 돈을 벌어들이고 있다. 이를 가리켜 '슈퍼스타 이론superstar theory'이라고 한다.[15] '고독한 영웅 이론'의 자매 이론이라고 할 수 있겠다.

저렴하면서도 효과적인 커뮤니케이션 기술은 CEO의 역할도 증대시켰다. 미국 MIT 슬론경영대학원 교수 에릭 브린욜프슨Erik Brynjolfsson과 앤드루 맥아피Andrew McAfee는 『제2의 기계시대: 인간과 기계의 공생이 시작된다』(2014)에서 CEO의 보수가 급증한 이유 중 하나는 기술 발달로 의사 결정자가 영향을 미치거나 주시하는 범위, 규모, 능력이 확대되었기 때문이라고 말한다.

"경영자가 디지털 기술을 써서 전 세계 공장들의 활동을 지켜보면서 어느 한 공정을 바꾸라고 구체적인 지시를 하고, 그 지시가 제대로 이행되도록 할 수 있다면, 그 의사 결정자의 가치는 증가할 것이다. 디지털 기술을 통해 직접 관리를 할 수 있게 됨으로써, 뛰어난 경영자는 예전에 하위 직원들의 긴 사슬을 통해 분산 통제를 하거나, 더 적은 규모의 활동들에만 영향을 미칠 수 있었던 시절보다 더 높은 가치를 지닌다."[16]

2000년대 들어 꽃을 피운 디지털 시대는 특히 IT 분야에서 '고독한 영웅 이론'을 돋보이게 만들었다. 마이크로소프트의 전 수석 과학자 네이선 마이어볼드Nathan Myhrvold는 "최고의 소프트웨어 개발자는 평균적인 개발자보다 생산성이 10배, 100배, 혹은 1,000배가 아닌 만 배나 높다"고 했는데,[17] CEO를 그런 시각의 연장선상에서 보는 것이다. '고독한 영웅 이론'은 IT업계 특유의 '모험성' 또는 '도박성' 때문에 심화되고 있다고 볼 수 있겠다.

하긴 도박성으로 말하자면, 대기업 임원이 되는 것 자체가 도박이다. 국내 기업 경영 평가 기관인 CEO스코어가 30대 그룹 216개 계열사의 임원 현황을 5년간 추적 조사한 결과에 따르면, 30대 그룹에 입사한 사원이 임원이 될 확률은 1퍼센트, CEO가 될 확률은 0.03퍼센트인 것으로 나타났다.[18] CEO의 높은 연봉은 0.03퍼센트의 낮은 확률을 극복하고 CEO에 오른 것에 대한 금전적 축복으로 보아야 하는 걸까?

경제학자 존 케이John Kay는 '우연론'을 제시한다. 대체적으로 보아 CEO의 흥망興亡은 상황이라는 우연에 의해 결정되는 것일 뿐 CEO 개인이 잘나거나 못나서가 아니라는 것이다. 그는 자신의 논지를 뒷받침하기 위해 철학자 알라스데어 매킨타이어Alasdair MacIntyre, 1929-의 말을 다음과 같이 인용한다.

"대기업 총수들이 (일부 극단적인 비평가들이 기대하는 것처럼) 미국을 통솔하는 국가적 지도자가 되지 못하는 이유는 그들이 자신의 기업을 제대로 통솔할 능력조차 갖추지 못했기 때문이다. 그들이 조직적인 기술과 능력을 발휘해 바람직한 결과를 내는 것은 가뭄이 끝나기 일보 직전에 기우제를 지내고, 그로 말미암아 비가 내리는 행운을 만난 주술사의 경우와 같은 것이다."[19]

전적으로 동의하긴 어려운 주장이지만, 이거 하나는 분명하다. CEO의 높은 연봉에 대한 사회적 논의는 공정하게 이루어지기 어렵다는 점이다. 대학은 물론 학자들 역시 그들의 후원자인 기업의 눈치를 보기 때문이다. 예컨대, 1986년 3월 「최고경영자들은 그만한 몸값을 한다Top Executives Are Worth Every Nickel They Get」라는 제목의 글이 실린

『하버드비즈니스리뷰』는 세계에서 가장 많은 기업 기부금을 수금하는 하버드대학이 소유하고 있으며, 독자층은 대기업 CEO들과 그들의 야심찬 부하 직원들이다. 크리스티아 프릴랜드Chrystia Freeland는 "이러한 점에서 『하버드비즈니스리뷰』 역시 그 후원자들에게 아첨을 해야 하는 언론의 숙명에서 벗어날 수 없다"고 말한다.[20]

CEO의 높은 연봉을 정당화하거나 미화하는 주장이 나오면 우선 그 출처가 그런 '아첨의 굴레'에서 자유로운 처지인지를 살펴볼 필요가 있겠다. 그런데 사실 정작 궁금한 건 일반 대중의 반응이다. 고액 연봉에 대해 의외로 너그럽다. 물론 분노할 만한 사건이 터지면 분노의 목소리를 쏟아내기도 하지만, 평소엔 '세상이 다 그런 거지 뭐' 하는 식으로 모른 척한다. 왜 그럴까?

이와 관련, 폴란드 출신 사회학자 지그문트 바우만Zygmunt Bauman이 2013년 흥미로운 제목의 책을 출간했다. 『왜 우리는 불평등을 감수하는가: 가진 것마저 빼앗기는 나에게 던지는 질문』이다. 이 제목은 원제인 『소수의 부가 우리 모두에게 이로운가Does the Richness of the Few Benefit Us All』를 좀 과격하게 표현한 것이긴 하지만, 책의 내용을 보면 한국어판 제목이 더 어울리는 것 같다.

이 책에서 바우만은 "대기업 '임원들'의 어마어마한 소득과 보너스와 특전들을 저 악명 높은 '낙수효과 이론'으로 정당화하는 일이 너무나도 흔히 자행되고 있다. '낙수효과 이론'은 스티브 잡스Steve Jobs나 리처드 브랜슨Richard Branson처럼 성공한 기업가들이 성공적인 회사를 만들어 더 많은 일자리를 제공할 텐데, 그렇게 특출한 재능을 타고나는 사람들은 드물기 때문에 대기업 이사회는 국민들에게 (사실은 어디까지나 주주들에게) 양질의 서비스를 제공하기 위해 최고경영자들에게 최고의 보수를 제공해야 한다고 주장한다"며 다음과 같이 말한다.

"이 이론에 따르면, 그렇지 않을 경우 '부의 창조자들'은 자신들의 재능을 다른 데 쓰게 될 것이고 그렇게 되면 회사가 좋은 실적을 올려 이익을 볼 수 있었을 사람들은 그만큼 손해를 보게 된다. 스티브 잡스나 리처드 브랜슨 같은 사람들이 드문 것은 사실이다. 하지만 대기업 주요 인사들의 매직 서클에 진입한 사람들이 자기가 맡게 된 기업을 성공의 길로 이끌건 파국으로 이끌건 사실상 엄청난 액수의 보수를 받는 일은 드물지 않다. '낙수효과'를 주장하는 사람들이 늘 거론하는 유명 인사들의 이름은 엄청나게 부유한 엘리트들이 자신들이 어떤 실적을 올리건 간에 자신들을 지키기 위해 마련해놓은 문서화되지 않은 암묵적인 집단적 보험증서를 은폐하는 가림막 역할을 한다."[21]

바우만의 주장은 앞서 설명한 '고독한 영웅 이론'의 범주에 드는 것이지만, '낙수효과落水效果, trickle down effect 이론'을 끌어들였다는 점에서 대중의 침묵 또는 너그러움을 이해하는 데에 도움을 준다. 대중은 평소 '낙수효과 이론'에 중독되었다고 해도 좋을 정도로 그것을 용인하고 있기 때문이다. 그래서 가진 것마저 빼앗기는 불평등이 심화되어도 그것을 감수하는 희한한 일이 벌어지고 있는 것이다. 이에 대해선「왜 대중은 가진 것마저 빼앗기면서도 가만히 있는가?: 낙수효과 이론」에서 알아보기로 하자.

47

왜 대중은 가진 것마저 빼앗기면서도 가만히 있는가?

낙수효과 이론

'낙수효과落水效果, trickle down effect'는 부유층의 투자·소비 증가가 저소득층의 소득 증대로까지 영향을 미쳐 전체 국가적인 경기부양 효과로 나타나는 현상을 가리키는 말이다. 그래서 '적하효과滴下效果' 또는 '선성장 후분배론先成長後分配論'이라고도 한다. 대기업과 부유층의 소득이 증대되면 더 많은 투자가 이루어져 경기가 부양되고, 전체 GDP가 증가하면 저소득층에게도 혜택이 돌아가 소득의 양극화가 해소된다는 논리다. 이 이론은 국부國富의 증대에 초점이 맞추어진 것으로 분배보다는 성장을, 형평성보다는 효율성에 우선을 둔 주장이다.[22]

'개천에서 용 나는' 모델의 경제적 버전이라 할 수 있는 낙수효과를 선전하기 위한 슬로건은 "아랫목에 군불을 때면 윗목도 따뜻해질 것"이라는 '떡고물 전략'에서부터 "파이부터 키우자"는 '파이 키우기론'에 이르기까지 다양하게 구사되었지만, 그 논리를 시각적으로 보자면 이런 것이다. 컵을 피라미드 같이 쌓아 놓고 위에서 물을 부으면 제일 위의 컵에 물이 다 찬 뒤에 그 아래에 있는 컵으로 물이 넘치게 된다. 이처럼, 대기업이나 수도권을 우선 지원하여 경제가 성장하게 되면 그 혜택이 중소기업이나 소비자, 지방에 돌아간다는 것이다.[23]

낙수효과는 미국 코미디언 윌 로저스Will Rogers, 1879-1935가 작명한 것이라는 설이 있지만,[24] 이 개념의 원조는 미국 정치가 윌리엄 제닝스 브라이언William Jennings Bryan, 1860-1925이다. 네브래스카 하원의원으로서 탁월한 연설가였던 브라이언은 1896년에 열린 민주당 대통령 후보 지명 전당대회에서 미국 정치를 '동부 기업인 대 서부 농민', '금본위제 대 은본위제' 구도로 몰아가면서 2만 청중을 사로잡았다. "도시를 불태우고 농장을 남겨두면 도시는 마술처럼 다시 솟아오를 것입니다. 하지만 농장을 파괴하면 이 나라의 모든 도시에는 잡초만 무성히 자랄 것입니다."

브라이언은 극적인 미사여구까지 동원해 "노동자의 이마에 가시 면류관을 씌우려 하지 말라"며, 십자가에 못 박힌 예수 그리스도처럼 두 팔을 벌리고 "인류를 금 십자가Cross of Gold에 못 박지 말지어다"라고 외쳤다. 이 연설 하나로 그는 36세의 젊은 나이에 미국 역사상 최연소 민주당 대통령 후보가 되었다.[25]

이 연설에서 브라이언은 이렇게 말했다. "두 가지 발상의 정부가 있다. 부자들을 더욱 번창하게 하면 그들의 번영이 위에서 아래로 새어leak though 나온다고 믿는 사람들이 있다. 반대로 다수의 풍요가 모든 계층으로 차오르리라고 믿는 것이 민주당의 구상이다." 브라이언은 흠뻑 젖은 외투에서 물이 뚝뚝 듣거나 추녀 끝에서 빗물이 방울져 떨어지는 '낙수Trickle-down' 대신 성글거나 구멍 난 용기에서 물이 새는 '누수Leak-through'라는 표현을 썼다.[26]

'낙수효과'는 유행의 전파 과정을 설명하는 데에도 쓰이는데, 이쪽의 원조는 독일 사회학자 게오르크 지멜Georg Simmel, 1858-1918이다. 그는 1904년 패션을 분석하면서 '낙수효과' 개념을 제시했다. 사회를 하나의 계층구조, 즉 사다리꼴로 묘사한 지멜은 최고 상류층은 자신의 높은 지위에 걸맞은 새로운 상징물을 채택하여 하류층과 차별화하고자 하지만, 곧 그 바로 아래 계층의 사람들이 그와 똑같은 상징물을 채택함으로써 자신보다 나은 계층을 모방하여 세 번째 계층 이하의 대중들과 차별화하고자 한다고 했다. 이에 대해 조엘 베스트Joel Best는 다음과 같이 말한다.

"이러한 과정은 끊임없이 반복된다. 각각의 계층이 계속해서 자기보다 나은 계층의 유행을 채택하고 그런 다음에는 결국 자신보다 낮은 계층으로부터 모방당하는 일이 반복되기 때문이다. 그리고 일단 하류층들이 어떤 유행을 채택하면, 그 유행은 더이상 보다 높은 계층과 낮은 계층을 차별화시키는 역할을 하지 못한다. 그래서 상류층은 다시 자신들을 하위 계층과 구분시켜줄 새로운 상징물을 찾아나선다. 그 결과, 이 같은 계층 사다리의 최고 상류층 사람들이 다시 새로운 유행을 채택하게 되고 계속해서 하류층으로부터 모방을 당하는 연속적인 사이클로 이어지는 것이다."[27]

유행 과정에서 낙수효과는 대중이 경제 분야의 낙수효과에 대해 침묵하거나 관대한 이유를 시사해준다. 개인적으로 사다리의 한 단계를 더 오를 수 있다는 기대감, 즉 각개약진各個躍進형 삶이 기존 불평등을 유지시키는 동력으로 작용하는 것이다.

물론 여기엔 낙수효과 긍정론 또는 예찬론이라는 선전의 역할도 크다. 예컨대, 미래학자 앨빈 토플러Alvin Toffler는 낙수효과를 부유층의 소비 증가가 저소득층의 소득 증대로 연결되어 전체적인 경기부양 효과가 나타나는 현상으로 정의하면서, "세계 각지의 빈곤 지역에서는 예상하지도 못했고 의도하지도 않은 엄청난 트리클다운이 목격되었다"고 주장한다.[28]

낙수효과는 미국 레이건 행정부가 공급 측면 위주로 추진한 신자유주의 경제정책인 '공급 경제학supply-side economics', 즉 레이거노믹스Reaganomics의 실천 이데올로기였다. 그런데 놀라운 건 낙수효과에 대한 대중의 반응이었다. 저널리스트 토머스 프랭크Thomas Frank는 『캔자스에 무슨 일이?What's the Matter with Kansas?』(2004)에서 이렇게 말했다. "중산층 및 노동자 계층의 미국인들 상당수가 '신자유주의 경제정책이 (모든 반대 증거에도 불구하고) 자신들에게도 유리하다'고 생각하기 시작했다." 이에 대해 사회학자 로리 에시그Laurie Essig는 다음과 같이 말한다.

"로널드 레이건이 대통령으로 당선된 이듬해 이른바 레이거노믹스는 이 나라의 공식적인 경제정책이 되었다. 그에 따르면, 부자들에게 돈을 주면 그 돈이 가난한 사람들에게 '적하滴下, trickle down'되어 내려갈 것이라고 했다. 이 약속을 믿은 미국인들은 이전보다 벌기는 덜 벌고 쓰기는 더 씀으로써 더 깊은 빚 구덩이로 빠져들어갔다. 그로부터 30여 년이 지난 후, 대다수의 미국인들은 더 가난하게 되었다.……
'부자에게 좋은 것이 우리 모두에게도 좋다'는 신자유주의의 이념은
아래와 중간으로부터도 표출되어 나왔다.……적하 경제학이라는 정
책들을 통해 부자를 돕는 신자유주의의 꿈이 보통의 미국인들에게
'반反엘리트주의'의 이미지로 먹혀들었다는 점은 참으로 아이러니하
다."[29]

미국에선 낙수효과의 한계와 기만성에 대한 성찰이 왕성하게 일
어나고 있다. 2013년 여름 버락 오바마Barack Obama 대통령은 미국 전
역을 돌며 "미국의 번영은 강한 중산층에 달려 있다"는 경제 캠페인
을 벌였다. "'승자독식'이 심해지고 있습니다. 중산층이 소비를 못하
면 기업도 소비자를 잃습니다." 이에 대해 미국 진보센터는 "낙수
trickle-down 경제는 가고 '미들아웃 경제학middle-out economics'이 시작됐
다"고 평했다.

'미들아웃'은 부자 아닌 중산층부터 지원해 두껍게 키워야 한다
는 뜻에서 빌 클린턴Bill Clinton 전 대통령의 스피치라이터였던 에릭 류
Eric Ryu가 만든 말이다. 우리 식으로 표현하자면 중산층 우선 경제학,
또는 중산층 복원 경제학인 셈인데, 중간을 포함한 밑을 강조하는 비
슷한 개념으로 '분수 효과fountain effect'니 '트리클업 효과trickle-up effect'
니 하는 말이 쓰이고 있다.[30]

2014년 8월 그간 우파 경제학을 대변해 온 국제신용평가회사 스
탠더드앤드푸어스S&P가 내놓은 거시경제 보고서도 미국의 경제 회복
을 가로막고 있는 것이 소득 불평등임을 명시적으로 지적했다. 이 보
고서는 "소득 불평등이 지속적 성장에 해를 끼치며 미국은 이제 그 한

계점에 도달했다"며 "급진적 정책(부유세)은 역풍을 불러오겠지만, 소득 불평등을 줄이기 위한 주의 깊은 접근(교육 투자)은 경제에 도움이 될 것"이라고 했다.[31]

2014년 12월 경제협력개발기구OECD는 「소득 불평등이 경제성장에 미치는 영향」이라는 보고서를 통해 "1980년대에는 소득 상위 10퍼센트가 소득 하위 10퍼센트보다 7배 더 많은 소득을 가져갔으나 현재는 9.5배 더 가져가고 있다"며 "소득 불평등은 경제에 거대하고 부정적인 영향을 주고 있다"고 밝혔다. 보고서는 "소득 불평등 확대는 성장에 영향을 끼친 가장 큰 단일 변수"라고 강조했다. 영국 일간지 『가디언』은 이 보고서에 대해 "오이시디가 낙수효과(트리클다운) 이론을 전면 부정했다"고 썼다.[32]

때가 무르익었다고 판단한 걸까? 오바마는 2015년 1월 20일 상·하원 합동 신년 국정연설에서 "상위 1퍼센트가 축적된 부에 걸맞은 세금을 내지 않아 초래되는 불평등의 간격을 메우자"면서 부자 증세의 이름을 '중산층 경제론Middle Class Economics'으로 지었다. 구체적으로는 집권 전반기에 이미 15퍼센트에서 23.8퍼센트로 올린 자본소득에 대한 최고세율을 28퍼센트로 추가 인상, 금융자산 상속에 대한 소득세 부과, 자산 500억 달러 이상 금융기관을 대상으로 한 은행세 신설 등의 세제 개혁으로 10년 동안 3,200억 달러(약 345조 원)의 세수를 더 확보하겠다는 것이다.[33]

이처럼 국제사회에선 낙수효과와 관련해 성찰과 더불어 변화를 위한 실천을 하고 있는 반면, 한국은 아직도 낙수효과에 집착하고 있다. 전 국민이 '위에서 아래로'라고 하는 초강력 중앙집권주의에 중독된 탓이 크다. 한국인의 상향 이동성에 대한 믿음이 세계에서 가장 높다는 점도 낙수효과를 받쳐주는 힘으로 작용하고 있다. 전 국민의 85퍼센트가 "나는 신분이 상승할 것"이라고 믿고 있는바,[34] '공평한 분배'보다는 오히려 자녀 교육에 투자해 '가족의 영광'을 실현하겠다는 각개약진各個躍進 의식과 행태가 낙수효과의 든든한 터전이 되고 있는 것이다.

우리의 의식 저변에서 낙수효과라는 폐품을 계속 유통시키는 또 하나의 동력은 '성장'에 대한 집착이다. 물론 성장을 완전히 포기할 순 없는 노릇이다. 게다가 한국 진보 세력의 치명적인 약점 중의 하나가 이렇다 할 성장 담론이 없이 분배만 외쳐대는 것이라는 지적도 타당하다.[35] 문제는 성장에 대해 '공포'라는 표현이 어울릴 정도로 과도하게 집착하는 것이다. 즉, 성장하지 못하면 죽는다는 공포 말이다.[36]

성장하지 못하면 죽는다는 공포는 극심한 불평등을 견디게 만드는 마취제와 같다. 예일대학 경제학자 헨리 왈리쉬Henry Wallich는 "성장은 소득 평준화를 대체한다. 성장이 있는 한 희망이 있으며 성장은 큰 소득 격차를 견딜 만한 것으로 만든다"고 말한다.[37] 대중이 가진 것마저 빼앗기면서도 가만히 있는 이유는 그런 성장에 대한 기대 때문이겠지만, 이제 '성장의 시대'는 갔으니 낙수효과가 땅속에 묻히는 날도 멀지 않다고 보아야 할까? 아니면 '그래도 성장'이라는 기대를 포기하지 않은 채 자신의 잔에도 물방울이 떨어지는 날을 학수고대鶴首苦待할 것인가?

48

왜 열정은 어느덧
'착취의 언어'가 되었는가?

효율 임금 이론

"일 없이는 존엄도 없다!" 독일 철학자 페터 비에리Peter Bieri는 『삶의 격: 존엄성을 지키며 살아가는 방법』(2013)에서 일은 존엄의 문제라고 역설한다.[38] 지당하신 말씀이지만, 한국의 500만 알바족에겐 꿈같은 이야기다. 자립조차 어려우니 자부심이 나올 리 만무하다. 따라서 존엄은 그림의 떡이다. 물론 처음부터 늘 그랬던 건 아니다. 희망이 있던 시절도 있었다. 불과 몇 년 전만 해도 청춘에게 미칠 것을 요구하거나 권하는 책이 많이 쏟아져나와도 모두들 진지했다.

『컴퓨터 의사 안철수 네 꿈에 미쳐라』, 『스무살 청춘! A+보다 꿈에 미쳐라』, 『1년만 미쳐라』, 『대한민국 20대 재테크에 미쳐라』, 『서른 살 꿈에 미쳐라』, 『30대, 다시 공부에 미쳐라』, 『차가운 열정으로

우아하게 미쳐라』, 『20대, 자기계발에 미쳐라』, 『어려울수록 기본에 미쳐라』, 『부자가 되려면 채권에 미쳐라』.³⁹

이렇듯 미치라고 외치던 때가 있었지만, 아무리 미쳐도 안 되더라는 걸 깨닫는 데엔 오랜 시간이 걸리지 않았다. 그 어떤 광기로도 이른바 '잉여사회'라는 구조를 뛰어넘을 순 없다는 것이 분명해진 것이다. 『잉여사회』의 저자 최태섭은 잉여사회를 "수많은 잉여가 아귀다툼을 하고, 그중 몇몇이 이기지만 결국 착취당할 기회를 갖게 되는 종류의 사회"라고 정의한다. "우리 시대의 잉여는 풍요가 아니라 양극화로 대변되는 격차와 집중의 산물이고, 무너지고 있는 중간층의 잔해 속에서 태어난 것이며, 좌절한 이상주의자이기는커녕 이상이라는 것이 사라진 시대에 나타난 것이다."⁴⁰

그런 잔해와 폐허 위에서 자립의 가능성을 박탈하면서 자부심을 느끼라고 윽박지르는 이상한 마케팅이 사회 전 분야에 걸쳐 기승을 부리고 있다. '미쳐라'는 말은 좀 사라졌을망정, 자부심은 '열정'이란 말로 대체되어 "당신의 열정을 보여달라"거나 "좀더 열정을 가지고 일해라"라는 주문이 난무한다. 한 텔레비전 광고는 "당신이 머리가 아픈 건 열정적이기 때문"이라고 말한다. 따라서 "이제 열정을 갖지는 않는 당신은 죄인"이 된다. 이런 현실을 고발하는 『열정은 어떻게 노동이 되는가: 한국 사회를 움직이는 새로운 명령』(2011)의 저자들은 "열정은 어느덧 착취의 언어가 되었다"고 단언한다.

"열정은 제도화되었다. 오늘날 면접관들은 열정을 '측정'한다. 하지만 대체 어떻게 그렇게 할 수 있는가? 답변은 간단하다. '악조건들을 얼마나 버텨내는지' 확인하면 된다는 것이다. 그래서 면접관들에게는 우리를 모욕할 권리가 주어진다."[41]

2014년 말 한 취업포털사이트는 채용 시장을 반영한 신조어로 '인구론(인문계 졸업생 90퍼센트는 논다)', '돌취생(입사 후 다시 취업준비생으로 돌아온 사람)', '이퇴백(20대에 스스로 퇴직한 백수)'과 함께 '열정페이'를 소개했다. 열정과 페이pay의 조합어인 열정페이는 무급 또는 아주 적은 월급을 주면서 취업준비생을 착취하는 기업을 비꼬는 말이다.[42]

최근 패션업계의 열정페이가 논란이 되었지만, 그 원조 중의 하나는 열정으로 똘똘 뭉친 영화 마니아들이 찾는 영화판이다. 영화 스태프들의 연평균 임금은 지금도 623만 원 수준에 불과하다.[43] 이들이 그런 저임금을 견디는 이유는 단 하나, 그게 바로 자신이 사랑하는 일이기 때문이다. 그런데 이게 바로 노동 착취의 명분이자 구실이 되니, 이 노릇을 어쩌랴.

열정페이는 취업준비생들에게서 사랑받는 직장인 대기업과 공공기관 등에서도 횡행하고 있다. 취업준비생들은 국가기관 인턴 경험이라는 스펙 한 줄을 넣기 위해 무급 인턴에 열정을 팔고 있다. 600여 명에 달하는 국회 인턴의 월급은 4대 보험료와 세금을 제외하면 109만 원 수준이다. 한 인턴은 "누가 보좌관들에게 잘 보이는가에 따라 인턴 목숨이 달렸다"며 "인권과 민주주의를 위해 싸운다는 국회가 인권의 사각지대에 있다"고 했다.[44] 외교부 산하 한 총영사관은 인턴 직원을 채용하면서 3개월간 무급 조건을 당당히 내걸었다가 "차라리 봉사자를 찾는다고 하라"는 등 누리꾼들의 뭇매를 맞았다.[45] 기자는 어떤가? 558개 신문 사업자 가운데 150만 원 미만의 임금을 받는 기자가 77.3

퍼센트(100만 원 미만 26퍼센트, 100~150만 원 미만 51.3퍼센트)나 되는
데,[46] 이것도 열정페이로 보아야 할지 난감하다.

열정페이 관행은 광범위하거니와 오랜 역사를 자랑하지만, 사람들을 기가 막히게 만들었던 건 급기야 편의점 점주까지 열정페이의 대열에 가세한 사건이었다. 2014년 12월 21일 한 아르바이트 모집 사이트에 올라온 편의점 알바 모집 글이 많은 사람을 열 받게 만들었다.

해당 게시글을 보면 업무 내용과 제출 서류 등을 언급한 뒤 기타 사항에 "전화로는 시급을 말씀드리지 않는다. 돈 벌기 위해 편의점 근무는 좀 아닌 것 같다. 열심히 하는 분은 그만큼 챙겨드리도록 하겠다"고 설명했다. 이를 본 네티즌들은 "편의점 열정페이는 터질 게 터진 셈", "편의점 사장님도 열정페이 받아보실래요?", "편의점 열정페이라뇨. 돈 벌러 가지 배우러 가나요", "묻지 마 시급? 어이없네", "글만 봐도 딱 악덕 점주다"라며 분노했다.[47]

비극적인 건 편의점 점주 역시 늘 갑에게 당하고 사는 을이라는 점이다. 2013년 4월 3일 편의점 점주들이 국회에서 쏟아낸 피해 사례에 대해 『한겨레』는 이렇게 개탄한 바 있다. "대기업들이 저렇게까지 서민의 등골을 빼먹을 수 있을까 믿기지 않을 정도다. 한 달에 몇 백만 원 수익이 보장된다는 장밋빛 약속을 믿고 편의점을 개설했는데 정작 월세와 인건비 내기도 벅차다는 하소연이 터져나왔다. 몸이 아파 새벽 시간에 잠시 문을 닫았다는 이유로 계약 해지를 당한 경우도 있었다. 폐점을 하려 해도 위약금이 무서워 그만둘 수도 없다니 현대판 소작제가 따로 없다."[48]

'열정'을 '사명감'으로 대체하면, 전 국민을 분노케 한 어린이집

아동학대 사건도 달리 볼 점이 있다. 우리는 어린이를 보호하는 그 중요한 일을 하면서 어찌 아동을 학대할 수 있느냐고 분노하지만, 보육교사들에게 그런 중요한 사명에 상응하는 페이를 지급했는가 하는 점을 돌아볼 필요가 있다. 즉, '열정페이'와 비슷한 '사명감페이'를 한 게 아니냐는 것이다.

어린이집 교사는 하루 10~12시간을 근무하면서도 월급은 8~9시간 일하는 유치원 교사의 절반 수준에 지나지 않는다. 보건복지부에 따르면 민간 어린이집 교사의 평균 월급은 122만 원, 국공립 어린이집은 163만 원이다.[49] 이런 열악한 근무 조건은 '효율 임금 이론efficiency wage theory'으로 이 아동학대 사건을 분석할 필요가 있다는 걸 시사한다. 전통적 관점에서 보면 어떤 노동자의 효율성이 그의 임금을 결정하게 되지만, 효율 임금 이론에서는 노동자가 받는 임금이 그의 효율성을 결정한다고 보기 때문이다.

효율 임금efficiency wage은 원래 영국 경제학자 앨프리드 마셜Alfred Marshall, 1842-1924이 노동 효율성을 측정하기 위해 만든 중립적인 개념이지만, 오늘날엔 생산성 향상을 위한 적극적인 의미로 사용되고 있다. 즉, 시장 평균임금보다 높은 임금을 주면 근로자들이 열심히 일해 생산성이 향상된다는 효율 임금 이론의 관점에서 '더 많은 임금'이라는 의미를 내포하고 있는 개념이다.[50]

영국 런던정경대학 경제학 교수 앤서니 앳킨슨Anthony B. Atkinson은 『불평등을 넘어: 정의를 위해 무엇을 할 것인가Inequality: What Can Be Done?』(2015)에서 "현대 노동시장에서는 더 많은 급여를 받는 종업원이 더 높은 동기부여를 받고 조직에 대한 충성도도 높을 수 있다"며

"가장 중요한 것은 효율 임금이 도입되면 사용자들에게도 어떤 이득이 되며 추가적인 임금은 순수한 비용이 아니라는 점이다"고 말한다.[51]

아동학대 사건에 대해 효율 임금 분석을 최초로 제시한 서울대학교 경제학부 교수 이준구는 "박한 대우를 해주면서 어린이들에게 한없이 다정하게 굴기를 요구하는 건 무리 아닌가요? 보육 교사도 평범한 인간일 뿐 결코 성인군자가 아닙니다. 그들이 무슨 페스탈로치라고 쥐꼬리만 한 월급을 받으면서 뼈를 깎는 봉사를 하겠습니까? 그런 일은 기대할 수도 없고 기대해서도 안 됩니다"라면서 다음과 같이 말한다.

"박한 대우는 좋은 자질을 가진 사람이 보육 교사직을 지망하는 것을 막는 장애물의 역할을 하는 것이구요. 오직 어린이에 대한 사랑 하나 때문에 박한 대우를 무릅쓰고 보육 교사직을 지망하는 사람이 과연 몇이나 될까요? 왜 사람들은 자신도 하지 못하는 일을 남에게 바라는 걸까요?……만약 어린이 보육이 중요한 일이라는 점에 동의한다면 그 중요성에 걸맞은 투자를 아끼지 말아야 합니다. 공연히 보육 교사의 봉사 정신이나 강조하고 한 번이라도 걸리면 죽는다는 식의 위협을 가하는 것은 문제의 근본적 해결과는 거리가 멀 수밖에 없습니다."[52]

사실 아동학대 사건은 정부의 얼렁뚱땅 정책이 낳은 결과라고 해도 과언이 아니다. 정부는 "돈 벌기 위해 편의점 근무를 하는 것은 아닌 것 같다"는 편의점 점주처럼 "돈 벌기 위해 보육 교사를 하는 것은 아닌 것 같다"는 논리로 그런 얼렁뚱땅 정책을 정당화한 셈이다.

2014년 12월 30일 정부는 정부세종청사에서 정홍원 국무총리 주재로 열린 국무회의에서 공무원 처우 개선을 위해 내년도 공무원 보수를 3.8퍼센트 인상하는 내용의 '공무원 보수·여비규정' 개정안을 심의·의결했다. 이에 따라 대통령은 올해 2억 504만 6,000원, 국무총리와 부총리 및 감사원장은 각각 1억 5,896만 1,000원, 1억 2,026만 3,000원의 연봉을 받게 되었다.

이에 대해 네티즌들은 "공무원 보수 인상, 출산 장려금·보육료는 깎더니만", "공무원 보수 인상, 대통령은 누구랑 연봉 협상 했는지 참 잘하셨네", "공무원 보수 인상, 자기 월급 스스로 올리는 초능력 공무원들", "공무원 보수 인상, 내 월급만 제자리" 등 불만의 목소리를 토로했다.[53] 돈 벌기 위해 대통령이나 공무원 노릇을 하는 건 아닐 텐데, 어쩌자고 '사명감페이'와는 거리가 먼 그런 결정을 내린 걸까?

이 사건은 우리 시대의 모든 갈등과 투쟁이 점차 '사회적 약자들끼리의 혈투'로 대체되고 있다는 걸 말해주는 징후는 아닐까? 최근 인터넷 구직사이트 '알바몬'이 추진한 "알바가 갑이다" 시리즈 광고도 알바의 권익 보호를 내세운다는 점에서 환영할 만한 일이었지만, 그 투쟁의 대상이 상당 부분 생존의 벼랑 끝에 몰린 영세 자영업자일 수 있다는 점에서 '을과 을의 전쟁'으로 볼 수 있는 것이었다.

'알바몬 사태'를 보도한 기사에 달린 다음과 같은 댓글은 우리에게 시사해주는 바가 적지 않다. "없는 사람끼리 상생해도 모자랄 판에 우리끼리 싸우게 만드네요. 밑천 5,000만 원 갖고 사업하는 사람이나, 시급 6,000원 받고 노동하는 사람이나 똑같은 겁니다."[54] 그들이 똑같진 않을망정, '사회적 약자들끼리의 혈투'라는 비극적인 사태가 점점 더 확산되고 있다는 건 분명해 보인다.

49

왜 우리는
'합법적 도둑질'을 방치하는가?

지대추구

정치를 '합법적 도둑질'이라고 생각하는 사람이 많다. 정치인을 '교도소 담장 위를 걷는 사람들'이라고 하는데, 교도소 담장 안으로 떨어지면 '불법적 도둑질', 담장 밖으로 떨어지면 '합법적 도둑질'을 한 셈이라고 보는 유권자가 많다는 뜻이다. 지나친 정치 냉소주의나 정치 혐오주의가 아니냐고 할 수도 있겠지만, 그것이 그럴듯한 평가임을 말해주는 증거들이 자주 나타나는 걸 어이하랴.

'합법적 도둑질'을 좀 점잖은 말로 하자면, '지대추구地代追求, rent-seeking'다. 원래 렌트rent란 지대地代, 즉 토지나 기타 시설물을 이용하고 점유한 대가로 지불하는 돈을 의미하는 영어지만, 오늘날의 경제학이나 정치학에서는 그것을 은유로서 발전시켜 공적인 권력에 의해 공급

량이 고정되어 있는 재화나 서비스의 공급자가 독점적으로 얻는 이익을 가리키는 개념으로 사용하고 있다. 예를 들면 수입 제한이나 우선적인 정부 조달이라는 정부에 의한 규제나 보호를 받고 있는 산업은 그러한 규제나 보호가 없는 경우보다 높은 이익을 올릴 수 있는데, 그 초과 이윤에 상당하는 부분을 렌트라고 한다.

그러한 렌트에 눈독을 들이는 지대추구는 사적 영역의 집단들이 생산적 활동을 통해 수익을 얻기보다 국가 부문의 자원과 영향력에 접근하여 수익을 얻고자 하는 비생산적인 행위를 의미하는 것으로 볼 수 있다. 물론 지대추구 방법의 정당성과 생산성의 경계가 명확한 건 아니다. 좀 쉬운 말로 하자면, 지대추구는 '이권추구利權追求'로 보아도 무방하겠다. 그래서 rent-seeking society는 흔히 '이권추구형 사회'로 번역된다.

지대추구 개념은 미국 경제학자 고든 털록Gordon Tullock, 1922-2014이 1967년에 발표한 「관세, 독점과 절도의 복리 코스트The Welfare Costs of Tariffs, Monopolies, and Theft」라는 논문에서 처음 제시되었지만, 이 용어가 처음 등장한 건 앤 크루거Anne Krueger, 1934-가 1974년에 발표한 「렌트 시킹 사회의 정치경제학The Political Economy of the Rent-Seeking Society」이라는 논문에서였다. [55]

지대추구의 개념은 점점 더 넓어지는 추세다. 미국 컬럼비아대학 교수 조지프 스티글리츠Joseph E. Stiglitz, 1943-는 '사회 다수 성원을 희생시켜 특정 세력들에게 이득을 몰아주는 여러 가지 행태'를 통틀어 '지대추구 행위'라고 정의한다. 그는 특히 정치인, 관료, 법조인 등 공적 업무를 담당하는 집단이 지대추구에 능숙한 솜씨를 발휘하며 막대한 보상을 챙기고 있다고 비판했다. 이와 관련, 『한겨레』 논설위원 박순빈은 다음과 같이 말한다.

"다산 정약용은 『목민심서』에서 지방행정 권력을 거머쥔 벼슬아치 중에 '도적들'을 잡아야 백성이 편하게 살 수 있다고 했다. 다산은 백성은 토지를 논밭으로 삼지만, '백성을 오히려 논밭으로 삼으며 백성의 껍질을 벗기고 골수를 긁어내는 것을 농사짓는 일로 여기는 자'를 도적으로 봤다. 4일 실시되는 지방선거는 이런 도적들을 걸러내는 과정이 돼야 할 것이다. 그래야 우리 사회의 지대추구 행위를 줄일 수 있다."[56]

한국에선 특히 정치 분야의 지대추구가 심각한 수준이다. 최장집은 『민주화 이후의 민주주의: 한국 민주주의의 보수적 기원과 위기』(2002)에서 "한국의 현실에서 비선秘線 조직만큼 중요한 기능을 갖는 것은 없다.……그것은 거대한 국가 공조직, 그것도 고도로 중앙집중화된 권력 구조의 정점에서 행해지는 사적 통치 방식을 말한다"며 다음과 같이 말한다.

"비선 조직의 문제점은 국가기구의 인적 충원과 주요 정책 결정 과정에서 사적 권력이 결정적인 영향력을 행사한다는 사실인데, 이는 인사 충원 과정에서 지역 집중성으로 인한 극도의 배타성을 가져오고, 폐쇄 회로적 정책 결정이 중시에 놓이게 되는 등 민주주의 원리와 충돌하는 심각한 부작용을 창출한다. 또한 이 사적 권력은 방대한 국가권력이 수반하는 특혜의 연줄망의 정점을 이루고, '지대추구' 행위의 최고 구심적 역할을 함으로써 부패의 원천이자 온상으로 기능하게 되었다."[57]

사회디자인연구소장 김대호는 "한국은 사회적 약자들이 사는 영역, 즉 식당 아줌마, 건설 노동자, 택시 운전사, 영세 자영업, 영세 기업, 사무직(화이트칼라) 노동시장 등을 보면 엄청나게 신자유주의적인 국가다. 반면 사회적 강자들이 사는 영역, 즉 공공 부문, 대기업 생산직, 전문 직능 관련 보호 규제 등을 보면 엄청나게 사회주의인 국가이거나 양반 관료제 국가이다"며 다음과 같이 말한다.

　　"유능한 개인과 사익집단의 목적은 정치·경제·사회적 지대rent 혹은 거대한 불로소득이다.……이들이 가져가는 잉여와 누리는 처우는 생산력(1인당 GDP) 수준에 비추어 세계 최고라고 해도 과언이 아니다. 당연히 한번 이곳에 들어오는 사람은 떠나지 않기에, 평균 연령은 급격히 상승하고, 해고는 일종의 살인이기에 구조조정이 거의 불가능하며, 신참자들의 진입(입시, 입사) 경쟁률은 살인적이다. 반면 힘없는 3비층(비경제활동인구, 비임금 근로자, 비정규직), 청년세대, 하청 협력 업체 등 대다수 비기득권층은 공적 규제(공정거래법, 소비자보호법 등)나 사회안전망의 보호를 받지 못하고 엄청난 경쟁과 심각한 기회 부족에 신음한다. 저출산, 사교육 광풍, 각종 고시·공시 열풍, 대졸 청년 실업과 중소기업 인재 기근 문제 등의 뿌리는 바로 이것이다."[58]

　　특히 공공기관의 도덕적 해이moral hazard는 악명이 높다. 우리나라 전체 공공기관 295곳의 임직원 25만 4,032명 가운데 억대 연봉자(2만 1,229명·2012년 세전 기준)는 8.4퍼센트에 이른다. 국내 근로자(1,576만 8,000명) 중 억대 연봉자 비중은 2.6퍼센트(41만 5,475명)인데 이보다 3배가 넘는 수준이다. 억대 연봉 임직원 수는 한국전력 1,266명, 한국수자원공사 255명, 한국가스공사 236명, 한국도로공사 218명 등이었는데, 특히 부채가 과다한 12개 공공기관(총부채 403조 3,000억 원)도 전체 임직원의 3.4퍼센트가 억대 연봉을 받고 있었으며, 평균 연봉은 2억 1,980만 원, 직원 1인당 평균 연봉은 7,000만 원에 육박했다 (6,917만 원).[59]

2012년 결산 기준으로 직원의 1인당 평균 보수액은 한국거래소 1억 1,339만 원, 예탁결제원 1억 78만 원, 한국기계연구원 9,909만 원, 한국투자공사 9,752만 원, KDI국제정책대학원 9,690만 원, 한국원자력연구원 9,640만 원, 한국에너지기술연구원 9,501만 원, 재료연구소 9,498만 원, 코스콤 9,480만 원, 한국생산기술연구원 9,449만 원 등이었다.[60]

어디 그뿐인가. 창립 기념일 명목으로 70만 원 지급, 생일·명절 때 상품권 105만 원 지급, 자녀 입학 축하금 100만 원 지급, 자녀 1인당 스키 캠프 30만 원, 영어 캠프 63만 원 지급, 특목고 자녀 수업료 전액 지원, 직계가족 병원비 60퍼센트 감면 등과 같은 혜택을 베푸는 공공기관이 많아 이른바 '신의 직장'이라는 별명이 어울릴 뿐만 아니라 "연봉이 100이면 복지는 150"이란 말이 나올 정도였다.

2013년 12월 경제부총리 현오석은 공공기관의 이런 도덕적 해이를 거론하며 이렇게 말했다. "인천공항공사 입사 경쟁률이 800대 1이라고 한다. 젊은이들이 이렇게 몰리는 건, 보이지 않는 지대가 있기 때문이다. 이걸 없애야 한다."[61]

그걸 없애는 게 가능할까? 그게 가능하다면, 왜 지난 진보 정권하에서도 아무런 변화가 일어나지 않았던 걸까? 이와 관련, 김대호는 "공기업의 경우는 대체로 망할 염려가 없을 뿐 아니라, 관료의 퇴임

후 기회이자 재임 시절에도 이권이다. 게다가 공기업 노조는 별 대과가 없으면 승진하는 관료들에 맞서 싸울 수 있는 거의 유일한 존재이기에, 관료가 공기업 노조의 이해에 반하는 일을 하는 것은 여간 어려운 일이 아니다"며 다음과 같이 말한다.

"한편 정치적으로 임용된 경영자(사장, 감사)의 임기는 길어야 2~3년인데, 노조원들은 20~30년을 근무할 사람들이기에 애초부터 지구력의 차이로 인해 노조 통제가 쉽지 않다. 이 모든 것은 민영화하면 상당 부분 해소되지만, 문제는 시장의 구조상 – 아무리 그래도 민간독점보다는 국가독점이 나으니까 – 민영화하기 곤란한 공기업이 많다는 것이다. 이런 상황에서 자율화라는 이름하에 공기업에 대한 통제를 약간 느슨하게 해버리자, 공기업은 예외 없이 최고 선망의 직장이 되어버렸다."[62]

오늘날 미국을 비롯한 세계 도처에서 지대추구는 강력한 집단들이 영향력을 발휘하여 자신에게 유리한 방향으로 시장의 법칙을 바꾸는 형태로 광범위하게 확산되고 있다.[63] 스티글리츠는 "지대추구가 만연해 있기 때문에 미국 경제 전체의 효율성이 훼손되고 있다"고 개탄한다.

"지대추구 경제에서는 개인적 보수와 사회적 수익 간에 큰 차이가 존재하고, 따라서 개인이 직면하는 유인이 개인의 행동을 잘못된 방향으로 이끄는 경우가 많다.……개인적 보수와 사회적 수익이 일치하게 하여 지대추구가 발생할 기회를 줄이고, 하위 계층과 중위 계층에게 큰 부담을 안겨주는 여러 가지 시장 실패를 바로잡아 시장이 더 효율적으로 작동하게 만들면, 우파가 주장하는 것과는 정반대로 불평등을 개선하고, 효율성을 향상시킬 수 있다."[64]

미국에선 아이비리그 졸업생들 가운데 너무 많은 사람이 금융 분야, 특히 트레이딩이나 투기 같은 이른바 '비생산적인' 활동에 종사하고 있다는 비판의 목소리가 높다. 패트릭 볼튼, 타노 산토스, 조스 샤인크만 등은 2011년에 발표한 논문에서 트레이딩과 투기적 거래의 상당 부분은 단순한 지대추구 행위라고 주장했다.

고전적인 지대추구 행위 사례는 영주가 자신의 영토에 흐르는 강을 사슬로 막고, 배가 지나갈 때 요금을 징수하는 것이다. 영주는 강에 대해 어떠한 개선 작업도 하지 않았고, 직접적 또는 간접적 어떤 방식으로도 자신 이외의 다른 사람에게 도움이 되지 않는 일을 한 것이다. 그런데 투기적 거래를 하는 금융인들은 강을 가로지르는 사슬을 설치한 영주와 같이 사회에 어떤 공헌도 하지 못하면서 이익만 챙기고 있다는 것이다.[65]

대중은 정치 분야의 지대추구에 가장 분개하지만, 그건 그게 주요 뉴스로 자주 다루어지기 때문에 그런 것일 뿐, 지대추구는 힘이 있는 모든 영역에서 광범위하게 저질러지고 있는 삶의 문법이라고 해도 과언이 아니다. 그들은 힘을 합쳐 지대추구를 하는 곳을 바꾸려 하기보다는 파편화된 개인이 그런 곳에 들어가려고 전력투구하기 때문에 지대추구가 이렇다 할 변화 없이 지속되는 게 아닐까?

50

왜 한국인은
'비교 중독증'을 앓게 되었는가?

사회 비교 이론

19세기 영국 철학자 존 스튜어트 밀John Stuart Mill, 1806-1873은 "사람들은 부자가 되기를 바라는 것이 아니라, 다른 사람들보다 부유해지기를 소망할 뿐이다"고 했다.[66] 아일랜드 작가 C. S. 루이스C. S. Lewis, 1898-1963는 "자만은 본질상 경쟁적이다. 자만이란 어떤 것을 소유함으로써 기쁨을 얻는 것이 아니라, 옆 사람보다 더 많이 가져야만 기쁨을 느낀다.……자만을 느끼게 하는 것은 바로 비교이다. 다른 사람보다 더 높아지는 데에서 기쁨을 얻기 때문이다. 따라서 경쟁이 사라지면, 자만도 사라진다"고 했다.[67]

이처럼 그 어떤 절대적 기준이 아니라 옆 사람과의 비교를 통해 자신을 평가함으로써 발생하는 효과를 '이웃 효과neighbor effect'라고 하는데,[68] 그 이론적 기반은 '사회 비교 이론social comparison theory'이다. 사람들이 자신을 규정하기 위해, 그리고 불확실성을 감소시키면서 자신의 의견이나 능력에 대한 정확한 자기평가를 위해 남들과 비교하는 성향이 있다는 것으로, 미국 심리학자 레온 페스팅어Leon Festinger, 1919-1989가 1954년에 최초로 제시한 이론이다. 그는 인간에겐 자신을 다른 사람과 비교하는 본성이 있다며, "자신의 생각, 믿음, 태도가 옳고, 타당하고, 적절하다는 것은 비슷한 생각과 믿음, 태도를 지닌 사람들이 판단할 때 그렇다"라고 말했다.[69]

사회 비교 이론은 그간 '동조conformity'나 '집단 극화group polarization'처럼 집단 내에서 벌어지는 현상을 설명하는 기제로 사용되어왔다.[70] 예컨대, 집단 극화가 일어나는 이유 중의 하나는 사람들이 끊임없이 '사회적 비교'에 의존하기 때문이다. 이와 관련, 제임스 서로위키James Surowiecki는 다음과 같이 말한다.

"이 말은 단순히 자신을 타인과 비교하는 차원을 넘어 (물론 항상 비교하며 살지만) 비교를 통해 소속 집단에서 자신이 처한 상대적인 위치를 유지하려고 애쓴다는 의미이다. 달리 말해 처음에 집단의 중간에 서 있던 사람은 집단이 (예를 들어 오른쪽으로) 옮겨가면 중간 위치를 유지하기 위해 그쪽으로 따라 옮겨간다는 뜻이다. 이렇게 우측으로 옮겨가면 당연히 그 집단의 평균도 동시에 그만큼 우측으로 옮겨가게 된다. 그러니 마치 예언이 맞아 들어가는 것처럼 사실이라고 생각한 것이 결국 사실로 굳어지는 것이다."[71]

우리 인간은 '비교하는 동물'이지만, 무턱대고 자신을 아무하고나 비교하는 건 아니다. 이른바 '유사성에 대한 욕구the need for similarity'

에 따라 자신과 유사한 측면을 많이 공유하고 있는 사람들과 자기 자신을 비교하려고 한다. 비교에는 '상향 비교upward comparison'와 '하향 비교downward comparison'가 있다. 상향 비교는 사람들이 스스로 엘리트 집단이나 혹은 더 우월한 집단의 일원으로 생각하고자 하는 경향성과 더불어 자신에게 동기부여를 하려는 욕구 때문에 발생하며, 하향 비교는 불행하거나 불만스럽거나 불안정할 때, 즉 자긍심이나 자존감이 위협받을 때에 자기만족을 찾기 위해 이루어지는 경향이 있다.[72]

비교의 동기가 그러한 만큼 사람들은 자신이 비교를 한다는 걸 인정하지 않으려고 한다. 하지만 설사 자기 자신이 그렇게 믿는다 해도 비교는 무의식적으로 이루어지기도 하니 너무 그렇게 펄펄 뛸 일은 아니다.[73] 대니얼 J. 레비틴Daniel J. Levitin은 비교를 통해 자신의 생각과 행동을 조절하는 것은 진화의 산물로 우리 뇌에 선천적으로 새겨져 있는 형평성과 공정성의 감각 때문이라고 주장하는데,[74] 이 주장을 믿어보는 것도 좋겠다.

기업들은 광고를 통해 소비자들이 끊임없이 상향 비교를 하게끔 부추긴다. 미국 사회학자 리처드 세넷Richard Sennett은 『투게더: 다른 사람들과 함께 살아가기Together: The Rituals, Pleasures and Politics of Cooperation』(2012)에서 그런 부추김을 '차별화하는 비교invidious comparison'라고 부른다. 그는 "일반적인 개념으로서 차별화하는 비교는 곧 불평등의 인격화이다. 소비는 차별화하는 비교를 생활 속에 끌어들인다"며 다음과 같이 말한다.

"근사한 신발을 신은 아이는 그런 신발을 갖지 못한 아이들을 깔본다. 제대로 된 옷을 입지 못했으니 너는 보기 싫다는 것이다. 'PR의 아버지'라고 불리는 에드워드 버네이스Edward Bernays가 처음 지적했듯이, 차별화하는 비교는 열등감을 이용한다. 홍보하는 사람은 신랄한 구절로 '아무것도 아닌 누군가를 설득하여 그 자신이 뭔가 특별한 존재라고' 여기게 만들 필요가 있다. 세계적인 광고인 데이비드 오글비David Ogilvy는 이것을 '지위' 광고'status' advertising라고 불렀다. 광고인의 과제는 소비자들에게 대량생산된 물품을 구입함으로써 가치 있는 존재로 인정받는다는 기분을 느끼게 해주는 데 있다."[75]

'차별화하는 비교'에 함정이 있듯이, 우리의 일상적 삶에서도 비교는 행복으로 가는 길에 숨어 있는 함정이 되기도 한다. 우리는 행복에 지속적인 영향을 주지 않더라도 단지 비교에 높은 비중을 둠으로써 잘못된 선택을 내릴 수 있기 때문이다. 비교는 겉으로 드러난 분명한 사실, 즉 쉽게 알 수 있고 합리적으로 평가할 수 있는 대상의 특징에 큰 비중을 두기 마련인데, 우리는 그런 비교가 어려운 잠재적 요인은 소홀히 함으로써 스스로 불행한 결과를 초래할 수 있다는 것이다.[76] 많은 연구 조사가 행복한 사람들은 남들과 비교를 덜 하고, 내적 기준에 따라 만족감을 얻는다는 것을 보여준다는 사실이 바로 그걸 말해주는 게 아닐까?[77] 박진영은 상향 비교가 불행을 낳기 쉽다며 "상향 비교는 인생을 좀먹기 쉽다"고 주장한다.[78]

우리 인간은 '비교하는 동물'이지만, 한국인은 개인이 아닌 국가 차원에서 끊임없이 비교를 하는 유별난 사람들이다. '비교 중독증'을 앓고 있다고 해도 과언이 아닐 만큼 한국을 다른 나라들, 특히 선진국들과 비교하려는 열망이 강하다. 그럴 만한 역사적 배경이 있다. 식민 통치와 6 · 25전쟁의 비극을 겪느라 뒤처진 한국인들은 "우리의 1년은 세계의 10년"이라는 구호 아래 문자 그대로 '미친 듯이' 또는 '전쟁하듯이' 일했다. "잘살아보세"라는 슬로건으로 대변되는 선진국 지향성이 매우 강하다는 이야기다. 그런 선진국 지향성이 한恨으로까지 자리 잡은 사정을 잘 이해하지 못하는 외국인들은 한국인들을 딱하게 보는 경향이 있다.

예컨대, 전 『이코노미스트』 한국 특파원 대니얼 튜더Daniel Tudor는 "끔찍한 비극인 세월호 사건에 대해 부끄럽다고 얘기하는 한국인이 있다"며 "한국과 외국을 끊임없이 비교하는 한국인들을 보며 서글픔을 느꼈다"고 말한다. "한국인들은 선진국이 되고자 하는 열망으로 남과 비교하는 저주에 빠져버렸다"는 것이 그의 진단이다. 그는 "한국인들은 빠른 해답을 기대하는데 스스로를 믿고 남의 말을 너무 많이 듣지 말라"며 "이른바 선진국 담론을 버릴 수 있을 때 진정한 의미의 선진국이 될 수 있을 것"이라고 말했다.[79]

옳은 말이긴 하지만, 그게 그리 쉽진 않을 것 같다. 한국은 내부적으로도 강력한 중앙집권주의 문화 속에서 모든 걸 서열화하는 비교 중독증으로 오늘의 번영을 이루었기 때문이다. 2014년 8월 한국개발연구원KDI 연구위원 김희삼이 전국 성인 남녀 3,000명을 대상으로 연구해 내놓은 「비교 성향과 행복Status Race and Happiness」이란 보고서에 따르면, 남성보다 여성이, 중장년보다 젊은층이, 자녀가 없는 사람보다 있는 사람이, 소득이 적은 사람보다 많은 사람이 매사 남들과 견주어보는 비교 성향이 강했다. 지역별로는 서울 강남3구 거주자가 다른 지역 사람들보다 이 비교 성향이 높게 나타났다. 보고서는 "강남 고소득층 젊은 엄마들이 주도하는 열띤 자녀 교육 경쟁이 비교 성향과 맥을 같이하는 것으로 보인다"고 평가했다.

이 보고서에서 정작 흥미로운 대목은 한국인들의 강한 비교 성향을 사회 공익을 위해 활용하는 방안에 대한 고민이다. 비교 성향이 강한 사람들은 대체로 높은 경제력에 비해 이타적 행동에 소극적인데, 기부와 같은 선행도 남들이 알아볼수록 많이 하는 것으로 나타났다. 선행도 성취의 일부로 간주하는 경향이 있다는 뜻이다. 보고서는 이 점에 주목해 "(그들의) 비교 성향을 이용해 공익 기여도를 높일 수 있는 방안을 정책 입안자들이 찾아야 한다"고 말했다. 가령 에어컨 대신 선풍기를 쓰자는 캠페인이 성공하려면 지구 환경 보존 등 거창한 명분에 호소할 게 아니라 이웃과 직접 비교해볼 수 있는 전기료 절감 정보를 제공하는 방식이 더 효과적이라는 것이다.[80]

아주 좋은 제안이다. 이미 제2의 천성으로까지 고착된 비교 중독증을 교정하는 게 어렵다면, 공익을 위해 그걸 이용할 수 있는 방안을 고민해보는 것도 좋을 것 같다.

주

머리말

1 리처드 탈러(Richard H. Thaler)·캐스 선스타인(Cass R. Sunstein), 안진환 옮김, 『넛지: 똑똑한 선택을 이끄는 힘』(리더스북, 2008/2009), 101~102쪽; 노진서, 『영단어, 지식을 삼키다』(이담, 2014), 182쪽; 「Spotlight effect」, 『Wikipedia』.

2 토드 부크홀츠(Todd G. Buchholz), 장석훈 옮김, 『러쉬: 우리는 왜 도전과 경쟁을 즐기는가』(청림출판, 2011/2012), 315~316쪽.

3 이남석, 『편향: 나도 모르게 빠지는 생각의 함정』(옥당, 2013), 284쪽.

4 최인철, 『프레임: 나를 바꾸는 심리학의 지혜』(21세기북스, 2007), 90쪽.

5 폴커 키츠(Volker Kitz)·마누엘 투쉬(Manuel Tusch), 김희상 옮김, 『심리학 나 좀 구해줘』(갤리온, 2011/2013), 230~231쪽.

6 칩 히스(Chip Heath)·댄 히스(Dan Heath), 안진환 옮김, 『자신있게 결정하라: 불확실함에 맞서는 생각의 프로세스』(웅진지식하우스, 2013), 11~13쪽.

7 올리버 버크먼(Oliver Burkeman), 김민주·송희령 옮김, 『행복 중독자: 사람들은 왜 돈, 성공, 관계에 목숨을 거는가』(생각연구소, 2011/2012), 140쪽.

8 마셜 로젠버그(Marshall B. Rosenberg), 캐서린 한 옮김, 『비폭력 대화: 일상에서 쓰는 평화의 언어, 삶의 언어』(한국NVC센터, 2004/2013), 41, 168쪽.

9 기시미 이치로(岸見一郎)·고가 후미타케(古賀史健), 전경아 옮김, 『미움받을 용기: 자유롭고 행복한 삶을 위한 아들러의 가르침』(인플루엔셜, 2013/2014), 111쪽.

제1장 인지적 한계와 함정

1 장하준, 김희정 옮김, 『장하준의 경제학 강의: 지금 우리를 위한 새로운 경제학교과서』(부키, 2014), 160쪽.

2 「한정적 합리성」, 「네이버 지식백과」; 「Bounded rationality」, 「Wikipedia」; 「Herbert A. Simon」, 「Wikipedia」; 「Carnegie School」, 「Wikipedia」.

3 에릭 바인하커(Eric D. Beinhocker), 안현실·정성철 옮김, 『부는 어디에서 오는가: 진화하는 경제생태계에서 찾은 '진짜' 부의 기원』(알에이치코리아, 2006/2015), 206쪽.

4 마이클 마이넬리(Michael Mainelli)·이안 해리스(Ian Harris), 윤태경 옮김, 『무엇이 가격을 결정하는가?』(21세기북스, 2011/2012), 24쪽.

5 하정민, 「[세계경제를 움직이는 사람들] 주류 경제학 '구멍' 파고든 '행동경제학' 창시자」, 『신동아(인터넷)』, 2013년 5월 24일; 「Heuristic」, 「Wikipedia」; 강준만, 「왜 우리는 감정으로 의견을 결정하는가?: 감정 휴리스틱」, 『감정 독재: 세상을 꿰뚫는 50가지 이론』(인물과사상사, 2013), 107~111쪽 참고.

6 박기찬·이윤철·이동현, 『경영의 교양을 읽는다』(더난출판, 2005), 178~189쪽.

7 박기찬·이윤철·이동현, 『경영의 교양을 읽는다』(더난출판, 2005), 292~295쪽.

8 장하준, 김희정 옮김, 『장하준의 경제학 강의: 지금 우리를 위한 새로운 경제학교과서』(부키, 2014), 161쪽.

9 이남석, 『무삭제 심리학』(예담, 2008), 146~147쪽; 김경일, 「창의성이란 무엇인가?」, 「네이버캐스트」, 2012년 6월 25일; 「Cognitive miser」, 「Wikipedia」; 강준만, 「왜 고정관념에 세금을 물려야 하는가?: 고정관념」, 『독선 사회: 세상을 꿰뚫는 50가지 이론 4』(인물과사상사, 2013), 135~139쪽 참고.

10 장하준, 김희정·안세민 옮김, 『그들이 말하지 않는 23가지: 장하준, 더 나은 자본주의를 말하다』(부키, 2010), 257~258쪽.

11 이상건, 「투자의 좋은 동반자 '디폴트 옵션'」, 『한경비즈니스』, 제862호(2012년 6월 13일).

12 범상규·송균석, 『호모 이코노미쿠스: 비합리적 소비 행동에 숨은 6가지 심리』(네시간, 2010), 208쪽; 「Default effect(psychology)」, 「Wikipedia」.

13 이계평, 「기업 경영 변화가 어렵다?… '현상 유지' 편향을 역이용하라」, 『한국경제』, 2012년 2월 3일.

14 「옵트인/옵트아웃」, 「네이버 지식백과」.

15 이준구, 『36.5℃ 인간의 경제학: 경제 행위 뒤에 숨겨진 인간의 심리 탐구』(알에이치코리아, 2009), 131~132쪽; 「Choice architecture」, 「Wikipedia」; 「Soft paternalism」, 「Wikipedia」; 강준만, 「왜 '옛 애인'과 '옛 직장'이 그리워질까?: 현상 유지 편향」, 『감정 독재: 세상을 꿰뚫는 50가지 이론』(인물과사상사, 2013), 89~93쪽; 강준만, 「왜 공중도덕을 지키자는 계몽 캠페인은 실패하는가?: 넛지」, 『감정 독재: 세상을 꿰뚫는 50가지 이론』(인물과사상사, 2013), 262~267쪽 참고.

16 민재형, 「[휴넷MBA와 함께 하는 경영 뉴트렌드] 변화 싫어하는 귀차니즘 심리를 역이용하라」, 『조선일보』, 2011년 11월 24일.

17 캐스 선스타인(Cass R. Sunstein), 장경덕 옮김, 『심플러: 간결한 넛지의 힘』(21세기북스, 2013), 133~135쪽.

18 유리 그니지(Uri Gneezy)·존 리스트(John A. List), 안기순 옮김, 『무엇이 행동하게 하는가: 마음을 움직이는 경제학』(김영사, 2013/2014), 238~239쪽.

19 로버트 치알디니(Robert B. Cialdini) 외, 김은령·김호 옮김, 『설득의 심리학 완결편: 작은 시도로 큰 변화를 이끌어내는 '스몰 빅'의 놀라운 힘』(21세기북스, 2014/2015), 131쪽.

20 구본권, 『당신을 공유하시겠습니까?』(어크로스, 2014), 104~108쪽.

21 윤정호, 「4달러 커피에 3달러 팁…모바일 결제가 부른 '팁 바가지'」, 『조선일보』, 2015년 2월 3일.

22 캐스 선스타인(Cass R. Sunstein), 장경덕 옮김, 『심플러: 간결한 넛지의 힘』(21세기북스, 2013), 247쪽.

23 로버트 W. 맥체스니(Robert W. McChesney), 전규찬 옮김, 『디지털 디스커넥트: 자본주의는 어떻게

인터넷을 민주주의의 적으로 만들고 있는가』(삼천리, 2014), 7~8쪽.

24 남은주, 「멍 때리기 권하는 사회」, 『한겨레』, 2015년 6월 15일.

25 남은주, 「멍 때리기 권하는 사회」, 『한겨레』, 2015년 6월 15일.

26 울리히 슈나벨(Ulrich Schnabel), 김희상 옮김, 『행복의 중심 휴식』(걷는나무, 2010/2011), 118쪽; 앤드루 스마트(Andrew Smart), 윤태경 옮김, 『뇌의 배신』(미디어윌, 2013/2014), 33쪽; 「Default mode network」, 『Wikipedia』.

27 데이비드 디살보(David DiSalvo), 이은진 옮김, 『나는 결심하지만 뇌는 비웃는다』(모멘텀, 2012), 102쪽.

28 앤드루 스마트(Andrew Smart), 윤태경 옮김, 『뇌의 배신』(미디어윌, 2013/2014), 18, 33쪽.

29 대니얼 J. 레비틴(Daniel J. Levitin), 김성훈 옮김, 『정리하는 뇌』(와이즈베리, 2014/2015), 77쪽.

30 에드워드 할로웰(Edward Hallowell), 박선령 옮김, 『하버드 집중력 혁명: 일과 삶의 모든 것을 결정하는 1% 차이』(토네이도, 2015), 207~208쪽.

31 최인철, 『돈 버는 심리 돈 새는 심리: 심리학으로 풀어본 경제 이야기』(랜덤하우스중앙, 2005), 247~249쪽.

32 안신호, 「사회적 판단과 동기: 동기가 인지적 책략 선택에 미치는 영향을 중심으로」, 『한국심리학회지: 임상』, 15권 1호(1996년 5월), 84쪽; 「Epistemics」, 『Wikipedia』.

33 주미정 · 이재식, 「문화성향과 종결욕구에 따른 틀효과에서의 차이」, 『인지과학』, 24권 2호(2013년 6월), 179~181쪽.

34 강준만, 「왜 매년 5,000명이 양악 성형수술을 하는가?: 초두 효과」, 『우리는 왜 이렇게 사는 걸까?: 세상을 꿰뚫는 50가지 이론 2』(인물과사상사, 2014), 162~166쪽 참고.

35 김남희 · 천성용 · 이은재, 「지각된 위험과 인지종결 욕구가 가격 비교 사이트의 최저 가격 제품 구매의도에 미치는 영향」, 『e-비즈니스연구』, 15권 6호(2014년 12월), 152~154쪽.

36 Geert Hofstede, 차재호 · 나은영 옮김, 『세계의 문화와 조직』(학지사, 1995), 163~205쪽.

37 Joseph A. DeVito, 『Human Communication: The Basic Course』, 11th ed.(New York: Pearson, 2009), p.461; Rueyling Chuang, 「An Examination of Taoist and Buddhist Perspectives on Interpersonal Conflicts, Emotions, and Adversaries」, Fred E. Jandt, ed., 『Intercultural Communication: A Global Reader』(Thousand Oaks, CA: Sage, 2004), pp.47~48. 강준만, 「왜 한국인은 '다르다'를 '틀리다'라고 말하나?」, 『세계문화의 겉과속』(인물과사상사, 2012), 65~76쪽 참고.

38 조너선 헤이트(Jonathan Haidt), 권오열 옮김, 『명품을 코에 감은 코끼리, 행복을 찾아 나서다』(물푸레, 2006/2010), 135쪽.

39 스콧 릴리언펠드(Scott O. Lilienfeld) 외, 문희경 · 유지연 옮김, 『유혹하는 심리학』(타임북스, 2010), 28쪽; 최인철, 『프레임: 나를 바꾸는 심리학의 지혜』(21세기북스, 2007), 80쪽; 조너선 헤이트(Jonathan Haidt), 권오열 옮김, 『명품을 코에 감은 코끼리, 행복을 찾아 나서다』(물푸레, 2006/2010), 135~136쪽.

40 「소박실재론[naive realism, 素朴實在論]」, 『두산백과』; 『네이버 지식백과』; 「Naive realism (psychology)」, 『Wikipedia』.

41 강준만, 「왜 내 문제는 '세상 탓' 남의 문제는 '사람 탓'을 하는가?: 기본적 귀인 오류」, 『감정 독재: 세상을 꿰뚫는 50가지 이론』(인물과사상사, 2013), 51~55쪽; 강준만, 「왜 우리는 "길을 막고 지나가는 사람에게 물어보자"고 하는가?: 허위 합의 효과」, 『감정 독재: 세상을 꿰뚫는 50가지 이론』(인물과사상사, 2013), 182~186쪽 참고.

42 니컬러스 에플리(Nicholas Epley), 박인균 옮김, 『마음을 읽는다는 착각: 오해와 상처에서 벗어나는 관계의 심리학』(을유문화사, 2014), 67~68쪽.

43 엘리엇 애런슨(Elliot Aronson) · 캐럴 태브리스(Carol Tavris), 박웅희 옮김, 『거짓말의 진화: 자기정당화의 심리학』(추수밭, 2007), 67~68쪽.

44 엘리엇 애런슨(Elliot Aronson) · 캐럴 태브리스(Carol Tavris), 박웅희 옮김, 『거짓말의 진화: 자기정당화의 심리학』(추수밭, 2007), 68~69쪽.

45 「Naive cynicism」, 『Wikipedia』.

제2장 편 가르기와 차별

1 Eric Hoffer, 『The True Believer: Thoughts on the Nature of Mass Movements』(New York: Harper & Row, 1951/2010), p.98.

2 Eric Hoffer, 『The True Believer: Thoughts on the Nature of Mass Movements』(New York: Harper & Row, 1951/2010), pp.7, 38; 톰 버틀러 보던(Tom Butler-Bowdon), 이정은 옮김, 『내 인생의 탐나는 심리학 50』(흐름출판, 2007/2008), 87~90쪽.

3 에릭 호퍼(Eric Hoffer), 이민아 옮김, 『맹신자들: 대중운동의 본질에 관한 125가지 단상』(궁리, 1951/2011), 137~143쪽.

4 톰 버틀러 보던(Tom Butler-Bowdon), 이정은 옮김, 『내 인생의 탐나는 심리학 50』(흐름출판, 2007/2008), 91쪽.

5 에릭 호퍼(Eric Hoffer), 이민아 옮김, 『맹신자들: 대중운동의 본질에 관한 125가지 단상』(궁리, 1951/2011), 14쪽.

6 진덕규, 「대중운동론(에릭 호퍼 지음)」, 권혁소 외, 『현대사조의 이해(III)』(평민사, 1984), 169~170쪽.

7 Eric Hoffer, 『The True Believer: Thoughts on the Nature of Mass Movements』(New York: Harper & Row, 1951), pp.83~84. 호퍼는 자서전에선 "증오가 정당한 불평보다는 자기 경멸에서 솟아난다는 것은 증오와 죄의식의 밀접한 관계에서 드러난다"고 말한다. 에릭 호퍼(Eric Hoffer), 방대수 옮김, 『길 위의 철학자』(이다미디어, 1983/2014), 157쪽.

8 Eric Hoffer, 『The Passionate State of Mind』(New York: Perennial Library, 1955), p.123.

9 Maxwell Taylor, 『The Fanatics: A Behavioural Approach to Political Violence』(London: Brassey's, 1991), pp.37~56.

10 Robert Wright, 「Eisenhower's Fifties」, 『The Antioch Review』, 38(Summer 1980), pp.277~290.

11 Sanford D. Horwitt, 『Let Them Call Me Rebel: Saul Alinsky-His Life and Legacy』(New York: Vintage Books, 1989/1992), p.260.

12 강준만, 『한국생활문화사전』(인물과사상사, 2006), 684쪽.

13 「In-group favoritism」, 『Wikipedia』.

14 「In-group favoritism」, 『Wikipedia』; 「Minimal group paradigm」, 『Wikipedia』.

15 「Cat's Cradle」, 『Wikipedia』.

16 폴 블룸(Paul Bloom), 문희경 옮김, 『우리는 왜 빠져드는가?: 인간 행동의 숨겨진 비밀을 추적하는 쾌락의 심리학』(살림, 2010/2011), 40~41쪽.

17 엘리엇 애런슨(Elliot Aronson), 박재호 옮김, 『인간, 사회적 동물: 사회심리학에 관한 모든 것』(탐구당, 2012/2014), 228~229쪽; 나은영, 『행복 소통의 심리』(커뮤니케이션북스, 2013), 54쪽.

18 피트 런(Pete Lunn), 전소영 옮김, 『경제학이 숨겨온 6가지 거짓말: 인간의 마음을 보지 못한 경제학의 오류』(흐름출판, 2008/2009), 154쪽.

19 David Berreby, 『US & THEM: The Science of Identity』(Chicago: University of Chicago Press, 2008); Frances E. Lee, 『Beyond Ideology: Politics, Principles, and Partisanship in the U.S. Senate』(Chicago: University of Chicago Press, 2009); Bruce Rozenblit, 『Us Against Them: How Tribalism Affects the Way We Think』(Kansas City, MO: Transcendent Publications,

2008).

20 개드 사드(Gad Saad), 김태훈 옮김, 『소비 본능: 왜 남자는 포르노에 열광하고 여자는 다이어트에 중독되는가』(더난출판, 2011/2012), 168쪽. 강준만, 「왜 정치적 편향성은 '이익이 되는 장사'일까?: 적 만들기」, 『우리는 왜 이렇게 사는 걸까?: 세상을 꿰뚫는 50가지 이론 2』(인물과사상사, 2014), 97~104쪽 참고.

21 엘리엇 애런슨(Elliot Aronson), 박재호 옮김, 『인간, 사회적 동물: 사회심리학에 관한 모든 것』(탐구당, 2012/2014), 229쪽.

22 클로드 스틸(Claude M. Steele), 정여진 옮김, 『고정관념은 세상을 어떻게 위협하는가: 정체성 비상사태』(바이북스, 2010/2014), 105~107쪽. 강준만, 「왜 지능의 유연성을 믿으면 학업성적이 올라가는가? 고정관념의 위협」, 『독선 사회: 세상을 꿰뚫는 50가지 이론 4』(인물과사상사, 2015), 141~146쪽 참고.

23 앤서니 프랫카니스(Anthony R. Pratkanis) · 엘리엇 아론슨(Elliot Aronson), 윤선길 외 옮김, 『프로파간다 시대의 설득 전략』(커뮤니케이션북스, 2001/2005), 233쪽.

24 이강수, 『현대 매스커뮤니케이션이론』(나남, 1991), 434쪽; 「Third-person effect」, 『Wikipedia』; 강준만, 「왜 "우리는 괜찮지만 다른 사람들은 영향을 받는다"고 생각하는가?: '제3자 효과' 이론」, 『감정 독재: 세상을 꿰뚫는 50가지 이론』(인물과사상사, 2013), 165~169쪽 참고.

25 이남석, 『편향: 나도 모르게 빠지는 생각의 함정』(옥당, 2013), 126~128쪽; 「Hostile media effect」, 『Wikipedia』.

26 대니얼 J. 레비틴(Daniel J. Levitin), 김성훈 옮김, 『정리하는 뇌』(와이즈베리, 2014/2015), 490쪽.

27 오택섭 · 박성희, 「적대적 매체 지각: 메시지인가 메신저인가」, 『한국언론학보』, 49권 2호(2005년 4월), 141쪽.

28 오택섭 · 박성희, 「적대적 매체 지각: 메시지인가 메신저인가」, 『한국언론학보』, 49권 2호(2005년 4월), 136쪽.

29 홍인기 · 이상우, 「트위터의 뉴스 재매개가 이용자의 뉴스 지각에 미치는 영향」, 『방송통신연구』, 통권 90호(2015년 4월), 76쪽.

30 김남두 · 황용석, 「적대적 미디어 지각과 이슈 관여가 대통령을 향한 책임귀인 및 회고적 투표의향에 미친 영향에 관한 연구」, 『한국언론학보』, 59권 5호(2015년 10월), 32~63쪽; 이유민 · 정세훈 · 민영, 「적대적 매체 지각과 제삼자 지각이 정치 참여에 미치는 효과」, 『한국언론학보』, 57권 5호(2013년 10월), 346~367쪽; 김영지 · 하승태, 「TV 뉴스에 대한 적대적 매체지각과 인터넷 뉴스의 대안적 이용 가능성」, 『언론학연구』(부산울산경남언론학회), 18권 2호(2014년 5월), 57~87쪽 참고.

31 강준만, 『증오 상업주의: 정치적 소통의 문화정치학』(인물과사상사, 2013), 17~66쪽 참고.

32 숙의 민주주의는 기존의 대의 민주주의(representative democracy)가 비교적 결과 중심인 데 비해 과정과 결과를 모두 중시하는 민주주의로 정당성을 토의 절차의 여부에서 찾는다는 점에서 '토의 민주주의' 또는 '논의 민주주의'라고도 한다. deliberation을 논자에 따라 숙의(熟議), 심의(審議), 토의(討議), 논의(論議) 등으로 각기 달리 번역해 쓰고 있다. 김대영, 『공론화와 정치평론: 닫힌 사회에서 광장으로』(책세상, 2005), 83쪽; 이동수, 「디지털시대의 토의 민주주의」, 철학연구회 편, 『디지털시대의 민주주의와 포퓰리즘』(철학과현실사, 2004), 72~93쪽; 최장집, 박상훈 엮음, 『민주주의의 민주화: 한국 민주주의의 변형과 헤게모니』(후마니타스, 2006), 117쪽.

33 Lauren Feldman, 「The Hostile Media Effect」, Kate Kenski & Kathleen Hall Jamieson, eds., 『The Oxford Handbook of Political Communication』(New York: Oxford University Press, 미출간).

34 강준만, 「왜 진보 세력은 선거에서 패배하는가?: 프레임 이론」, 『우리는 왜 이렇게 사는 걸까?: 세상을 꿰뚫는 50가지 이론 2』(인물과사상사, 2014), 285~290쪽 참고.

35 벤 대트너(Ben Dattner) · 대런 달(Darren Dahl), 홍경탁 옮김, 『비난 게임: 조직의 성공과 실패를 결정짓는 보이지 않는 힘』(북카라반, 2011/2015), 144쪽.

36 무자퍼 셰리프(Muzafer Sherif) 외, 정태연 옮김, 『우리와 그들, 갈등과 협력에 관하여: 로버스 케이브 실험을 통해 본 집단관계의 심리학』(에코리브르, 1961/2012); 「Realistic conflict theory」, 『Wikipedia』.

37 엠 그리핀(Em Griffin), 김동윤 · 오소현 옮김, 『첫눈에 반한 커뮤니케이션 이론』(커뮤니케이션북스, 2012), 267∼275쪽; 「Social judgment theory」, 『Wikipedia』. 자아 관여도는 '적대적 미디어 효과(hostile media effect)' 연구에도 이용되고 있다. R. M. 펄로프(R. M. Perloff)는 적대적 미디어 지각의 심리적 근원으로 사회적 판단 이론에서 제시된 자아 관여를 지목했는데, 여기서 자아 관여는 어떤 이슈가 자신이 동일시하는 사회 집단과 모종의 관련을 지니게 될 때 해당 집단의 핵심 가치가 각인된 자아 개념이 활성화되어 해당 이슈에 대한 몰입(committment)이 증가하는 현상을 말한다. 자아 관여는 특히 가족, 정치, 종교와 관련된 가치가 개입될 때 두드러지게 나타난다. 김남두 · 황용석, 「적대적 미디어 지각과 이슈 관여가 대통령을 향한 책임귀인 및 회고적 투표의향에 미친 영향에 관한 연구」, 『한국언론학보』, 59권 5호(2015년 10월), 39∼40쪽.

38 엠 그리핀(Em Griffin), 김동윤 · 오소현 옮김, 『첫눈에 반한 커뮤니케이션 이론』(커뮤니케이션북스, 2012), 275∼277쪽.

39 안차수, 「언론 소비자가 갖는 이슈에 대한 태도가 언론의 공정성 판단에 미치는 영향」, 『한국언론정보학보』, 46권(2009년 5월), 326∼328쪽.

40 엠 그리핀(Em Griffin), 김동윤 · 오소현 옮김, 『첫눈에 반한 커뮤니케이션 이론』(커뮤니케이션북스, 2012), 279∼282쪽.

41 엠 그리핀(Em Griffin), 김동윤 · 오소현 옮김, 『첫눈에 반한 커뮤니케이션 이론』(커뮤니케이션북스, 2012), 283쪽; 이학식 · 안광호 · 하영원, 『소비자 행동: 마케팅 전략적 접근(제5판)』(법문사, 2010), 270∼271쪽.

42 엠 그리핀(Em Griffin), 김동윤 · 오소현 옮김, 『첫눈에 반한 커뮤니케이션 이론』(커뮤니케이션북스, 2012), 282쪽.

43 강준만, 『춤추는 언론 비틀대는 선거: 언론과 선거의 사회학』(아침, 1992), 23쪽. 강준만, 「왜 때론 애매모호함이 필요한가? strategic ambiguity」, 『재미있는 영어 인문학 이야기 2』(인물과사상사, 2015), 73∼75쪽 참고.

44 「In-group favoritism」, 『Wikipedia』; 「Minimal group paradigm」, 『Wikipedia』. realistic group conflict theory라고도 하는 현실 갈등 이론은 미국 사회심리학자 도널드 T. 캠벨(Donald T. Campbell, 1916∼1996)이 1960년대에 제시한 이론이다. 존 티보(John Thibaut, 1917∼1986), 해럴드 켈리(Harold Kelley, 1921∼2003), 조지 호먼스(George Homans, 1910∼1989) 등이 제시한 '사회 교환 이론(social exchange theory)'은 대인관계에서 심리적 대가(cost)와 심리적 이득의 관계를 주로 하여 소집단의 형성, 붕괴, 집단과정이나 문제 해결을 연구했는데, 캠벨은 사회 교환 이론이 인간 행동을 동물 행동에 비교하는 등 지나치게 단순화했다고 비판하면서 현실 갈등 이론을 그 대안으로 내놓았다. 「Realistic conflict theory」, 『Wikipedia』.

45 번트 슈미트(Bernd H. Schmitt), 박성연 · 윤성준 · 홍성태 옮김, 『체험 마케팅: 품질이 아닌 체험 중심의 차별화 전략』(세종서적, 1999/2002), 256쪽; 「Social identity theory」, 『Wikipedia』.

46 박상희, 「사회 정체성 이론[social identity theory]」, 한국심리학회 편, 『심리학용어사전』(2014년 4월); 『네이버 지식백과』.

47 황용석, 「'갈등 프레임'을 넘어라」, 『한겨레』, 2016년 3월 29일.

48 이인식, 『멋진 과학 2』(고즈윈, 2011), 107∼108쪽.

49 김선기, 「'청년세대' 구성의 문화정치학: 2010년 이후 청년세대담론에 관한 비판적 분석」, 『언론과사회』, 24권 1호(2016년 2월), 56∼57쪽.

50 곽기영 · 옥정봉, 「온라인 커뮤니티 몰입의 브랜드 충성도로의 전이: 사회 정체성 이론의 관점」, 『한국경

영과학회 학술대회논문집」, 2010년 10월, 79쪽.

51 오찬호, 『우리는 차별에 찬성합니다: 괴물이 된 이십대의 자화상』(개마고원, 2013), 163쪽; 강준만, 「왜 연세대엔 '카스트제도'가 생겨났을까?: 신호 이론」, 『생각의 문법: 세상을 꿰뚫는 50가지 이론 3』(인물과사상사, 2015), 300~306쪽 참고.

52 이상언, 「[분수대] '과잠'이 말해주는 것」, 『중앙일보』, 2016년 3월 23일.

53 문유석, 『개인주의자 선언』(문학동네, 2015), 32쪽.

54 최은경, 「"명문대 선배의 氣를 받고 싶어" 수험생 사이서 '中古 과잠' 인기」, 『조선일보』, 2015년 4월 2일.

55 현소은, 「입어 봤나? 특목고 점퍼」, 『한겨레』, 2015년 12월 16일.

제3장 기만과 자기기만

1 엘리엇 애런슨(Elliot Aronson), 박재호 옮김, 『인간, 사회적 동물: 사회심리학에 관한 모든 것』(탐구당, 2012/2014), 644쪽.

2 박지영, 『유쾌한 심리학』(파파에, 2003), 248쪽; 사이토 이사무(齋藤勇), 윤성규 옮김, 『자기 발견 심리학』(지식여행, 2011), 161~162쪽.

3 강준만, 「왜 큰 부탁을 위해 작은 부탁을 먼저 해야 하는가?: 문전 걸치기 전략」, 『감정 독재: 세상을 꿰뚫는 50가지 이론』(인물과사상사, 2013), 147~152쪽 참고.

4 엘리엇 애런슨(Elliot Aronson), 박재호 옮김, 『인간, 사회적 동물: 사회심리학에 관한 모든 것』(탐구당, 2012/2014), 308~309쪽.

5 니콜라 게겐(Nicholas Guéguen), 고경란 옮김, 『소비자는 무엇으로 사는가?: 고객의 심리에 관한 100가지 실험』(지형, 2005/2006), 248쪽.

6 우에키 리에(植木理惠), 홍성민 옮김, 『간파하는 힘: 세상에 속고 사람에 속는 당신을 위한 심리학의 기술』(티즈맵, 2008/2013), 117쪽.

7 사이토 이사무(齋藤勇), 윤성규 옮김, 『자기 발견 심리학』(지식여행, 2011), 161~162쪽.

8 로버트 치알디니(Robert Cialdini), 황혜숙 옮김, 『설득의 심리학(개정5판)』(21세기북스, 2009/2013), 158~159쪽.

9 로버트 치알디니(Robert Cialdini), 황혜숙 옮김, 『설득의 심리학(개정5판)』(21세기북스, 2009/2013), 160~162쪽.

10 강준만, 「왜 우리는 누군가를 한 번 믿게 보면 끝까지 믿게 보는가?: 인지 부조화 이론」, 『감정 독재: 세상을 꿰뚫는 50가지 이론』(인물과사상사, 2013), 61~66쪽 참고.

11 로런스 코틀리코프(Laurence J. Kotlikoff) · 스콧 번스(Scott Burns), 김정혜 · 장환 옮김, 『다가올 세대의 거대한 폭풍』(한언, 2004), 48~49쪽.

12 홍철, 『지방 보통시민이 행복한 나라』(대구경북연구원, 2011), 178쪽.

13 최혜정, 「돈줄은 '중앙' 사업은 '지방'…모순 해결해야」, 『한겨레』, 2014년 12월 16일.

14 Martin H. Manser, 『Get to the Roots: A Dictionary of Word & Phrase Origins』(New York: Avon Books, 1990), pp.48~49; Evan Morris, 『The Word Detective』(New York: Plume, 2000), pp.35~36; 안정효, 「미칠 수도 정상일 수도 없어」, 『경향신문』, 2008년 9월 25일.

15 자카리 쇼어(Zachary Shore), 임옥희 옮김, 『생각의 함정: 무엇이 우리의 판단을 지배하는가』(에코의서재, 2008/2009), 55~57쪽; 「이중구속[double bind, 二重拘束]」, 『네이버 지식백과』.

16 다고 아키라(多湖輝), 장하영 편역, 『심리학 콘서트 3』(스타북스, 2012), 95쪽.

17 브레네 브라운(Brené Brown), 최완규 옮김, 『완벽을 강요하는 세상의 틀에 대담하게 맞서기』(명진출판, 2012/2013), 80~81쪽.

18 알피 콘(Alfie Kohn), 이영노 옮김, 『경쟁에 반대한다: 왜 우리는 이기기 위한 경주에 삶을 낭비하는 가?』(산눈, 1986/2009), 159쪽.

19 우에키 리에(植木理惠), 홍성민 옮김, 『간파하는 힘: 세상에 속고 사람에 속는 당신을 위한 심리학의 기술』(티즈맵, 2008/2013), 116쪽.

20 오카다 다카시(岡田尊司), 황선종 옮김, 『심리를 조작하는 사람들: 그들은 어떻게 마음을 지배하고 행동을 설계하는가』(어크로스, 2012/2013), 136~137쪽. 이 밖에도 여러 일본 저자들이 '상대가 'NO'라고 말할 수 없게 하는 법'이라거나 '협박하면서 달래는 법'의 수단으로 이중구속을 소개하고 있다. 이시이 히로유키, 김윤희 옮김, 『콜드 리딩: 전 세계 1%만이 사용해온 설득의 기술』(엘도라도, 2005/2012), 33~41쪽; 사이토 이사무, 윤성규 옮김, 『자기발견 심리학』(지식여행, 2011), 201~202쪽 참고.

21 최경운, 「내가 모르는 내 아이」 [1] '자신의 삶'을 '자식의 삶'에 심으려고만 하는 부모들」, 『조선일보』, 2014년 11월 20일.

22 박권일, 「'답정녀'의 세계」, 『한겨레』, 2014년 5월 20일.

23 「여성 17명과 사귄 카사노바, 교통사고로 들통나 '대륙의 바람둥이'」, 『엠비엔뉴스』, 2015년 4월 8일.

24 「Cold reading」, 『Wikipedia』; 「Hot reading」, 『Wikipedia』; 강준만, 「왜 점쟁이를 찾는 사람이 많은가?: 바넘 효과」, 『우리는 왜 이렇게 사는 걸까?: 세상을 꿰뚫는 50가지 이론 2』(인물과사상사, 2014), 219~224쪽 참고.

25 토머스 키다(Thomas Kida), 박윤정 옮김, 『생각의 오류』(열음사, 2006/2007), 97쪽.

26 「콜드 리딩[cold reading]」, 『네이버 지식백과』.

27 이시이 히로유키(石井裕之), 김윤희 옮김, 『콜드 리딩: 전 세계 1%만이 사용해온 설득의 기술』(엘도라도, 2005/ 2012), 8쪽.

28 이시이 히로유키(石井裕之), 김윤희 옮김, 『콜드 리딩: 전 세계 1%만이 사용해온 설득의 기술』(엘도라도, 2005/ 2012), 69~113쪽.

29 「Cold reading」, 『Wikipedia』.

30 리처드 와이즈먼(Richard Wiseman), 김영선 옮김, 『미스터리 심리학: 이성을 마비시키는 점술, 유령, 초능력의 진실』(웅진지식하우스, 2011), 34~45쪽.

31 김혜림, 「함규정 박사에게 배우는 자녀 감정 코치법 "감정 관리 잘하는 아이가 자기주도학습도 잘하죠"」, 『국민일보』, 2014년 2월 19일.

32 리처드 와이즈먼(Richard Wiseman), 김영선 옮김, 『미스터리 심리학: 이성을 마비시키는 점술, 유령, 초능력의 진실』(웅진지식하우스, 2011), 41쪽.

33 강준만, 「왜 최고의 엘리트 집단이 최악의 어리석은 결정을 할까?: 집단사고 이론」, 『감정 독재: 세상을 꿰뚫는 50가지 이론』(인물과사상사, 2013), 274~278쪽 참고.

34 제리 하비(Jerry B. Harvey), 이수옥 옮김, 『생각대로 일하지 않는 사람들: 애빌린 패러독스』(엘도라도, 1988/2012), 18~37쪽; 이동근, 「폭탄주와 애빌린 패러독스」, 『한국경제』, 2010년 12월 28일; 조호연, 「"애빌린 패러독스"」, 『이데일리』, 2007년 8월 24일; 주상돈, 「과학관 건립, 결사 찬성」, 『전자신문』, 2012년 2월 1일; 올리버 버크먼(Oliver Burkeman), 김민주·송희령 옮김, 『행복중독자: 사람들은 왜 돈, 성공, 관계에 목숨을 거는가』(생각연구소, 2011/2012), 135~138쪽; 「Abilene paradox」, 『Wikipedia』; 양준영, 「'애빌린'으로 가는 회사」, 『머니위크』, 2012년 12월 23일.

35 프릭 버뮬렌(Freek Vermeulen), 정윤미 옮김, 『비즈니스의 거짓말: 그들이 당신을 감쪽같이 속이고 있는 8가지』(프롬북스, 2010/2011), 26쪽; 이상훈, 『세상을 지배하는 숨은 법칙』(21세기북스, 2012), 189쪽.

36 정명호, 「달콤한 아첨과 동조, CEO 몰락시키는 '이브의 사과'」, 『동아일보』, 2012년 7월 5일.

37 이상훈, 「욕심에 현실 감각 잃은 금융노조」, 『서울경제』, 2014년 8월 26일.

38 조호연, 「"애빌린 패러독스"」, 『이데일리』, 2007년 8월 24일.

39 이동근, 「폭탄주와 애빌린 패러독스」, 『한국경제』, 2010년 12월 28일.

40 서종철, 「애빌린 패러독스」, 『매일신문』, 2013년 10월 16일.

41 케네스 데이비스(Kenneth C. Davis), 이순호 옮김, 『미국에 대해 알아야 할 모든 것, 미국사』(책과함께, 2003/2004), 529쪽; 서영찬, 「[어제의 오늘] 1964년 미 공중위생국 '흡연 보고서' 발표」, 『경향신문』, 2010년 1월 11일; 안승찬, 「미국 흡연율 역대 최저…5명 중 1명 안 돼」, 『이데일리』, 2015년 11월 16일.

42 개리 마커스(Gary Marcus), 최호영 옮김, 『클루지: 생각의 역사를 뒤집는 기막힌 발견』(갤리온, 2008), 93~94쪽.

43 대니얼 카너먼(Daniel Kahneman), 이진원 옮김, 『생각에 관한 생각: 우리의 행동을 지배하는 생각의 반란』(김영사, 2011/2012), 122~124쪽; 「Confirmation bias」, 『Wikipedia』; 강준만, 「왜 지식인 논객들은 편 가르기 구도의 졸이 되었을까?: 확증 편향」, 『감정 독재: 세상을 꿰뚫는 50가지 이론』(인물과사상사, 2013), 130~134쪽 참고.

44 개리 마커스(Gary Marcus), 최호영 옮김, 『클루지: 생각의 역사를 뒤집는 기막힌 발견』(갤리온, 2008), 93~94쪽.

45 김미라·민영, 「지지 후보와 추론 동기가 유권자의 선택적 노출과 교차 노출에 미치는 영향: 선거에서의 인지부조화를 중심으로」, 『한국방송학보』, 28권 2호(2014년 3월), 10, 16~18쪽.

46 개리 마커스(Gary Marcus), 최호영 옮김, 『클루지: 생각의 역사를 뒤집는 기막힌 발견』(갤리온, 2008), 94~97쪽.

47 「Motivated forgetting」, 『Wikipedia』.

제4장 마음과 효능감

1 탈리 샤롯(Tali Sharot), 김민선 옮김, 『설계된 망각: 살기 위해, 뇌는 낙관주의를 선택한다』(리더스북, 2011/2013), 97쪽.

2 마이클 가자니가(Michael Gazzaniga), 박인균 옮김, 『왜 인간인가?: 인류가 밝혀낸 인간에 대한 모든 착각과 진실』(추수밭, 2008/2009), 71~72쪽; 마이클 캐플런(Michael Kaplan)·엘런 캐플런(Ellen Kaplan), 이지선 옮김, 『뇌의 거짓말: 무엇이 우리의 판단을 조작하는가?』(이상, 2009/2010), 248쪽; 「Theory of mind」, 『Wikipedia』.

3 프란스 드 발(Frans de Waal), 이충호 옮김, 『내 안의 유인원』(김영사, 2005), 272쪽.

4 로빈 던바(Robin Dunba), 김정희 옮김, 『발칙한 진화론: 인간 행동에 숨겨진 도발적 진화 코드』(21세기북스, 2010/2011), 182~183쪽.

5 V. S. 라마찬드란(V. S. Ramachandran), 박방주 옮김, 『명령하는 뇌, 착각하는 뇌: 당신의 행동을 지배하는 뇌의 두 얼굴』(알키, 2011/2012), 214쪽.

6 조 팰카(Joe Palca)·플로라 리히트먼(Flora Lichtman), 구계원 옮김, 『우리는 왜 짜증나는가: 우리의 신경을 긁는 것들에 대한 과학적 분석』(문학동네, 2011/2014), 17쪽.

7 조나 레러(Jonah Lehrer), 강미경 옮김, 『탁월한 결정의 비밀: 뇌신경과학의 최전방에서 밝혀낸 결정의 메커니즘』(위즈덤하우스, 2009), 292쪽; 아지트 바르키(Ajit Varki)·대니 브라워(Danny Brower), 노태복 옮김, 『부정 본능』(부키, 2014/2015), 118쪽.

8 대니얼 네틀(Daniel Nettle), 김상우 옮김, 『성격의 탄생: 뇌과학, 진화심리학이 들려주는 성격의 모든 것』(와이즈북, 2007/2009), 190~193쪽.

9 롤프 도벨리(Rolf Dobelli), 두행숙 옮김, 『스마트한 선택들: 후회 없는 결정을 하기 위해 꼭 알아야 할 52가지 심리 법칙』(걷는나무, 2012/2013), 202~205쪽.

10 강준만, 「왜 "한 명의 죽음은 비극, 백만 명의 죽음은 통계"인가?: 사소한 것에 대한 관심의 법칙」, 『감

정 독재: 세상을 꿰뚫는 50가지 이론』(인물과사상사, 2013), 301~307쪽 참고.

11 주혜주, 『마음 극장』(인물과사상사, 2014), 240쪽.

12 김찬호, 『모멸감: 굴욕과 존엄의 감정사회학』(문학과지성사, 2014), 217~220, 258쪽.

13 「분당 차병원 '마음챙김 명상 인지치료' 무료강좌 개최」, 『연합뉴스』, 2015년 6월 5일.

14 장문선, 「마음챙김[mindfulness]」, 『네이버 지식백과』(한국심리학회 편, 『심리학용어사전』, 2014년 4월).

15 존 카밧진(Jon Kabat-Zinn), 장현갑·김교헌·김정호 옮김, 『마음챙김 명상과 자기치유 上』(학지사, 1990/2005), 47쪽.

16 아리아나 허핑턴(Ariana Huffington), 강주헌 옮김, 『제3의 성공』(김영사, 2014), 55~56쪽.

17 엘런 랭어(Ellen J. Langer), 김한 옮김, 『마음챙김 학습의 힘』(동인, 1997/2011), 16쪽; 엘런 랭어(Ellen J. Langer), 이모영 옮김, 『예술가가 되려면: 심리학의 눈으로 바라본 예술가 이야기』(학지사, 2005/2008), 35쪽; 엘런 랭어(Ellen J. Langer), 이양원 옮김, 『마음챙김: 마음이 삶을 어디까지 바꿀 수 있는가』(더퀘스트, 2014/2015), 54~63, 108~115쪽; 폴 페어솔(Paul Pearsall), 정태연·전경숙 옮김, 『역설의 심리학: 익숙한 인생의 가치와 결별하라』(동인, 2005/2007), 102쪽; 문영미, 박세연 옮김, 『디퍼런트: 넘버원을 넘어 온리원으로』(살림비즈, 2010/2011), 221쪽.

18 하워드 라인골드(Howard Rheingold), 김광수 옮김, 『넷스마트: 구글, 페이스북, 위키, 그리고 그보다 스마트해야 할 당신』(문학동네, 2012/2014), 125쪽.

19 줄리언 바지니(Jukian Baggini)·안토니아 마카로(Antonia Macaro), 박근재 옮김, 『최고가 아니면 다 실패한 삶일까: 철학자와 심리학자의 인생질문 20』(아날로그, 2012/2014), 292~283쪽. 강준만, 「왜 '몰입'은 창의적 삶과 행복의 원천인가?: 몰입」, 『생각의 문법: 세상을 꿰뚫는 50가지 이론 3』(인물과사상사, 2015), 116~120쪽 참고.

20 리처드 레이어드(Richard Layard), 정은아 옮김, 『행복의 함정: 가질수록 행복은 왜 줄어드는가』(북하이브, 2005/2011), 258~259쪽.

21 진 트웬지(Jean M. Twenge)·키스 캠벨(W. Keith Campbell), 이남석 편역, 『나는 왜 나를 사랑하는가』(옥당, 2009/2010), 166~167, 288쪽. 강준만, 「왜 사람들은 대부분 자신이 운전을 잘한다고 생각할까?: 과신 오류」, 『감정 독재: 세상을 꿰뚫는 50가지 이론』(인물과사상사, 2013), 193~198쪽 참고.

22 라즐로 복(Laszlo Bock), 이경식 옮김, 『구글의 아침은 자유가 시작된다: 구글 인사 책임자가 직접 공개하는 인재 등용의 비밀』(알에이치코리아, 2015), 332~333쪽; 「Mindfulness」, 『Wikipedia』.

23 에드워드 할로웰(Edward Hallowell), 박선령 옮김, 『하버드 집중력 혁명: 일과 삶의 모든 것을 결정하는 1% 차이』(토네이도, 2015), 253쪽.

24 에드 캣멀(Ed Catmull), 윤태경 옮김, 『창의성을 지휘하라: 지속가능한 창조와 혁신을 이끄는 힘』(와이즈베리, 2014), 325쪽.

25 「Mindfulness」, 『Wikipedia』.

26 장경덕, 「미국의 세기는 끝났는가…中에 역전당하지 않는 '강한 미국론'」, 『매경이코노미』, 제1811호(2015년 6월 10일); 조지프 나이(Joseph S. Nye, Jr.), 이기동 옮김, 『미국의 세기는 끝났는가』(프리뷰, 2015), 207~211쪽.

27 「Mindset」, 『Wikipedia』.

28 캐럴 드웩(Carol Dweck), 정명진 옮김, 『성공의 새로운 심리학: 마인드세트』(부글북스, 2006/2011), 19~27쪽.

29 브리짓 슐트(Brigid Schulte), 안진이 옮김, 『타임 푸어: 항상 시간에 쫓기는 현대인을 위한 일·가사·휴식 균형 잡기』(더퀘스트, 2014/2015), 333쪽.

30 캐럴 드웩(Carol Dweck), 정명진 옮김, 『성공의 새로운 심리학: 마인드세트』(부글북스, 2006/2011), 60~63쪽.

31 오찬호, 『우리는 차별에 찬성합니다: 괴물이 된 이십대의 자화상』(개마고원, 2013), 168쪽.

32 헤이즐 로즈 마커스(Hazel Rose Markus)·앨래나 코너(Alana Conner), 박세연 옮김, 『우리는 왜 충돌하는가』(흐름출판, 2013/2015), 92쪽.

33 올리버 버크먼(Oliver Burkeman), 김민주·송희령 옮김, 『행복 중독자: 사람들은 왜 돈, 성공, 관계에 목숨을 거는가』(생각연구소, 2011/2012), 29~30쪽.

34 올리버 버크먼(Oliver Burkeman), 김민주·송희령 옮김, 『행복 중독자: 사람들은 왜 돈, 성공, 관계에 목숨을 거는가』(생각연구소, 2011/2012), 30쪽.

35 톰 켈리(Tom Kelley)·데이비드 켈리(David Kelley), 박종성 옮김, 『유쾌한 크리에이티브: 어떻게 창조적 자신감을 이끌어낼 것인가』(청림출판, 2013/2014), 22쪽; 「Self-efficacy」, 『Wikipedia』.

36 크리스토퍼 얼리(Chrsitopher Earley)·순 앙(Soon Ang)·주셍 탄(Joo-Seong Tan), 박수철 옮김, 『문화지능: 글로벌 시대 새로운 환경을 위한 생존전략』(영림카디널, 2006/2007), 110~111쪽.

37 스티븐 기즈(Stephen Guise), 구세희 옮김, 『습관의 재발견: 기적 같은 변화를 불러오는 작은 습관의 힘』(비즈니스북스, 2013/2014), 134쪽; 토마스 차모로-프레무지크(Tomas Chamorro-Premuzic), 이현정 옮김, 『위험한 자신감: 현실을 왜곡하는 아찔한 습관』(더퀘스트, 2013/2014), 68쪽.

38 백승찬, 「[책과 삶] 탈진한 우리네를 위한 '마음 근육' 단련법」, 『경향신문』, 2014년 9월 27일.

39 너새니얼 브랜든(Nathaniel Branden), 김세진 옮김, 『자존감의 여섯 기둥: 어떻게 나를 사랑할 것인가』(교양인, 1994/2015), 59쪽.

40 로버트 스턴버그(Robert J. Sternberg), 신종호 옮김, 『성공하는 학자가 되기 위한 암묵적 지혜』(학지사, 2003/2009), 120~121쪽.

41 박웅기·박윤정, 「인터넷 자기효능감과 인터넷 정보격차의 관계에 관한 연구: 부모와 자녀를 중심으로」, 『한국언론학보』, 제53권 2호(2009년 4월), 398쪽.

42 캐럴라인 애덤스 밀러(Caroline Adams Miller) 외, 우문식·박선령 옮김, 『어떻게 인생 목표를 이룰까?: 와튼스쿨의 베스트 인생 만들기 프로그램』(물푸레, 2011/2012), 54~55쪽.

43 브리짓 슐트(Brigid Schulte), 안진이 옮김, 『타임 푸어: 항상 시간에 쫓기는 현대인을 위한 일·가사·휴식 균형잡기』(더퀘스트, 2014/2015), 416쪽.

44 김병수, 「당신의 의지력을 믿지 마라」, 『월간 인물과사상』, 2015년 4월호, 174쪽.

45 김찬호, 『모멸감: 굴욕과 존엄의 감정사회학』(문학과지성사, 2014), 140쪽.

46 김윤철, 「신뢰집단 만들기」, 『경향신문』, 2014년 10월 11일.

47 김희선, 「종교 신뢰도 급락…천주교가 신뢰도 가장 높아」, 『연합뉴스』, 2015년 10월 28일.

48 이성훈, 「'정치인 조를'은 만국 공통의 정서」, 『조선일보』, 2013년 7월 11일.

49 홍영림, 「"나는 중도층" 절반 육박…"보수"·"진보"는 각각 29%·21%로 줄어」, 『조선일보』, 2015년 8월 10일.

50 권혁남, 『미디어 정치 캠페인』(커뮤니케이션북스, 2014), 493~494쪽; 박원호, 「세대 갈등: 청년의 정치적 소외를 중심으로」, 고상두·민희 편저, 『후기산업사회와 한국정치: 갈등의 지속과 변화』(마인드탭, 2015), 152~153쪽; 「Political efficacy」, 『Wikipedia』; 「Political Alienation」, 『Wikipedia』.

51 박원호, 「세대 갈등: 청년의 정치적 소외를 중심으로」, 고상두·민희 편저, 『후기산업사회와 한국정치: 갈등의 지속과 변화』(마인드탭, 2015), 154쪽.

52 강준만, 「왜 지방 주민들이 서울의 문제들을 걱정하는가?: 의제설정 이론」, 『우리는 왜 이렇게 사는 걸까?: 세상을 꿰뚫는 50가지 이론 2』(인물과사상사, 2014), 278~283쪽 참고.

53 이문영, 「차광호가 내려와도 하늘은 여전히 빽빽하다」, 『미디어오늘』, 2015년 7월 15일.

54 김낙호, 「'헬조선'의 정치적 효능감」, 『한국일보』, 2015년 9월 13일.

55 곽금주, 『20대 심리학』(알에이치코리아, 2008), 43~44쪽.

56 김고은, 「"언론, '고시원 사는 친구'에 관심…그 너머 청년을 봐달라"」, 『기자협회보』, 2015년 4월 29일.

57 조성주, 『알린스키, 변화의 정치학』(후마니타스, 2015), 8쪽.

58 칩 히스(Chip Heath) · 댄 히스(Dan Heath), 안진환 옮김, 『스위치: 손쉽게 극적인 변화를 이끌어내는 행동설계의 힘』(웅진지식하우스, 2010), 209쪽.

59 임귀열, 「임귀열 영어」 There never was a good war or a bad peace(좋은 전쟁 없고 나쁜 평화 없다), 『한국일보』, 2010년 12월 1일.

60 '집단 효능감'은 원래 범죄사회학에서 쓰이는 개념으로 한 공동체의 구성원들이 지역 내의 개인이나 집단의 행동을 통제할 수 있는 능력을 가리키는 말이다. 즉, 공동체 내부의 결속과 연대감으로 일어날 수 있는 범죄를 미연에 방지하거나 통제한다는 이야기다. 이른바 '깨진 유리창 이론(broken window theory)'에 대한 대안으로 이해하면 되겠다. 「Collective efficacy」, 『Wikipedia』; 김봉수 외, 『평판사회: 땅콩회항 이후, 기업경영은 어떻게 달라져야 하는가』(알에이치코리아, 2015), 171~172쪽. 강준만, 「왜 '깨진 유리창' 하나가 그 지역의 무법천지를 불러오는가?: '깨진 유리창' 이론」, 『우리는 왜 이렇게 사는 걸까?: 세상을 꿰뚫는 50가지 이론 2』(인물과사상사, 2014), 249~253쪽 참고.

제5장 충격과 회복

1 신성식 외, 「"친지 결혼식도 가기 싫어요" 대한민국 집단 트라우마」, 『중앙일보』, 2014년 4월 21일.

2 김병수, 「마음의 상처를 위로하는 법」, 『월간 인물과사상』, 2014년 6월호, 164쪽.

3 나해란, 「재난 후 정신적 충격, 국내선 치료 전문병원 없어」, 『조선일보』, 2013년 7월 10일; 마틴 셀리그먼(Martin E. P. Seligman), 권오열 옮김, 『아픈 당신의 심리학 처방전』(물푸레, 2007/2011), 239~240쪽; 「Posttraumatic stress disorder」, 『Wikipedia』.

4 정혜신 · 진은영, 『천사들은 우리 옆집에 산다: 사회적 트라우마의 치유를 위하여』(창비, 2015), 59, 64~65쪽.

5 장주영 · 김혜미, 「교통사고 후 택시 못 타는 엄마 PTSD 치료가 필요합니다」, 『중앙일보』, 2014년 5월 1일.

6 강수돌 · 홀거 하이데(Holger Heide), 『자본을 넘어, 노동을 넘어: 자본의 내면화에서 벗어나기』(이후, 2009), 149쪽.

7 김병수, 「마음의 상처를 위로하는 법」, 『월간 인물과사상』, 2014년 6월호, 166쪽.

8 「Posttraumatic embitterment disorder」, 『Wikipedia』.

9 한창수, 「세월호 비극, 울분 장애냐 외상 후 성장이냐」, 『중앙일보』, 2014년 4월 25일.

10 최병건, 「'나 때문이야'가 무력감을 잠재우는 역설」, 『한겨레』, 2014년 4월 26일.

11 강인식, 「세월호 생존자도 구하라」, 『중앙일보』, 2014년 4월 21일.

12 홍용덕, 「전문가 "구조 뒤 38시간···제대로 보호 못한 재난 시스템이 문제"」, 『한겨레』, 2015년 5월 11일.

13 권영숙, 「세월호의 '생존자들'」, 『경향신문』, 2015년 5월 7일.

14 베르톨트 브레히트(Bertolt Brecht), 서경하 옮김, 『좋지 않은 시대의 사랑 노래』(서교출판사, 1998), 31쪽.

15 강인식, 「세월호 생존자도 구하라」, 『중앙일보』, 2014년 4월 21일.

16 주디스 허먼(Judith Herman), 최현정 옮김, 『트라우마: 가정폭력에서 정치적 테러까지』(열린책들, 1997/2012), 101~102쪽; 강인식, 「세월호 생존자도 구하라」, 『중앙일보』, 2014년 4월 21일.

17 최보윤, 「[Why] [최보윤 기자의 交感(교감)] 1987년 여객기 사고서 유일하게 생존 '기적의 아이'···그 후 26년」, 『조선일보』, 2013년 7월 13일.

18 김철중, 「생존자 증후군」, 『조선일보』, 2014년 4월 26일.

19 김현정, 「구조조정의 시대, 살아남은 자의 슬픔(?)」, 『아시아경제』, 2009년 5월 24일.

20 정혜신 · 진은영, 『천사들은 우리 옆집에 산다: 사회적 트라우마의 치유를 위하여』(창비, 2015), 88쪽.

21 「Survivor guilt」, 『Wikipedia』.

22 기시미 이치로(岸見一郎) · 고가 후미타케(古賀史健), 전경아 옮김, 『미움받을 용기: 자유롭고 행복한 삶을 위한 아들러의 가르침』(인플루엔셜, 2013/2014), 37쪽.

23 김정운, 「감수 및 추천의 말: 과거의 트라우마적 사건에 현재의 내 인생을 맡길 수는 없다」, 기시미 이치로(岸見一郎) · 고가 후미타케(古賀史健), 전경아 옮김, 『미움받을 용기: 자유롭고 행복한 삶을 위한 아들러의 가르침』(인플루엔셜, 2013/2014), 5쪽.

24 레베카 솔닛(Rebecca Solnit), 정해영 옮김, 『이 폐허를 응시하라: 대재난 속에서 피어나는 혁명적 공동체에 대한 정치사회적 탐사』(펜타그램, 2009/2012), 332쪽.

25 레베카 솔닛(Rebecca Solnit), 정해영 옮김, 『이 폐허를 응시하라: 대재난 속에서 피어나는 혁명적 공동체에 대한 정치사회적 탐사』(펜타그램, 2009/2012), 330~331쪽.

26 레베카 솔닛(Rebecca Solnit), 정해영 옮김, 『이 폐허를 응시하라: 대재난 속에서 피어나는 혁명적 공동체에 대한 정치사회적 탐사』(펜타그램, 2009/2012), 331~332쪽.

27 신성식 외, 「"친지 결혼식도 가기 싫어요" 대한민국 집단 트라우마」, 『중앙일보』, 2014년 4월 21일.

28 「사설」 현장에서 (3) 안산의 슬픔을 이용하려는 자는 누구인가」, 『중앙일보』, 2014년 4월 23일.

29 한창수, 「세월호 비극, 울분 장애냐 외상 후 성장이냐」, 『중앙일보』, 2014년 4월 25일.

30 이새봄, 「트라우마 피할 수 없다면 성장 디딤돌 삼으세요: 긍정심리학의 창시자 마틴 셀리그만 美 펜실베이니아大 교수」, 『매일경제』, 2011년 7월 8일.

31 정혜신 · 진은영, 『천사들은 우리 옆집에 산다: 사회적 트라우마의 치유를 위하여』(창비, 2015), 59쪽.

32 리처드 와이즈먼(Richard Wiseman), 이충호 옮김, 『59초: 순식간에 원하는 결과를 끌어내는 결정적 행동의 비밀』(웅진지식하우스, 2009), 161~162쪽.

33 이인식, 『멋진 과학 2』(고즈윈, 2011), 348쪽; 조지 보나노(George A. Bonanno), 박경선 옮김, 『슬픔 뒤에 오는 것들: 상실과 트라우마 그리고 슬픔의 심리학』(초록물고기, 2009/2010), 353~358쪽.

34 김찬호, 『모멸감: 굴욕과 존엄의 감정사회학』(문학과지성사, 2014), 281쪽.

35 조지 베일런트(George E. Vaillant), 이덕남 옮김, 『행복의 조건』(프런티어, 2002/2010), 384~385쪽.

36 최성애, 『나와 우리 아이를 살리는 회복 탄력성: 최성애 박사의 행복 에너지 충전법』(해냄, 2014), 15쪽.

37 이인식, 『멋진 과학 2』(고즈윈, 2011), 348~349쪽; 「George Bonanno」, 『Wikipedia』.

38 김주환, 『회복 탄력성: 시련을 행운으로 바꾸게 하는 유쾌한 비밀』(위즈덤하우스, 2011), 19쪽.

39 톰 켈리(Tom Kelley) · 데이비드 켈리(David Kelley), 박종성 옮김, 『유쾌한 크리에이티브: 어떻게 창조적 자신감을 이끌어낼 것인가』(청림출판, 2013/2014), 84~85쪽.

40 올리버 버크먼(Oliver Burkeman), 김민주 · 송희령 옮김, 『행복 중독자: 사람들은 왜 돈, 성공, 관계에 목숨을 거는가』(생각연구소, 2011/2012), 93~94쪽.

41 마거릿 헤퍼넌(Margaret Heffernan), 김성훈 옮김, 『경쟁의 배신: 경쟁은 누구도 승자로 만들지 않는다』(알에이치코리아, 2014), 231쪽.

42 마이클 본드(Michael Bond), 문희경 옮김, 『타인의 영향력: 그들의 생각과 행동은 어떻게 나에게 스며드는가』(어크로스, 2014/2015), 80~81쪽.

43 김호기, 「사회의 회복 탄력성」, 『한국일보』, 2014년 12월 23일.

44 「Psychological resilience」, 『Wikipedia』.

45 리베카 코스타(Rebecca Costa), 장세현 옮김, 『지금, 경계선에서: 오래된 믿음에 대한 낯선 성찰』(쌤앤파커스, 2010/2011), 159쪽.

46 엄보운, 「敎授 아빠는 어떻게 전교 230등 딸을 서울대에 보냈나」, 『조선일보』, 2013년 12월 21일.

47 김주환, 『그릿: 잠재력을 실력으로, 실력을 성적으로, 결과로 증명하는 공부법』(쌤앤파커스, 2013), 84쪽.

48 김주환, 『그릿: 잠재력을 실력으로, 실력을 성적으로, 결과로 증명하는 공부법』(쌤앤파커스, 2013), 85쪽.

49 애덤 그랜트(Adam Grant), 윤태준 옮김, 『기브앤테이크』(생각연구소, 2013), 178쪽; 김주환, 『그릿: 잠재력을 실력으로, 실력을 성적으로, 결과로 증명하는 공부법』(쌤앤파커스, 2013), 88쪽.

50 애덤 그랜트(Adam Grant), 윤태준 옮김, 『기브앤테이크』(생각연구소, 2013), 178쪽.

51 폴 터프(Paul Tough), 권기대 옮김, 『아이는 어떻게 성공하는가』(베가북스, 2012/2013), 130~134, 177~185쪽; 양선아, 「성공하는 아이 만들려면 '성격 강점' 키워라」, 『한겨레』, 2013년 12월 3일.

52 양선아, 「마음의 근력 키우려면 어떻게?: '나는 할 수 있다'는 믿음 갖게 하고 자율성 줘야」, 『한겨레』, 2013년 12월 3일.

53 이샘물, 「성공 비법 각광 '그릿(Grit)'이 뭐기에」, 『동아일보』, 2014년 1월 18일.

제6장 공감과 불감

1 디팩 맬호트라(Deepak Malhotra) · 맥스 베이저먼(Max H. Bazerman), 안진환 옮김, 『협상 천재』(웅진지식하우스, 2007/2008), 192쪽.

2 존 롤즈(John Rawls), 황경식 옮김, 『사회정의론』(서광사, 1971/1985), 137~208쪽; 데이비드 존스턴(David Johnston), 정명진 옮김, 『정의의 역사』(부글북스, 2011), 324~325쪽; 「원초적 입장」, 『위키백과』.

3 김대영, 『공론화와 정치평론: 닫힌 사회에서 광장으로』(책세상, 2005), 83쪽; 이동수, 「디지털시대의 토의 민주주의」, 철학연구회 편, 『디지털시대의 민주주의와 포퓰리즘』(철학과현실사, 2004), 72~93쪽; 최장집, 박상훈 엮음, 『민주주의의 민주화: 한국 민주주의의 변형과 헤게모니』(후마니타스, 2006), 117쪽.

4 김비환, 『자유지상주의자들 자유주의자들 그리고 민주주의자들』(성균관대학교출판부, 2005), 69~70쪽.

5 가이 스탠딩(Guy Standing), 김태호 옮김, 『프레카리아트: 새로운 위험한 계급』(박종철출판사, 2011/2014), 375쪽.

6 제임스 서로위키(James Surowiecki), 홍대운 · 이창근 옮김, 『대중의 지혜: 시장과 사회를 움직이는 힘』(랜덤하우스중앙, 2005), 미번역된 제12장(http://www.minstrelboy.org).

7 장은주, 『정치의 이동: 분배정의를 넘어 존엄으로 진보를 리프레임하라』(상상너머, 2012), 187~188쪽; 마이클 샌델(Michael J. Sandel), 이양수 옮김, 『정의의 한계』(멜론, 1982/2012), 266~281쪽.

8 이양수, 「해제/샌델과 자유주의 비판」, 마이클 샌델(Michael J. Sandel), 이양수 옮김, 『정의의 한계』(멜론, 1982/2012), 33쪽.

9 이양수, 「혼돈시대의 민주주의: 공화주의와 삶의 가치」, 마이클 샌델(Michael Sandel), 김선욱 외 옮김, 『공동체주의와 공공성』(철학과현실사, 2008), 315~316쪽.

10 진 스펄링(Gene Sperling), 홍종학 옮김, 『성장 친화형 진보: 함께 번영하는 경제전략』(미들하우스, 2005/2009), 118쪽.

11 김대식, 『내 머릿속에선 무슨 일이 벌어지고 있을까』(문학동네, 2014), 137~138쪽.

12 유홍림, 「정치적 자유주의」, 서울대학교 사회과학원 기획, 『사회과학 명저 재발견』(서울대학교출판문화원, 2009), 243쪽.

13 하워드 진(Howard Zinn), 이재원 옮김, 『불복종의 이유』(이후, 2003), 47쪽.

14 김창준, 「추천의 글: 공익제보자의 눈으로 본 한국 사회의 속살」, 신광식, 『불감사회: 9인의 공익제보자가 겪은 사회적 스트레스』(참여사회, 2006), 8쪽.

15 willful blindness는 ignorance of law, willful ignorance, contrived ignorance, 또는 Nelsonian knowledge라고도 한다. 「Willful blindness」, 『Wikipedia』.

16 마거릿 헤퍼넌(Margaret Heffernan), 김학영 옮김, 『의도적 눈감기: 비겁한 뇌와 어떻게 함께 살 것인가』(푸른숲, 2011/2013), 5~8쪽.

17 로버트 코펠(Robert Koppel), 권성희 옮김, 『투자와 비이성적 마인드: 감정은 어떻게 객관적 데이터를 왜곡하는가?』(비즈니스북스, 2011/2013), 263쪽; 이남석, 『편향: 나도 모르게 빠지는 생각의 함정』(옥당, 2013), 139~140쪽; 「Ostrich effect」, 『Wikipedia』.

18 Marvin Terban, 『Scholastic Dictionary of Idioms』(New York: Scholastic, 1996), p.29.

19 「타조 세대」, 『네이버 국어사전』.

20 최창호, 『연구실 밖으로 나온 심리학』(미세기, 1995), 82~83쪽.

21 데이브 그로스먼(Dave Grossman), 이동훈 옮김, 『살인의 심리학』(플래닛, 2009/2011), 205~206쪽.

22 마거릿 헤퍼넌(Margaret Heffernan), 김학영 옮김, 『의도적 눈감기: 비겁한 뇌와 어떻게 함께 살 것인가』(푸른숲, 2011/2013), 381쪽.

23 손동영, 「사회적 정서와 공존의 여유」, 『머니투데이』, 2015년 12월 4일; 조지 보나노(George A. Bonanno), 박경선 옮김, 『슬픔 뒤에 오는 것들: 상실과 트라우마 그리고 슬픔의 심리학』(초록물고기, 2009/2010), 218~219쪽.

24 조지 보나노(George A. Bonanno), 박경선 옮김, 『슬픔 뒤에 오는 것들: 상실과 트라우마 그리고 슬픔의 심리학』(초록물고기, 2009/2010), 213~219쪽.

25 아지트 바르키(Ajit Varki)·대니 브라워(Danny Brower), 노태복 옮김, 『부정 본능』(부키, 2014/2015), 138쪽.

26 어니스트 베커(Ernest Becker), 김재영 옮김, 『죽음의 부정: 프로이트의 인간 이해를 넘어서』(인간사랑, 1973/2008), 11쪽; 「Terror management theory」, 『Wikipedia』.

27 대커 켈트너(Dacher Keltner), 하윤숙 옮김, 『선의 탄생』(옥당, 2009/2011), 202쪽.

28 박상희, 「공포 관리 이론[terror management theory]」, 『심리학용어사전』, 2014년 4월; 『네이버 지식백과』.

29 조지 보나노(George A. Bonanno), 박경선 옮김, 『슬픔 뒤에 오는 것들: 상실과 트라우마 그리고 슬픔의 심리학』(초록물고기, 2009/2010), 220쪽.

30 코델리아 파인(Cordelia Fine), 송정은 옮김, 『뇌 마음대로: 나를 멋대로 조종하는 발칙한 뇌의 심리학』(공존, 2006/2010), 40쪽.

31 캐서린 메이어(Catherine Mayer), 황덕창 옮김, 『어모털리티: 나이가 사라진 시대의 등장』(퍼블카우, 2011/2013), 151~152쪽.

32 마이클 본드(Michael Bond), 문희경 옮김, 『타인의 영향력: 그들의 생각과 행동은 어떻게 나에게 스며드는가』(어크로스, 2014/2015), 258~259쪽; 「Hobbesian trap」, 『Wikipedia』.

33 손동영, 「사회적 정서와 공존의 여유」, 『머니투데이』, 2015년 12월 4일.

34 강준만, 「왜 '마녀사냥'이 일어나는가?: 도덕적 공황」, 『독선 사회: 세상을 꿰뚫는 50가지 이론 4』(인물과사상사, 2015), 280~285쪽 참고.

35 C. 더글러스 러미스(C. Douglas Lummis), 김종철·최성현 옮김, 『경제성장이 안 되면 우리는 풍요롭지 못할 것인가』(녹색평론사, 2000/2011), 99~100쪽; 양권모, 「[여적] 공포 마케팅」, 『경향신문』, 2015년 5월 12일.

36 조지 보나노(George A. Bonanno), 박경선 옮김, 『슬픔 뒤에 오는 것들: 상실과 트라우마 그리고 슬픔의 심리학』(초록물고기, 2009/2010), 222~223쪽.

37 구정은, 「'기업이 생기는 이유' 설명한 미 경제학자 로널드 코스 별세」, 『경향신문』, 2013년 9월 4일.

38 구정은, 「'기업이 생기는 이유' 설명한 미 경제학자 로널드 코스 별세」, 『경향신문』, 2013년 9월 4일; 최병모·이수진, 『코즈가 들려주는 외부효과 이야기』(자음과모음, 2011), 12~13쪽.

39 박기찬·이윤철·이동현, 『경영의 교양을 읽는다』(더난출판, 2005), 287~293쪽.

40 조준현, 『서프라이즈 경제학』(인물과사상사, 2009), 131~132쪽; 김윤태, 『사회적 인간의 몰락: 왜 사람들은 고립되고 원자화되고 파편화되는가』(이학사, 2015), 122~123쪽.

41 가이 스탠딩(Guy Standing), 김태호 옮김, 『프레카리아트: 새로운 위험한 계급』(박종철출판사, 2011/2014), 68쪽.

42 레이철 보츠먼(Rachel Botsman)·루 로저스(Roo Rogers), 이은진 옮김, 『위 제너레이션』(모멘텀,

2011), 168~170쪽.

43 돈 탭스콧(Don Tapscott) · 앤서니 윌리엄스(Anthony D. Williams), 윤미나 옮김, 『위키노믹스: 웹2.0의 경제학』(21세기북스, 2006/2007), 93쪽.

44 강정수, 「디지털 자본주의와 근심」, 『한겨레』, 2015년 2월 26일.

45 나비 라드주, 「[Weekly BIZ] 공유경제 확산과 중산층 구매력 약화로 '검소한 경제' 부상하고 있어」, 『조선일보』, 2015년 2월 14일.

46 존 실리 브라운(John Seely Brown) · 폴 두기드(Paul Duguid), 이진우 옮김, 『비트에서 인간으로』(거름, 2000/2001), 40~45쪽.

47 모이제스 나임(Moises Naim), 김병순 옮김, 『권력의 종말: 다른 세상의 시작』(책읽는수요일, 2013/2015), 100쪽.

48 김인규, 『박정희, 압축 민주화로 이끌다: 경제학 제국주의자의 한국경제론』(기파랑, 2014), 153~154쪽.

49 김건호, 「2014년 하루 집회 · 시위 124건···집회 · 시위 공화국」, 『세계일보』, 2015년 2월 23일.

50 기획취재팀, 「'사법 저울'이 기울었다: 강한 자엔 '솜방망이' 약한 자엔 '쇠몽둥이'」, 『경향신문』, 2000년 12월 26일, 1면.

51 이정애, 「안진걸 희망제작소 팀장 "요즘 집회 · 시위 감동 없고 짜증"」, 『한겨레』, 2007년 5월 25일, 12면.

52 마이클 본드(Michael Bond), 문희경 옮김, 『타인의 영향력: 그들의 생각과 행동은 어떻게 나에게 스며드는가』(어크로스, 2014/2015), 21~23쪽.

53 선안남, 『스크린에서 마음을 읽다』(시공사, 2011), 65쪽; 비난트 폰 페터스도르프(Winand von Petersdorff) 외, 박병화 옮김, 『사고의 오류』(율리시즈, 2013/2015), 112~113쪽.

54 백승찬, 「[책과 삶] 모두가 '예' 할 때 '아니요' 할 수 있는가」, 『경향신문』, 2015년 7월 4일.

55 마이클 가자니가(Michael S. Gazzaniga), 박인균 옮김, 『뇌로부터의 자유: 무엇이 우리의 생각, 감정, 행동을 조종하는가?』(추수밭, 2011/2012), 247쪽.

56 리처드 레스택(Richard M. Restack), 홍승효 옮김, 『인간적인, 너무나 인간적인 뇌』(휴머니스트, 2012/2015), 103~104쪽.

57 필립 짐바르도(Philip Zimbardo), 이충호 · 임지원 옮김, 『루시퍼 이펙트: 무엇이 선량한 사람을 악하게 만드는가』(웅진지식하우스, 2007), 357쪽. 강준만, 「왜 의사는 환자를 비인간화하면서 냉정하게 대해야 하는가?: detached concern」, 『재미있는 영어 인문학 이야기 2』(인물과사상사, 2015), 17~19쪽 참고.

58 비난트 폰 페터스도르프(Winand von Petersdorff) 외, 박병화 옮김, 『사고의 오류』(율리시즈, 2013/2015), 115쪽.

59 하노 벡(Hanno Beck), 배명자 옮김, 『경제학자의 생각법』(알프레드, 2009/2015), 21~23쪽.

60 차두원 · 진영현, 『초연결시대, 공유경제와 사물인터넷의 미래』(한스미디어, 2015), 224~225쪽.

제7장 개성과 관심

1 김헌식, 『K팝 컬처의 심리: 대중문화 심리로 본 한국사회 2』(북코리아, 2012), 63~65쪽.

2 전우영, 『나를 움직이는 무의식 프라이밍』(21세기북스, 2013), 99~100쪽.

3 김정운, 『에디톨로지: 창조는 편집이다』(21세기북스, 2014), 244~245쪽; 「Uniform fetishism」, 『Wikipedia』.

4 강준만, 「왜 우리 인간은 '부화뇌동하는 동물'인가?: 동조」, 『생각의 문법: 세상을 꿰뚫는 50가지 이론 3』(인물과사상사, 2015), 49~53쪽; 강준만, 「왜 모범적 시민이 희대의 살인마가 될 수 있는가?: 악의 평범성」, 『우리는 왜 이렇게 사는 걸까?: 세상을 꿰뚫는 50가지 이론 2』(인물과사상사, 2014), 254~258쪽; 강준만, 「왜 우리는 '조폭문화'에 쉽게 빠져드는가?: 권위에 대한 복종」, 『우리는 왜 이렇

게 사는 걸까?: 세상을 꿰뚫는 50가지 이론 2』(인물과사상사, 2014), 259~263쪽; 「왜 선량한 네티즌이 '악플 악마'로 변할 수 있는가?: 루시퍼 효과」, 『우리는 왜 이렇게 사는 걸까?: 세상을 꿰뚫는 50가지 이론 2』(인물과사상사, 2014), 265~270쪽 참고.

5 「Deindividuation」, 『Wikipedia』; 이철민, 「'앵무새 죽이기'와 '표현의 자유' 사이」, 『조선일보』, 2012년 9월 7일.

6 하퍼 리(Harper Lee), 김욱동 옮김, 『앵무새 죽이기』(문예출판사, 1960/2002), 297~298쪽.

7 리처드 플로리다(Richard Florida), 이길태 옮김, 『창조적 변화를 주도하는 사람들』(전자신문사, 2002), 185~190쪽; 헤이즐 로즈 마커스(Hazel Rose Markus) · 앨래나 코너(Alana Conner), 박세연 옮김, 『우리는 왜 충돌하는가』(흐름출판, 2013/2015), 239~240쪽.

8 정택민, 「페이스북 CEO 복장 논란 "스티브 잡스도 했는데 왜?"」, 『조선일보』, 2012년 5월 10일.

9 허버트 마이어스(Herbert Meyers) · 리처드 거스트먼(Richard Gerstman), 강수정 옮김, 『크리에이티브 마인드: 창의적 리더 20인에게 미래의 가치를 묻다』(에코리브르, 2007/2008), 72쪽.

10 노회찬 · 구영식, 『대한민국 진보, 어디로 가는가?』(비아북, 2014), 275쪽.

11 「Groupshift」, 『Wikipedia』.

12 케빈 켈리(Kevin Kelly), 「익명성은 통제되어야 한다」, 존 브록만(John Brockman) 엮음, 이영기 옮김, 『위험한 생각들: 당대 최고의 석학 110명에게 물었다』(갤리온, 2006/2007), 198~199쪽.

13 황금천, 「"기분 나쁘게 쳐다본다" 여고생 돈 뺏고 교복 불태워」, 『동아일보』, 2005년 11월 25일, A11면.

14 김정호, 「"왜 째려봐!" 고교생 선후배 3명 주먹질 입건」, 『제주의소리』, 2015년 1월 5일.

15 「"왜 째려봐" 20대 3명 폭행한 30대 입건」, 『티브로드』, 2015년 4월 14일.

16 송호재, 「"왜 째려봐?" 집단 폭행한 뒤 지갑 가져간 20대」, 『노컷뉴스』, 2015년 6월 3일.

17 Erving Goffman, 『Behavior in Public Places: Notes on the Social Organization of Gatherings』(New York: The Free Press, 1963/1966), pp.83~88.

18 앤서니 기든스(Anthony Giddens), 권기돈 옮김, 『현대성과 자아정체성: 후기 현대의 자아와 사회』(새물결, 1991/1997), 101~102쪽.

19 숀 무어스(Shaun Moores), 임종수 · 김영한 옮김, 『미디어와 일상』(커뮤니케이션북스, 2000/2008), 147쪽.

20 존 어리(John Urry), 강현수 · 이희상 옮김, 『모빌리티』(아카넷, 2014), 150쪽.

21 서민우, 「공적 공간 눈길 '동상이몽' 男 "예뻐서 보는데 뭐가 문제야" 女 "힐끔힐끔 쳐다보니 불쾌해"」, 『서울경제』, 2010년 11월 18일.

22 구본권, 「예의 바른 무관심」, 『한겨레』, 2013년 5월 20일.

23 폴 돌런(Paul Dolan), 이영아 옮김, 『행복은 어떻게 설계되는가: 경제학과 심리학으로 파헤친 행복의 성장 조건』(와이즈베리, 2014/2015), 252~253쪽; 대니얼 골먼(Daniel Goleman), 박세연 옮김, 『포커스: 당신의 잠재된 탁월함을 깨우는 열쇠』(리더스북, 2013/2014), 19쪽.

24 김상현, 『인터넷의 거품을 걷어라: 인터넷, 사이버 세상에서 살아남기』(미래M&B, 2000), 73~74쪽.

25 조너선 크레리(Jonathan Crary), 김성호 옮김, 『24/7 잠의 종말』(문학동네, 2013/2014), 121쪽.

26 이인화, 「가상세계전망」, 『CHEIL WORLDWIDE』, October 2008, 23쪽.

27 강남훈, 『정보혁명의 정치경제학』(문화과학사, 2002), 109쪽.

28 「Attention economy」, 『Wikipedia』.

29 토머스 데번포트(Thomas H. Davenport) · 존 벡(John C. Beck), 김병조 · 권기환 · 이동현 옮김, 『관심의 경제학: 정보 비만과 관심 결핍의 시대를 사는 새로운 관점』(21세기북스, 2002/2006), 111~112쪽; 알피 콘(Alfie Kohn), 이영노 옮김, 『경쟁에 반대한다: 왜 우리는 이기기 위한 경주에 삶을 낭비하는가?』(산눈, 1986/2009), 105쪽.

30 장원준, 「[Cover Story] '관심의 경제학' 저자 토머스 데이븐포트 교수」, 『조선일보』, 2009년 6월 6일.

31 프랑코 베라르디 '비포'(Franco Berardi 'Bifo'), 정유리 옮김, 『프레카리아트를 위한 랩소디: 기호자본주의의 불안전성과 정보노동의 정신병리』(난장, 2009/2013), 80쪽.

32 한병철, 김태환 옮김, 『피로사회』(문학과지성사, 2010/2012), 32쪽.

33 김준, 「[김대리의 뒷담화] 동창 승진 축하 모임에서 뭔 놈의 車·연봉 자랑…우리 학창시절엔 안 그랬잖아」, 『조선일보』, 2015년 4월 16일.

34 이진순, 「우리는 오늘 맥도날드를 점거한다: 알바노조 위원장 구교현」, 『한겨레』, 2015년 2월 7일.

35 강준만, 「왜 우리는 'SNS 자기과시'에 중독되는가?: 인정투쟁 이론」, 『생각의 문법: 세상을 꿰뚫는 50가지 이론 3』(인물과사상사, 2015), 143~149쪽 참고.

36 더글러스 러시코프(Douglas Rushkoff), 오준호 옮김, 『보이지 않는 주인: 인간을 위한 경제는 어떻게 파괴되었는가』(웅진지식하우스, 2009/2011), 327~328쪽.

37 「주의력 결핍 장애[attention deficit disorder]」, 『네이버 지식백과』.

38 윌리엄 파워스(William Powers), 『속도에서 깊이로: 철학자가 스마트폰을 버리고 월든 숲으로 간 이유』(21세기북스, 2010/2011), 76~77쪽.

39 매기 잭슨(Maggie Jackson), 왕수민 옮김, 『집중력의 탄생: 현대인의 지성을 회복하기 위한 강력한 로드맵』(다산북스, 2008/2010), 18~19쪽.

40 제프 자비스(Jeff Jarvis), 위선주 옮김, 『공개하고 공유하라』(청림출판, 2011/2013), 265쪽.

41 로널드 드워킨(Ronald W. Dworkin), 박한선·이수인 옮김, 『행복의 역습: 행복강박증 사회가 어떻게 개인을 병들게 하는가』(아로파, 2006/2014), 79쪽; 「ADHD」, 『네이버 건강』.

42 나해란, 「욱하는 성격에 移職 잦은 당신, '성인 ADHD(주의력 결핍 과잉행동 장애)'일 수도」, 『조선일보』, 2013년 7월 2일.

43 조목인, 「ADHD 앓는 성인 급증…"어른도 괴롭다"」, 『아시아경제』, 2015년 6월 23일.

44 브리짓 슐트(Brigid Schulte), 안진이 옮김, 『타임 푸어: 항상 시간에 쫓기는 현대인을 위한 일·가사·휴식 균형 잡기』(더퀘스트, 2014/2015), 103쪽.

45 사라 제인 블랙모어(Sarah-Jayne Blackmore)·우타 프리스(Uta Frith), 손영숙 옮김, 『뇌, 1.4킬로그램의 배움터』(해나무, 2005/2009), 203쪽.

46 위니프레드 갤러거(Winifred Gallagher), 이한이 옮김, 『몰입, 생각의 재발견』(오늘의책, 2009/2010), 270쪽.

47 정종훈, 「ADHD 환자 절반이 10대 남성」, 『중앙일보』, 2015년 5월 11일.

48 제러미 리프킨(Jeremy Rifkin), 안진환 옮김, 『3차 산업혁명: 수평적 권력은 에너지, 경제, 그리고 세계를 어떻게 바꾸는가』(민음사, 2011/2012), 363쪽.

49 브리짓 슐트(Brigid Schulte), 안진이 옮김, 『타임 푸어: 항상 시간에 쫓기는 현대인을 위한 일·가사·휴식 균형 잡기』(더퀘스트, 2014/2015), 104쪽.

50 서민·지승호, 『서민의 기생충 같은 이야기』(인물과사상사, 2014), 176~177쪽.

51 조우상, 「"ADHD 치료제 과용하면 뇌세포 파괴돼" 美 연구」, 『서울신문』, 2014년 5월 16일.

52 제러미 리프킨(Jeremy Rifkin), 안진환 옮김, 『3차 산업혁명: 수평적 권력은 에너지, 경제, 그리고 세계를 어떻게 바꾸는가』(민음사, 2011/2012), 363쪽.

53 제러미 홀든(Jeremy D. Holden), 이경식 옮김, 『팬덤의 경제학: 약자가 강자를 이기는 새로운 게임의 법칙』(책읽는수요일, 2012/2013), 175쪽.

54 유필화, 「[실전 MBA] 멀티태스킹의 덫」, 『조선일보』, 2013년 12월 23일.

55 게리 켈러(Gary Keller)·제이 파파산(Jay Papasan), 구세희 옮김, 『원씽: 복잡한 세상을 이기는 단순함의 힘』(비즈니스북스, 2012/2013), 59~60쪽.

56 셰리 터클(Sherry Turkle), 이은주 옮김, 『외로워지는 사람들: 테크놀로지가 인간관계를 조정한다』(청림출판, 2010/2012), 70쪽.

57 리처드 왓슨(Richard Watson), 이진원 옮김, 『퓨처 마인드: 디지털 문화와 함께 진화하는 생각의 미래』(청림출판, 2010/2011), 242~243쪽.

58 안영진, 「멀티태스킹은 능력? 뇌에 과부하 걸린다」, 『한겨레』, 2006년 1월 25일, 31면; 김완묵, 「초조함·주의력 결핍 '주의보'」, 『매일경제』, 2006년 2월 16일, B1면; 에드워드 할로웰(Edward Hallowell), 박선령 옮김, 『하버드 집중력 혁명: 일과 삶의 모든 것을 결정하는 1% 차이』(토네이도, 2015), 13~15쪽.

59 에드워드 할로웰(Edward M. Hallowell), 곽명단 옮김, 『창조적 단절: 과잉정보 속에서 집중력을 낭비하지 않는 법』(살림비즈, 2006/2008), 57~58쪽.

60 매기 잭슨(Maggie Jackson), 왕수민 옮김, 『집중력의 탄생: 현대인의 지성을 회복하기 위한 강력한 로드맵』(다산북스, 2008/2010), 122쪽.

61 공종식, 「"디지털 정보 홍수… 新중세 암흑기 올 수도"」, 『동아일보』, 2008년 6월 21일.

62 가이 스탠딩(Guy Standing), 김태호 옮김, 『프레카리아트: 새로운 위험한 계급』(박종철출판사, 2011/2014), 48쪽.

63 게리 켈러(Gary Keller)·제이 파파산(Jay Papasan), 구세희 옮김, 『원씽: 복잡한 세상을 이기는 단순함의 힘』(비즈니스북스, 2012/2013), 59~63, 70쪽.

64 구본권, 『당신을 공유하시겠습니까?』(어크로스, 2014), 165쪽.

65 리처드 왓슨(Richard Watson), 이진원 옮김, 『퓨처 마인드: 디지털 문화와 함께 진화하는 생각의 미래』(청림출판, 2010/2011), 18쪽.

66 대니얼 J. 레비틴(Daniel J. Levitin), 김성훈 옮김, 『정리하는 뇌』(와이즈베리, 2014/2015), 156쪽.

67 리처드 왓슨(Richard Watson), 이진원 옮김, 『퓨처 마인드: 디지털 문화와 함께 진화하는 생각의 미래』(청림출판, 2010/2011), 43~44쪽.

제8장 열림과 닫힘

1 유정식, 『경영, 과학에게 길을 묻다: 과학의 시선으로 풀어보는 경영 이야기』(위즈덤하우스, 2007), 271~272쪽.

2 「Reductionism」, 『Wikipedia』; 「환원주의[還元主義]」, 『다음 한국어사전』; 케빈 랠런드(Kevin Laland)·길리언 브라운(Gillian Brown), 양병찬 옮김, 『센스 앤 넌센스』(동아시아, 2011/2014), 135쪽.

3 유정식, 『경영, 과학에게 길을 묻다: 과학의 시선으로 풀어보는 경영 이야기』(위즈덤하우스, 2007), 268~269쪽.

4 「Reductionism」, 『Wikipedia』.

5 유정식, 『경영, 과학에게 길을 묻다: 과학의 시선으로 풀어보는 경영 이야기』(위즈덤하우스, 2007), 269쪽.

6 유정식, 『경영, 과학에게 길을 묻다: 과학의 시선으로 풀어보는 경영 이야기』(위즈덤하우스, 2007), 269~270쪽.

7 유정식, 『경영, 과학에게 길을 묻다: 과학의 시선으로 풀어보는 경영 이야기』(위즈덤하우스, 2007), 270쪽.

8 앨버트 라즐로 바라바시(Albert-Laszlo Barabasi), 강병남·김기훈 옮김, 『링크: 21세기를 지배하는 네트워크 과학』(동아시아, 2002), 19쪽.

9 프리먼 다이슨(Freeman Dyson), 김학영 옮김, 『과학은 반역이다』(반니, 2006/2015), 30~32쪽.

10 찰스 랜드리(Charles Landry), 최지영 옮김, 『크리에이티브 시티 메이킹: 찰스 랜드리의 우리를 위한 도시 이야기』(역사넷, 2006/2009), 330쪽.

11 이덕희, 『공자가 다시 쓴 자본주의 강의: 어떻게 냉혹한 자본주의를 변화시킬 것인가?』(센추리원, 2015), 149쪽.

12 유정식, 『경영, 과학에게 길을 묻다: 과학의 시선으로 풀어보는 경영 이야기』(위즈덤하우스, 2007),

273~276쪽.

13 김민주, 『하인리히 법칙: 재앙을 예고하는 300번의 징후와 29번의 경고』(미래의창, 2014), 43쪽.

14 아민 말루프(Amin Maalouf), 박창호 옮김, 『사람 잡는 정체성』(이론과실천, 1998/2006), 43쪽.

15 아마르티아 센(Amartya Sen), 이상환 옮김, 『정체성과 폭력: 운명이라는 환영』(바이북스, 2006/2009), 21, 277~278쪽.

16 강준만, 「왜 "하나를 보면 열을 안다"는 속담은 무서운 말인가?: 착각적 상관의 오류」, 『생각의 문법: 세상을 꿰뚫는 50가지 이론 3』(인물과사상사, 2015), 22~26쪽 참고.

17 임항, 「교육계 '창발성' 논란…교총 "북한 용어 쓰지 말라"」, 『국민일보』, 2001년 3월 16일; 한완상, 「[길을 찾아서] 교총, '창발성'이 북한 말이라며 사과 요구」, 『한겨레』, 2012년 12월 11일.

18 이인식, 「[이인식의 과학생각] '창발성'의 참뜻 아십니까」, 『동아일보』, 2001년 4월 5일.

19 대니얼 레비틴(Daniel J. Levitin), 장호연 옮김, 『호모 무지쿠스』(마티, 2008/2009), 291쪽.

20 찰스 랜드리(Charles Landry), 최지영 옮김, 『크리에이티브 시티 메이킹: 찰스 랜드리의 우리를 위한 도시 이야기』(역사넷, 2006/2009), 330쪽.

21 최재천, 「옮긴이 서문: 설명한다, 그러므로 나는 존재한다」, 에드워드 윌슨(Edward O. Wilson), 최재천 · 장대익 옮김, 『통섭: 지식의 대통합』(사이언스북스, 1998/2005), 17쪽.

22 노나카 이쿠지로(野中郁次郎) · 가쓰미 아키라(勝見明), 양영철 옮김, 『생각을 뛰게 하라: 뜻밖의 아이디어를 뜻대로 실현시키는 힘』(흐름출판, 2010/2012), 136쪽.

23 에릭 바인하커(Eric D. Beinhocker), 안현실 · 정성철 옮김, 『부는 어디에서 오는가: 진화하는 경제생태계에서 찾은 '진짜' 부의 기원』(알에이치코리아, 2006/2015), 282쪽.

24 라즐로 복(Laszlo Bock), 이경식 옮김, 『구글의 아침은 자유가 시작된다: 구글 인사 책임자가 직접 공개하는 인재 등용의 비밀』(알에이치코리아, 2015), 165쪽.

25 스티븐 존슨(Steven Johnson), 김한영 옮김, 『이머전스: 미래와 진화의 열쇠』(김영사, 2001/2004), 27~74쪽; 리처드 오글(Richard Ogle), 손정숙 옮김, 『스마트 월드: 세상을 놀라게 한 창조성의 9가지 법칙』(리더스북, 2007/2008), 203~206쪽.

26 니시나리 가쓰히로(西成活裕), 이근호 옮김, 『낭비학: 세상은 낭비로 가득하다!』(사이언스북스, 2008/2014), 35~ 36쪽.

27 앤드루 스마트(Andrew Smart), 윤태경 옮김, 『뇌의 배신』(미디어윌, 2013/2014), 108~111쪽.

28 앨버트 라즐로 바라바시(Albert-Laszlo Barabasi), 김병남 · 김기훈 옮김, 『링크: 21세기를 지배하는 네트워크 과학』(동아시아, 2002), 350~359쪽; 리처드 오글(Richard Ogle), 손정숙 옮김, 『스마트 월드: 세상을 놀라게 한 창조성의 9가지 법칙』(리더스북, 2007/2008), 203~206쪽.

29 돈 탭스콧(Don Tapscott) · 앤서니 윌리엄스(Anthony D. Williams), 윤미나 옮김, 『위키노믹스: 웹2.0의 경제학』(21세기북스, 2006/2007), 76쪽.

30 리처드 왓슨(Richard Watson), 이진원 옮김, 『퓨처 마인드: 디지털 문화와 함께 진화하는 생각의 미래』(청림출판, 2010/2011), 46쪽.

31 에릭 브린욜프슨(Erik Brynjolfsson) · 앤드루 맥아피(Andrew McAfee), 이한음 옮김, 『제2의 기계시대: 인간과 기계의 공생이 시작된다』(청림출판, 2014), 319~320쪽; 「The Singularity Is Near」, 『Wikipedia』.

32 홍성욱, 『네트워크 혁명, 그 열림과 닫힘: 지식기반사회의 비판과 대안』(들녘, 2002), 31쪽; 비제이 바이테스워런(Vijay V. Vaitheeswaran), 안진환 옮김, 『필요 속도 탐욕』(한국경제신문, 2012/2013), 123쪽.

33 레이 커즈와일(Ray Kurzweil), 김명남 · 장시형 옮김, 『특이점이 온다: 기술이 인간을 초월하는 순간』(김영사, 2005/2007).

34 피터 힌센(Peter Hinssen), 이영진 옮김, 『뉴 노멀: 디지털 혁명 제2막의 시작』(흐름출판, 2010/2014), 19쪽.

35 리처드 왓슨(Richard Watson), 이진원 옮김, 『퓨처 마인드: 디지털 문화와 함께 진화하는 생각의 미래』(청림출판, 2010/2011), 88, 99쪽; 피터 틸(Peter Thiel)·블레이크 매스터스(Blake Masters), 이지연 옮김, 『제로 투 원』(한국경제신문, 2014), 250쪽; 비제이 바이테스워런(Vijay V. Vaitheeswaran), 안진환 옮김, 『필요 속도 탐욕』(한국경제신문, 2012/2013), 131쪽.

36 데이비드 린든(David J. Linden), 김한영 옮김, 『고삐 풀린 뇌: 우리의 자유의지를 배반하는 쾌감회로의 진실』(작가정신, 2011/2013), 221쪽.

37 패트릭 터커(Patrick Tucker), 이은경 옮김, 『네이키드 퓨처: 당신의 모든 움직임을 예측하는 사물인터넷의 기회와 위협』(와이즈베리, 2014), 76~77쪽.

38 셰리 터클(Sherry Turkle), 이은주 옮김, 『외로워지는 사람들: 테크놀로지가 인간관계를 조정한다』(청림출판, 2010/2012), 263쪽.

39 비제이 바이테스워런(Vijay V. Vaitheeswaran), 안진환 옮김, 『필요 속도 탐욕』(한국경제신문, 2012/2013), 121~124쪽; 이언 모리스(Ian Morris), 김필규 옮김, 『전쟁의 역설: 폭력으로 평화를 일군 1만 년의 역사』(지식의날개, 2014/2015), 599쪽.

40 새뮤얼 아브스먼(Samuel Arbesman), 이창희 옮김, 『지식의 반감기: 세상의 변화에는 공식이 존재한다』(책읽는수요일, 2013/2014), 326~329쪽.

41 이태희, 「당신 80년대에 뭐했어?」, 『한겨레』, 2015년 8월 1일.

42 세계화는 자신들만의 전통과 정체성을 지키고자 하는 사람들에게 엄청난 충격으로 다가왔다. 이는 미국에서건 아랍 세계에서건 그 어디에서건 마찬가지였다. 자신들의 전통과 정체성에 가해지는 압박과 그 압박의 주체에 대한 저항과 투쟁, 이게 바로 근본주의의 탄생과 맥을 같이하는 것이다. 프랭크 레흐너(Frank J. Lechner)·존 보일(John Boli), 윤재석 옮김, 『문명의 혼성(World Culture)』(부글북스, 2005/2006), 83~85쪽.

43 이건희, 『이건희 에세이: 생각 좀 하며 세상을 보자』(동아일보사, 1997), 247~248쪽.

44 잭 보웬(Jack Bowen), 이수경 옮김, 『범퍼스티커로 철학하기』(민음인, 2010/2012), 25~26쪽.

45 바트 코스코(Bart Kosko), 공성곤·이호연 옮김, 『퍼지식 사고』(김영사, 1993/1995), 45~46쪽.

46 바트 코스코(Bart Kosko), 공성곤·이호연 옮김, 『퍼지식 사고』(김영사, 1993/1995), 41, 359쪽.

47 「Lotfi A. Zadeh」, 『Wikipedia』.

48 아나톨 칼레츠키(Anatole Kaletsky), 위선주 옮김, 『자본주의 4.0: 신자유주의를 대체할 새로운 경제 패러다임』(컬처앤스토리, 2010/2011), 23쪽.

49 강인선, 「강인선의 워싱턴 라이프: 퍼지 사고와 수치화」, 『주간조선』, 2005년 3월 29일.

50 조벽, 『인재 혁명: 대한민국 인재 교육을 위한 희망선언』(해냄, 2010), 216~217쪽.

51 임경선, 『나라는 여자: 소녀가 어른이 되기까지 새로운 개인의 탄생』(마음산책, 2013), 118쪽.

52 에드워드 글레이저(Edward Glaeser), 이진원 옮김, 『도시의 승리』(해냄, 2011), 7쪽.

53 이상훈, 「세계 최고 초고속인터넷 서비스망 구축」, 『2006년 한국의 실력』(월간조선 2006년 1월호 별책부록), 151쪽.

54 윌리엄 데이비도(William H. Davidow), 김동규 옮김, 『과잉 연결 시대: 일상이 된 인터넷, 그 이면에선 어떤 일이 벌어지는가』(수이북스, 2011), 48쪽.

55 강준만, 『지방식민지 독립선언: 서울민국 타파가 나라를 살린다』(개마고원, 2015); 강준만, 「지방의 '내부식민지화'를 고착시키는 일상적 기제: '대학-매체-예산'의 트라이앵글」, 『사회과학연구』(강원대학교 사회과학연구원), 54집 2호(2015년 12월), 113~147쪽 참고.

56 윌리엄 데이비도(William H. Davidow), 김동규 옮김, 『과잉 연결 시대: 일상이 된 인터넷, 그 이면에선 어떤 일이 벌어지는가』(수이북스, 2011), 9쪽. 강준만, 「왜 혁신은 대도시에서 일어나는가?: 네트워크 효과」, 『생각의 문법: 세상을 꿰뚫는 50가지 이론 3』(인물과사상사, 2015), 279~284쪽 참고.

57 윌리엄 데이비도(William H. Davidow), 김동규 옮김, 『과잉 연결 시대: 일상이 된 인터넷, 그 이면에선

어떤 일이 벌어지는가』(수이북스, 2011), 9, 13~14쪽.

58 윌리엄 데이비도(William H. Davidow), 김동규 옮김, 『과잉 연결 시대: 일상이 된 인터넷, 그 이면에선 어떤 일이 벌어지는가』(수이북스, 2011), 29쪽; 강준만, 「왜 한국의 하드웨어는 일류, 소프트웨어는 삼류 인가?: 문화 지체」, 『우리는 왜 이렇게 사는 걸까?: 세상을 꿰뚫는 50가지 이론 2』(인물과사상사, 2014), 24~33쪽 참고.

59 윌리엄 데이비도(William H. Davidow), 김동규 옮김, 『과잉 연결 시대: 일상이 된 인터넷, 그 이면에선 어떤 일이 벌어지는가』(수이북스, 2011), 259쪽; 강준만, 「왜 사고는 반드시 일어나게 되어 있는가?: 정 상 사고」, 『독선 시회: 세상을 꿰뚫는 50가지 이론 4』(인물과사상사, 2015), 331~335쪽 참고.

60 윌리엄 데이비도(William H. Davidow), 김동규 옮김, 『과잉 연결 시대: 일상이 된 인터넷, 그 이면에선 어떤 일이 벌어지는가』(수이북스, 2011), 273쪽.

61 윌리엄 데이비도(William H. Davidow), 김동규 옮김, 『과잉 연결 시대: 일상이 된 인터넷, 그 이면에선 어떤 일이 벌어지는가』(수이북스, 2011), 261쪽.

62 이상욱, 「늘 모든 것과 연결되어 있는 삶」, 『경향신문』, 2014년 5월 12일.

63 김재섭, 「왜 호들갑인가요? 뒷감당 어쩌려고」, 『한겨레』, 2014년 5월 8일.

64 리처드 왓슨(Richard Watson), 이진원 옮김, 『퓨처 마인드: 디지털 문화와 함께 진화하는 생각의 미 래』(청림출판, 2010/2011), 37~43쪽.

65 차두원·진영현, 『초연결시대, 공유경제와 사물인터넷의 미래』(한스미디어, 2015), 207~211쪽.

66 강준만, 「왜 우리는 'SNS 자기과시'에 중독되는가?: 인정투쟁 이론」, 『생각의 문법: 세상을 꿰뚫는 50 가지 이론 3』(인물과사상사, 2015), 143~149쪽 참고.

제9장 능력과 우연

1 맬컴 글래드웰(Malcolm Gladwell), 노정태 옮김, 『아웃라이어』(김영사, 2008/2009), 34~44쪽.

2 강준만, 「왜 경부고속도로가 지역주의를 악화시켰나?: 경로의존」, 『우리는 왜 이렇게 사는 걸까?: 세상 을 꿰뚫는 50가지 이론 2』(인물과사상사, 2014), 291~296쪽 참고.

3 맬컴 글래드웰(Malcolm Gladwell), 노정태 옮김, 『아웃라이어』(김영사, 2008/2009), 74쪽.

4 맬컴 글래드웰(Malcolm Gladwell), 노정태 옮김, 『아웃라이어』(김영사, 2008/2009), 56쪽.

5 맬컴 글래드웰(Malcolm Gladwell), 노정태 옮김, 『아웃라이어』(김영사, 2008/2009), 75쪽.

6 맬컴 글래드웰(Malcolm Gladwell), 노정태 옮김, 『아웃라이어』(김영사, 2008/2009), 102~103쪽.

7 맬컴 글래드웰(Malcolm Gladwell), 노정태 옮김, 『아웃라이어』(김영사, 2008/2009), 325쪽.

8 대니얼 골먼(Daniel Goleman), 박세연 옮김, 『포커스: 당신의 잠재된 탁월함을 깨우는 열쇠』(리더스북, 2013/2014), 234~235쪽.

9 필 로젠츠바이크(Phil Rosenzweig), 김상겸 옮김, 『올바른 결정은 어떻게 하는가: 모두를 살리는 선택 의 비밀』(엘도라도, 2014), 205쪽.

10 「Gladwell, Malcolm」, 『Current Biography』, 66:6(June 2005), p.29; 「Malcolm Gladwell」, 『Wikipedia』.

11 스티븐 브라이어스(Stephen Briers), 구계원 옮김, 『엉터리 심리학』(동양북스, 2012/2014), 162~164쪽.

12 맬컴 글래드웰(Malcolm Gladwell), 노정태 옮김, 『아웃라이어』(김영사, 2008/2009), 79~80쪽.

13 맬컴 글래드웰(Malcolm Gladwell), 노정태 옮김, 『아웃라이어』(김영사, 2008/2009), 80~85쪽.

14 목정민, 「서울 공대 86학번 3인방 '인터넷 지배'」, 『경향신문』, 2014년 5월 29일.

15 김선욱, 「들어가는 말」, 마이클 샌델(Michael Sandel), 김선욱 외 옮김, 『공동체주의와 공공성』(철학과 현실사, 2008), 32쪽.

16 스티븐 제이 굴드(Stephen Jay Gould), 이명희 옮김, 『풀하우스: 진화는 진보가 아니라 다양성의 증가다』(사이언스북스, 1996/2002), 111~184쪽.

17 마이클 모부신(Michael J. Mauboussin), 서정아 옮김, 『내가 다시 서른 살이 된다면』(토네이도, 2012/2013), 89~93쪽.

18 마이클 모부신(Michael J. Mauboussin), 서정아 옮김, 『내가 다시 서른 살이 된다면』(토네이도, 2012/2013), 96, 284쪽.

19 로리 에시그(Laurie Essig), 이재영 옮김, 『유혹하는 플라스틱: 신용카드와 성형수술의 달콤한 거짓말』(이른아침, 2010/2014), 12쪽.

20 「사설」 '성형 산업' 더이상 방치해선 안 돼」, 『한겨레』, 2014년 3월 13일.

21 이희정, 「美…채워지지 않는 쾌락의 쳇바퀴」, 『한국일보』, 2011년 1월 21일.

22 로리 에시그(Laurie Essig), 이재영 옮김, 『유혹하는 플라스틱: 신용카드와 성형수술의 달콤한 거짓말』(이른아침, 2010/2014), 222~223쪽.

23 개드 사드(Gad Saad), 김태훈 옮김, 『소비 본능: 왜 남자는 포르노에 열광하고 여자는 다이어트에 중독되는가』(더난출판, 2011/2012), 341쪽.

24 유리 그니지(Uri Gneezy)·존 리스트(John A. List), 안기순 옮김, 『무엇이 행동하게 하는가: 마음을 움직이는 경제학』(김영사, 2013/2014), 268~269쪽.

25 송상호, 『문명 패러독스: 왜 세상은 생각처럼 되지 않을까?』(인물과사상사, 2008), 254쪽.

26 데이비드 버스(David Buss), 전중환 옮김, 『욕망의 진화』(사이언스북스, 2003/2007), 119쪽.

27 낸시 에트코프(Nancy Etcoff), 이기문 옮김, 『미(美): 가장 예쁜 유전자만 살아남는다』(살림, 2000).

28 울리히 렌츠(Ulrich Renz), 『아름다움의 과학: 미인 불패, 새로운 권력의 발견』(프로네시스, 2006/2008), 9~10쪽.

29 캐서린 하킴(Catherine Hakim), 이현주 옮김, 『매력 자본』(민음사, 2011/2013), 20~21, 31~32쪽.

30 캐서린 하킴(Catherine Hakim), 이현주 옮김, 『매력 자본』(민음사, 2011/2013), 113~115쪽.

31 장 보드리야르, 배영달 편저, 「페미니즘에 대한 보드리야르의 도전」, 『보드리야르의 문화 읽기』(백의, 1998), 211~242쪽.

32 울리히 렌츠(Ulrich Renz), 『아름다움의 과학: 미인 불패, 새로운 권력의 발견』(프로네시스, 2006/2008), 9쪽.

33 범상규, 「우리는 왜 아름다움에 빠져드는가?: 정점이동효과」, 『네이버캐스트』, 2013년 5월 24일.

34 토드 부크홀츠(Todd G. Buchholz), 장석훈 옮김, 『러쉬: 우리는 왜 도전과 경쟁을 즐기는가』(청림출판, 2011/2012), 301~303쪽.

35 주혜주, 『마음 극장』(인물과사상사, 2014), 70~71쪽.

36 박희정, 「효리의 나이듦이 반가운 이유」, 『피디저널』, 2012년 5월 7일.

37 에이미 추아(Amy Chua)·제드 러벤펠드(Jed Rubenfeld), 이영아 옮김, 『트리플 패키지: 성공의 세 가지 유전자』(와이즈베리, 2014), 274쪽; 진 트웬지(Jean M. Twenge)·키스 캠벨(W. Keith Campbell), 이남석 편역, 『나는 왜 나를 사랑하는가』(옥당, 2009/2010), 205쪽.

38 마이클 르고(Michael LeGault), 임옥희 옮김, 『싱크! 위대한 결단으로 이끄는 힘』(리더스북, 2006), 122~123쪽.

39 에이미 추아(Amy Chua)·제드 러벤펠드(Jed Rubenfeld), 이영아 옮김, 『트리플 패키지: 성공의 세 가지 유전자』(와이즈베리, 2014), 275쪽.

40 스티븐 브라이어스(Stephen Briers), 구계원 옮김, 『엉터리 심리학』(동양북스, 2012/2014), 29쪽.

41 토드 부크홀츠(Todd G. Buchholz), 장석훈 옮김, 『러쉬: 우리는 왜 도전과 경쟁을 즐기는가』(청림출판, 2011/2012), 302쪽; 진 트웬지(Jean M. Twenge)·키스 캠벨(W. Keith Campbell), 이남석 편역, 『나는 왜 나를 사랑하는가』(옥당, 2009/2010), 166~167쪽.

42 Christine Ammer, 『The Facts on File Dictionary of Clichés』(New York: Checkmark Books, 2001), p.256.

43 로이 바우마스터(Roy F. Baumeister) · 존 티어니(John Tierney), 이덕임 옮김, 『의지력의 재발견: 자기 절제와 인내심을 키우는 가장 확실한 방법』(에코리브르, 2011/2012), 243~244쪽.

44 진 트웬지(Jean M. Twenge) · 키스 캠벨(W. Keith Campbell), 이남석 편역, 『나는 왜 나를 사랑하는가』(옥당, 2009/2010), 76쪽. 이에 비하면 한국 가수들의 '자존감 운동'은 사랑에 국한되어 있어 순진하게까지 느껴진다. "나도 어디서 꿀리진 않어. 아직 쓸 만한 걸, 죽지 않았어"(빅뱅 G-드래곤의 〈하트브레이커〉), "날 보는 사람들의 시선은 싫진 않아. 나는 예쁘니까"(씨야의 〈여성시대〉), "잘빠진 다리와 외모 너는 내게 반하지, 내 앞에선 니 모든 게 무너지고 말걸"(애프터스쿨의 〈AH〉), "널 내가 갖겠어, 내게서 벗어날 수 없어"(브라운아이드걸스의 〈아브라카다브라〉). 김난도 외, 『트렌드 코리아 2011』(미래의창, 2010), 120쪽.

45 강준만, 「왜 사람들은 대부분 자신이 운전을 잘한다고 생각할까?: 과신 오류」, 『감정 독재: 세상을 꿰뚫는 50가지 이론』(인물과사상사, 2013), 193~198쪽 참고.

46 토드 부크홀츠(Todd G. Buchholz), 장석훈 옮김, 『러쉬: 우리는 왜 도전과 경쟁을 즐기는가』(청림출판, 2011/2012), 301~303쪽.

47 토드 부크홀츠(Todd G. Buchholz), 장석훈 옮김, 『러쉬: 우리는 왜 도전과 경쟁을 즐기는가』(청림출판, 2011/2012), 294쪽.

48 양지호, 「"오냐오냐 키웠더니 떼쟁이 공화국 됐다"…스웨덴 반성」, 『조선일보』, 2014년 2월 13일.

49 스티븐 브라이어스(Stephen Briers), 구계원 옮김, 『엉터리 심리학』(동양북스, 2012/2014), 37쪽.

50 에이미 추아(Amy Chua) · 제드 러벤펠드(Jed Rubenfeld), 이영아 옮김, 『트리플 패키지: 성공의 세 가지 유전자』(와이즈베리, 2014), 275쪽.

51 에이미 추아(Amy Chua) · 제드 러벤펠드(Jed Rubenfeld), 이영아 옮김, 『트리플 패키지: 성공의 세 가지 유전자』(와이즈베리, 2014), 276쪽.

52 마이클 르고(Michael LeGault), 임옥희 옮김, 『싱크! 위대한 결단으로 이끄는 힘』(리더스북, 2006), 122쪽.

53 너새니얼 브랜든(Nathaniel Branden), 김세진 옮김, 『자존감의 여섯 기둥: 어떻게 나를 사랑할 것인가』(교양인, 1994/2015), 102쪽.

54 이 영화의 원작은 영국 극작가 패트릭 해밀턴(Patrick Hamilton, 1904~1962)의 희곡인 〈Gas Light〉(1938)이며, 미국에선 〈Angel Street〉라는 제목으로 무대에 올랐다. 「Gaslighting」, 『Wikipedia』; http://www.yes24.com/24/goods/2808179?scode=032&OzSrank=1; 브레네 브라운(Brené Brown), 서현정 옮김, 『나는 왜 내 편이 아닌가: 나를 괴롭히는 완벽주의 신화로부터 자유로워지는 법』(북하이브, 2007/2012), 189쪽.

55 「Gaslighting」, 『Wikipedia』.

56 로빈 스턴(Robin Stern), 신준영 옮김, 『가스등 이펙트: 지금 누군가 나를 조종하고 있다』(랜덤하우스, 2007/2008), 22쪽.

57 로빈 스턴(Robin Stern), 신준영 옮김, 『가스등 이펙트: 지금 누군가 나를 조종하고 있다』(랜덤하우스, 2007/2008), 4쪽.

58 이어 안혜리는 다음과 같이 말한다. "몇 년 전 미 노스웨스턴대 연구팀은 '뇌가 과거 기억을 편집한다'는 연구 결과를 발표했다. 뇌과학자인 김대식 KAIST 교수는 칼럼에서 이를 소개하며 '기억은 비디오테이프나 컴퓨터 하드디스크가 아니다'며 "기억은 항상 업데이트되고 현재의 변화가 클수록 과거는 더 많이 편집된다'고 했다. 누구는 이쯤에서 '신경숙을 옹호하려는 궤변이냐'고 따져 물을지도 모르겠다. 아니다. 거꾸로 기억이라는 게 이처럼 내 맘대로 온전하게 저장할 수 없는 것이기에 그가 처음부터 겸손하게 자신을 내려놨으면 좋았겠다는 얘기를 하려는 거다. 그리고 우리 모두 엉뚱한 기억의 제물이 될

수 있다는 것도." 안혜리, 「기억에 관하여」, 『중앙일보』, 2015년 6월 25일.

59 로빈 스턴(Robin Stern), 신준영 옮김, 『가스등 이펙트: 지금 누군가 나를 조종하고 있다』(랜덤하우스, 2007/2008), 52쪽.

60 로빈 스턴(Robin Stern), 신준영 옮김, 『가스등 이펙트: 지금 누군가 나를 조종하고 있다』(랜덤하우스, 2007/2008), 53~54쪽.

61 로빈 스턴(Robin Stern), 신준영 옮김, 『가스등 이펙트: 지금 누군가 나를 조종하고 있다』(랜덤하우스, 2007/2008), 54쪽.

62 로빈 스턴(Robin Stern), 신준영 옮김, 『가스등 이펙트: 지금 누군가 나를 조종하고 있다』(랜덤하우스, 2007/2008), 55쪽.

63 정성훈, 『사람을 움직이는 100가지 심리법칙』(케이앤제이, 2011), 31쪽.

64 강준만, 「왜 우리는 'SNS 자기과시'에 중독되는가?: 인정투쟁 이론」, 『생각의 문법: 세상을 꿰뚫는 50가지 이론 3』(인물과사상사, 2015), 143~149쪽 참고.

65 김찬호, 『모멸감: 굴욕과 존엄의 감정사회학』(문학과지성사, 2014), 217~220, 258쪽.

제10장 탐욕과 서열

1 정혜전, 「미(美) CEO 500명의 평균 연봉 대통령 30배 · 근로자 475배」, 『조선일보』, 2006년 1월 24일, B3면.

2 로버트 프랭크(Robert H. Frank), 황해선 옮김, 『부자 아빠의 몰락』(창비, 2007/2009), 35~36쪽.

3 폴 슈메이커(Paul Schumaker), 조효제 옮김, 『진보와 보수의 12가지 이념: 다원적 공공 정치를 위한 철학』(후마니타스, 2008/2010), 644쪽.

4 곽정수, 「임원 보수 공개 확대 싸고 전경련−시민단체 정면 대립」, 『한겨레』, 2014년 8월 18일.

5 새로운사회를여는연구원, 『분노의 숫자: 국가가 숨기는 불평등에 관한 보고서』(동녘, 2014), 198~199쪽.

6 강동철, 「하루에 6,268만 원 받은 사나이」, 『조선일보』, 2014년 8월 15일.

7 정세라, 「스위스 '임금 격차 12배 제한' 국민투표 부결」, 『한겨레』, 2013년 11월 26일.

8 이성훈, 「'CEO 고액연봉 제한' EU 전역 확산 움직임」, 『조선일보』, 2013년 3월 6일.

9 에릭 브린욜프슨(Erik Brynjolfsson) · 앤드루 맥아피(Andrew McAfee), 이한음 옮김, 『제2의 기계시대: 인간과 기계의 공생이 시작된다』(청림출판, 2014), 211쪽.

10 이경, 「1%의 옹호자」, 『한겨레』, 2014년 6월 30일.

11 스티븐 랜즈버그(Steven E. Landsburg), 황해선 옮김, 『런치타임 경제학: 경제학은 어떻게 우리의 일상을 지배하는가?』(바다출판사, 1993/2005), 52~53쪽.

12 스티븐 랜즈버그(Steven E. Landsburg), 황해선 옮김, 『런치타임 경제학: 경제학은 어떻게 우리의 일상을 지배하는가?』(바다출판사, 1993/2005), 55쪽.

13 댄 애리얼리(Dan Ariely), 김원호 옮김, 『경제 심리학』(청림출판, 2010/2011), 35쪽.

14 윌리엄 파운드스톤(William Poundstone), 최정규 · 하승아 옮김, 『가격은 없다: 당신이 속고 있는 가격의 비밀』(동녘사이언스, 2010/2011), 363~364쪽; 「Lone Ranger」, 『Wikipedia』; Dale Corey, 『Inventing English: The Imaginative Origins of Everyday Expressions』(USA, 2007), pp.183~184.

15 크리스티아 프릴랜드(Chrystia Freeland), 박세연 옮김, 『플루토크라트: 모든 것을 가진 사람과 그 나머지』(열린책들, 2012/2013), 159~206쪽; 「Sherwin Rosen」, 『Wikipedia』; 류동민, 『일하기 전엔 몰랐던 것들: 가장 절실하지만 한 번도 배우지 못했던 일의 경제학』(웅진지식하우스, 2013), 258~259쪽.

16 에릭 브린욜프슨(Erik Brynjolfsson) · 앤드루 맥아피(Andrew McAfee), 이한음 옮김, 『제2의 기계시

대: 인간과 기계의 공생이 시작된다』(청림출판, 2014), 193쪽.

17 스티븐 코비(Stephen R. Covey), 김경섭 옮김, 『성공하는 사람들의 8번째 습관』(김영사, 2004/2005), 37쪽.

18 노기섭, 「30大 그룹 임원될 확률 '1%'…사장은 '0.03%'」, 『문화일보』, 2013년 12월 2일.

19 올리버 버크먼(Oliver Burkeman), 김민주·송희령 옮김, 『행복중독자: 사람들은 왜 돈, 성공, 관계에 목숨을 거는가』(생각연구소, 2011/2012), 170~171쪽.

20 크리스티아 프릴랜드(Chrystia Freeland), 박세연 옮김, 『플루토크라트: 모든 것을 가진 사람과 그 나머지』(열린책들, 2012/2013), 207쪽.

21 지그문트 바우만(Zygmunt Bauman), 안규남 옮김, 『왜 우리는 불평등을 감수하는가: 가진 것마저 빼앗기는 나에게 던지는 질문』(동녘, 2013), 60~61쪽.

22 「낙수효과[落水效果, trickle down effect]」, 『네이버 지식백과』. 미국 미래학자 앨빈 토플러(Alvin Toffler, 1928~2016)는 낙수효과를 아예 trickledownism이라는 단어로 표현한다. 앨빈 토플러(Alvin Toffler)·하이디 토플러(Heidi Toffler), 김원호 옮김, 『정치는 어떻게 이동하는가』(청림출판, 1994/2013), 148쪽.

23 이정환, 『한국의 경제학자들』(생각정원, 2014), 101쪽; 이혜진, 「왜 우리는 불평등을 감수하는가」, 『폴리뉴스』, 2013년 8월 30일.

24 마거릿 헤퍼넌(Margaret Heffernon), 김성훈 옮김, 『경쟁의 배신: 경쟁은 누구도 승자로 만들지 않는다』(알에이치코리아, 2014), 168쪽.

25 케네스 데이비스(Kenneth C. Davis), 이순호 옮김, 『미국에 대해 알아야 할 모든 것, 미국사』(책과함께, 2003/2004).

26 황영식, 「낙수(落水)효과」, 『한국일보』, 2011년 8월 23일; 「낙수효과」, 『위키백과』.

27 조엘 베스트(Joel Best), 안진환 옮김, 『댓츠 어 패드(That's a fad!): 개인과 조직이 일시적 유행에 현혹되지 않는 5가지 방법』(사이, 2006), 28~29쪽.

28 앨빈 토플러(Alvin Toffler)·하이디 토플러(Heidi Toffler), 김중웅 옮김, 『부의 미래』(청림출판, 2006), 419쪽.

29 로리 에시그(Laurie Essig), 이재영 옮김, 『유혹하는 플라스틱: 신용카드와 성형수술의 달콤한 거짓말』(이른아침, 2010/2014), 26, 85쪽.

30 김순덕, 「'미들아웃 경제학'」, 『동아일보』, 2013년 8월 30일; 조지프 스티글리츠(Joseph E. Stiglitz), 이순희 옮김, 『불평등의 대가: 분열된 사회는 왜 위험한가』(열린책들, 2012/2013), 89쪽; 「Trickle-up effect」, 『Wikipedia』.

31 이훈범, 「낙수와 분수 사이」, 『온라인 중앙일보』, 2014년 8월 10일.

32 김경락, 「OECD "소득 불평등이 경제성장 최대 걸림돌"」, 『한겨레』, 2014년 12월 10일.

33 손제민, 「오바마의 묘수 '중산층 경제론'」, 『경향신문』, 2015년 1월 22일; 「[사설] 불평등 심화에 '부자 증세' 칼 빼든 오바마 해법」, 『한겨레』, 2015년 1월 22일.

34 신기주, 「인터뷰/정태인: 불평등 대한민국에 경종을 울리다」, 『월간 인물과사상』, 제198호(2014년 10월), 26~27쪽.

35 예컨대, 김병준은 이렇게 말한다. "솔직히 말해 진보·개혁 진영의 성장 담론은 매우 약합니다. 노동, 인권, 복지, 환경 등 보존하고 나누는 데는 강하죠. 그러나 경제를 어떻게 성장시킬 것인가에 대한 이야기는 매우 약합니다.……대안적 담론의 형성을 위해 고민하기보다는 성장을 위한 고민 그 자체를 통째로 보수주의 내지는 시장 만능주의로 몰아붙이곤 합니다." 김병준, 『99%를 위한 대통령은 없다: 깨어 있는 시민이 던져야 할 7가지 질문』(개마고원, 2012), 47쪽.

36 이와 관련, 미국 사회생태학자이자 자유주의 철학자인 머리 북친(Murray Bookchin, 1921~2006)은 "숨 쉬지 말라고 인간을 '설득할' 수 없는 것처럼 성장을 멈춰달라고 자본주의를 '설득할' 수 없다"고

말한다. 또 아주대학교 사회학과 교수 노명우는 다음과 같이 말한다. "자본주의는 끊임없이 팽창해야만 유지될 수 있는 시스템이다. 영토 확장은 제국주의의 시대에 자본주의가 선택한 팽창 방식이다. 영토 확장을 통한 팽창이 한계에 도달한 포스트제국주의의 시대에 자본주의는 새로운 팽창 방식을 발견한다. 자본주의가 새로 발견한 팽창의 공간은 인간의 내면이다. 제국주의 시대에 자본주의는 상품을 판매할 수 있는 새로운 시장을 영토 확장을 통해 얻었다면, 현대 자본주의는 과거 상품화의 대상이 아니었던 인간의 정서마저도 상품화하는 방식을 통해 내적으로 팽창한다." 리처드 윌킨슨(Richard G. Wilkinson)·케이트 피킷(Kate Pickett), 전재웅 옮김, 『평등이 답이다: 왜 평등한 사회는 늘 바람직한 가?』(이후, 2010/2012), 276쪽; 노명우, 「불확실성의 시대와 자기의 테크놀로지」, 박성민 외, 『불확실한 세상: 위기의 시대를 좌우할 열쇳말』(사이언스북스, 2010), 134쪽.

37 리처드 윌킨슨(Richard G. Wilkinson)·케이트 피킷(Kate Pickett), 전재웅 옮김, 『평등이 답이다: 왜 평등한 사회는 늘 바람직한가?』(이후, 2010/2012), 279쪽.

38 페터 비에리(Peter Bieri), 문항심 옮김, 『삶의 격: 존엄성을 지키며 살아가는 방법』(은행나무, 2013/2014), 100~101쪽.

39 한윤형·최태섭·김정근, 『열정은 어떻게 노동이 되는가: 한국 사회를 움직이는 새로운 명령』(웅진지식 하우스, 2011), 32쪽.

40 최태섭, 『잉여사회: 남아도는 인생들을 위한 사회학』(웅진지식하우스, 2013), 21쪽; 김종목, 「[저자와의 대화] '잉여사회' 문화비평가 최태섭 씨」, 『경향신문』, 2013년 9월 7일.

41 한윤형·최태섭·김정근, 『열정은 어떻게 노동이 되는가: 한국 사회를 움직이는 새로운 명령』(웅진지식 하우스, 2011), 48, 105쪽.

42 박종성, 「사장님, 여기서 이러시면 안 됩니다」, 『경향신문』, 2015년 1월 15일.

43 최종석, 「인턴 울리는 '열정페이(턱없는 低임금)' 없앤다」, 『조선일보』, 2015년 1월 22일.

44 손현경, 「'국회판 열정페이' 논란: 인턴 급여 9년째 120만 원…의원실 내 돌려막기」, 『한국대학신문』, 2015년 3월 1일.

45 박종성, 「사장님, 여기서 이러시면 안 됩니다」, 『경향신문』, 2015년 1월 15일.

46 정철운, 「1년차 신문기자 월급, 150만 원 미만이 77.3%」, 『미디어오늘』, 2015년 1월 28일.

47 「편의점 열정페이 논란 "돈 벌기 위해 편의점 근무는 좀…" 멘붕」, 『서울신문』, 2015년 1월 4일; 「편의 점 '열정페이' 논란…열정은 돈으로 계산 되지 않습니다?」, 『한국경제』, 2015년 1월 5일.

48 「[사설] 재벌 편의점의 약탈적 계약 바로잡아야」, 『한겨레』, 2013년 4월 3일.

49 김정환, 「[맘 놓고 맡길 어린이집 없나요] 어린이집 교사 하루 10~12시간 근무…월급은 유치원 교사의 절반 수준」, 『조선일보』, 2015년 1월 22일.

50 「Efficiency wage」, 『Wikipedia』.

51 앤서니 앳킨슨(Anthony B. Atkinson), 장경덕 옮김, 『불평등을 넘어: 정의를 위해 무엇을 할 것인가』 (글항아리, 2015), 349~350쪽.

52 이준구, 「효율 임금 이론의 관점에서 본 어린이집 사건」, 『허핑턴포스트코리아』, 2015년 1월 18일.

53 「공무원 보수 인상, "보육료는 깎더니만"…대통령 최초 2억 돌파」, 『서울경제』, 2015년 1월 1일.

54 홍주희·송기승, 「알바 vs 자영업자 乙끼리 싸움…광고주만 남는 장사」, 『중앙일보』, 2015년 2월 14일.

55 「렌트[rent]」, 『네이버 지식백과』; 「Rent-seeking」, 『Wikipedia』; 최장집, 『민주화 이후의 민주주의: 한 국 민주주의의 보수적 기원과 위기』(후마니타스, 2002), 133쪽.

56 박순빈, 「지대추구」, 『한겨레』, 2014년 6월 2일.

57 최장집, 『민주화 이후의 민주주의: 한국 민주주의의 보수적 기원과 위기』(후마니타스, 2002), 132~133쪽.

58 김대호, 『2013년 이후: 희망 코리아 가는 길』(백산서당, 2011), 271~276쪽.

59 최종석, 「공기업 억대 연봉자 비율(8.4%), 일반 직장인의 3배」, 『조선일보』, 2014년 1월 23일.

60 김지환, 「한국거래소, 공공기관 중 '최고 연봉'」, 『경향신문』, 2013년 12월 23일.

61 김회승, 「'적자 전신주'」, 『한겨레』, 2013년 12월 25일; 이정재, 「부실 공기업, 씨가 마를 때까지」, 『중앙일보』, 2014년 3월 13일.

62 김대호, 『2013년 이후: 희망 코리아 가는 길』(백산서당, 2011), 182쪽.

63 크리스티아 프릴랜드(Chrystia Freeland), 박세연 옮김, 『플루토크라트: 모든 것을 가진 사람과 그 나머지』(열린책들, 2012/2013), 293~345쪽.

64 조지프 스티글리츠(Joseph E. Stiglitz), 이순희 옮김, 『불평등의 대가: 분열된 사회는 왜 위험한가』(열린책들, 2012/2013), 219~220쪽.

65 로버트 실러, 「하버드·예일大 졸업생 너도나도 금융업 진출 가장 똑똑한 인재 모여 가장 非생산적인 일해」, 『조선일보』, 2013년 9월 28일.

66 리처드 윌킨슨(Richard G. Wilkinson), 김홍수영 옮김, 『평등해야 건강하다: 불평등은 어떻게 사회를 병들게 하는가?』(후마니타스, 2005/2008), 199쪽.

67 스티븐 코비(Stephen R. Covey), 김경섭 옮김, 『성공하는 가족들의 7가지 습관』(김영사, 1997/1998), 267쪽.

68 강준만, 「왜 부자 친구를 두면 불행해질까?: 이웃 효과」, 『감정 독재: 세상을 꿰뚫는 50가지 이론』(인물과사상사, 2013), 141~145쪽 참고.

69 프랭크 뉴포트(Frank Newport), 정기남 옮김, 『여론조사: 대중의 지혜를 읽는 핵심 키워드』(휴먼비즈니스, 2004/2007), 32쪽; 「Social comparison theory」, 『Wikipedia』.

70 강준만, 「왜 우리 인간은 '부화뇌동하는 동물'인가?: 동조」, 『생각의 문법: 세상을 꿰뚫는 50가지 이론 3』(인물과사상사, 2015), 49~53쪽; 강준만, 「왜 개인보다 집단이 과격한 결정을 내리는가?: 집단극화 이론」, 『감정 독재: 세상을 꿰뚫는 50가지 이론』(인물과사상사, 2013), 279~284쪽 참고.

71 제임스 서로위키(James Surowiecki), 홍대운·이창근 옮김, 『대중의 지혜: 시장과 사회를 움직이는 힘』(랜덤하우스중앙, 2005), 242쪽.

72 김재휘, 『설득 심리 이론』(커뮤니케이션북스, 2013), 10~13쪽; 존 메이어(John D. Mayer), 김현정 옮김, 『성격, 탁월한 지능의 발견』(추수밭, 2014/2015), 302쪽; 엘렌 랭어(Ellen J. Langer), 이모영 옮김, 『예술가가 되려면: 심리학의 눈으로 바라본 예술가 이야기』(학지사, 2005/2008), 216~217쪽.

73 로버트 실러(Robert J. Shiller), 노지양·조윤정 옮김, 『새로운 금융시대』(알에이치코리아, 2012/2013), 327쪽.

74 대니얼 J. 레비틴(Daniel J. Levitin), 김성훈 옮김, 『정리하는 뇌』(와이즈베리, 2014/2015), 409쪽.

75 리처드 세넷(Richard Sennett), 김병화 옮김, 『투게더: 다른 사람들과 함께 살아가기』(현암사, 2012/2013), 229~230쪽.

76 비난트 폰 페터스도르프(Winand von Petersdorff) 외, 박병화 옮김, 『사고의 오류』(율리시즈, 2013/2015), 24~28쪽.

77 데이비드 즈와이그(David Zweig), 박슬라 옮김, 『인비저블: 자기 홍보의 시대, 과시적 성공 문화를 거스르는 조용한 영웅들』(민음인, 2014/2015), 44쪽.

78 박진영, 『눈치보는 나, 착각하는 너: 나보다 타인이 더 신경 쓰이는 사람들』(시공사, 2013), 44~48쪽.

79 홍주희, 「[2014 제주포럼] "선진국 환상 버려야 선진국 된다"」, 『중앙일보』, 2014년 5월 29일.

80 김경락, 「비교 성향 강한 당신 삶에 만족하십니까」, 『한겨레』, 2014년 8월 13일.

생각과 착각

ⓒ 강준만, 2016

초판 1쇄 2016년 9월 30일 펴냄
초판 2쇄 2018년 4월 18일 펴냄

지은이 | 강준만
펴낸이 | 강준우
기획·편집 | 박상문, 박효주, 김예진, 김환표
디자인 | 최원영
마케팅 | 이태준
관리 | 최수향
인쇄·제본 | 대정인쇄공사

펴낸곳 | 인물과사상사
출판등록 | 제17-204호 1998년 3월 11일

주소 | 04037 서울시 마포구 양화로7길 4(서교동) 2층
전화 | 02-325-6364
팩스 | 02-474-1413

www.inmul.co.kr | insa@inmul.co.kr

ISBN 978-89-5906-412-0 03300

값 15,000원

이 도서의 국립중앙도서관 출판시도서목록(CIP)은 서지정보유통지원시스템 홈페이지
(http://seoji.nl.go.kr)와
국가자료공동목록시스템(http://www.nl.go.kr/kolisnet)에서 이용하실 수 있습니다.
(CIP제어번호 : CIP2016022207)